동양교육사상사

신창호 · 장지원 공저

서현사

머리말

한국은 지리적으로는 동아시아, 문화적으로는 한자문명권에 속한다. 이런 점에서 한국의 전통교육을 정확히 이해하기 위해서는 동아시아의 전통사상에 대한 이해가 필수적이다. 하지만 해방 이후 미국의 영향을 강하게 받으면서 한국의 교육은 미국 중심의 구미 교육학이 주를 이루어왔고, 그 과정에서 상대적으로 동양의 전통교육에 대한 논의는 소홀해 왔다. 그것은 교육의 개념과 역사, 교육적 사고에 편향성을 드러내는 계기가 되었다. 다양한 교육적 시각이 등장하는 오늘날, 동양의 교육적 사고는 서구 중심에 매몰되기 쉬운 교육적 사고에 균형을 줄 수 있다.

본고는 필자들이 지난 몇 년 동안 고려대학교와 강릉원주대학교 등 몇몇 대학과 교사 및 학부모를 대상으로 하는 인문학 특강에서 한국의 전통교육과 동양교육사상을 강의하면서 활용한 자료를 바탕으로 재구성하여 새롭게 엮은 것이다. 기존에 출간한 저서나 발표논문 가운데 『한국사상과 교육윤리』(2003)을 비롯하여 『교육학개설』(2005), 『존재와 가치에 관한 사색』(2005), 「교육(敎育)'과 '학(學)'의 근원에 관한 탐구」(2006), 『교육철학 및 교육사』(2012), 『교육과 학습』(2012)에서 동양사상과 교육에 관한 내용을 발췌하여 구성하였다. 특히 동양의 교육을 이해하기 쉽도록 동양사상 가운데, 한국교육에 영향을 끼친 대표적인 사상인 유교, 불교, 도교에 대한 소개와 한국사상과 교육의 역사, 그리고 한국의 전통교육 전반에 큰 영향을 끼친 중국의 교육사상과 발달과정에 대해 다루었다.

아무쪼록 동양교육사상에 관심 있는 학인들이 기초자료로 참고하기를 기대하며, 어려운 출판 사정에도 불구하고 출판을 맡아준 서현사 조재성 사장과 편집부에 고마움을 전한다.

2012. 7

신창호 · 장지원

목차

제1부

동양 전통에서 교육의 의미

한국의 근·현대 교육은 에듀케이션(education)이나 페다고지(pedagogy)를 번역한 개념으로 이해되어 왔다. 그것은 우리 역사가 서구 문명과 접촉하는 과정에서, 특히 근대 공교육 제도의 도입과 연관된다. 조선 말기(1895년 2월) 고종이 발표한 「교육입국조서(敎育立國詔書)」[1) 이후, 서구식 근대 교육의 유입은 일제 강점기와 미군정 시기를 거치면서 유학적 전통 교육의 양식을 대체하였다. 따라서 전통 교육의 양식이 한국인의 무의식 가운데 남아 있다고 하더라도, 현대 한국 교육은 서구 근대 교육의 영향과 그 연속선상에서 진행되어 왔다고 보아야 한다.

서구의 근대 '교육'의 개념을 대표하는 페다고지(pedagogy)와 에듀케이션(education)은 대체로 다음과 같은 의미로 인식된다. 페다고지는 '어린이를 이끈다' 혹은 '어린이를 지도한다', 에듀케이션은 '내면에 지니고 있는 것을 외부로 드러내어 키워 준다' 또는 '인간이 선천적으로 타고 난다고 생각되는 여러 자질을 잘 길러 주는 일'이다. 이 두 가지 교육 개념은, 상당한 차

---

1) 고종은 이 조서에서 조선시대 교육의 핵심을 차지하던 유학 경전 중심의 교육을 지양하고, 당시 시대 상황에 맞게 세계의 정세에 눈을 뜨게 하는 새로운 교육의 중요성을 강조하였다. 특히 교육의 3대 강령으로 덕양(德養)·체양(體養)·지양(智養)에 힘쓸 것을 당부하였다. 또한 교육을 통한 국가부흥을 위해 국가와 국민이 공동으로 노력하자고 호소하였다. 이는 세계사의 흐름에 직면한 조선의 교육 현장이자 교육의 지표이며, 온고이지신(溫故而知新)의 정신을 담은 근대 한국 교육철학의 산실로 판단된다. 그러나 불행하게도 이 조서에 담긴 정신은 일본 제국주의의 침략에 의해 계승되지 못하였다. 이 조서가 발표된 이후, 한성사범학교를 비롯하여 다양한 교육 개혁이 진행되었으나 10여 년을 제대로 넘기지 못하고 일제 강점에 의한 식민교육으로 전환되기 시작하였다. 1905년 을사늑약이 체결되면서 일본의 조선 강점이 본격적으로 진행되었기 때문이다. 이때부터 우리 교육은 전통성·주체성·자주성을 잃게 되어 오늘에 이른 것은 아닌가 하고 반문해 본다. 「교육입국조서」에 대한 자세한 분석과 연구는 다음 기회로 미룬다.

이를 보임에도 불구하고, 학습자의 선천적인 소질 또는 잠재능력이 행동으로 표출되도록 바람직한 방향으로 신장·발달시킨다는 의미 차원에서, 교육을 대변한다. 그것은 인간을 형성(形成)하고 조성(助成)하는 교육적 작용을 동시에 내포하고 있다.[2)]

그렇다고 이러한 서구의 교육 개념이 동아시아의 전통 교육(특히 유학)[3)]과 전혀 다른 의미를 지닌 것은 아니다. 어찌 보면 전통 유학의 '가르치고 기르는 일[敎育]'이나 '배움[學]'과 유사한 듯하다. 그러나 교육의 기본 목적이나 방향에서 주요한 차이점이 있다. 동아시아에서 유학 교육의 궁극 목적은 기본적으로 '인륜을 밝힌다[明人倫]'라는 인간의 개인적·사회적 지향을 분명히 하고 있다. 따라서 교육과 학습의 구체적 방법이 제시된다.[4)] 이에 비해 서구의 페다고지나 에듀케이션은 교육의 궁극 목적을 일관성 있게 분명하게 밝히기 보다는 지도와 감독, 교수·학습을 통해 잠재능력을 계발한다는 교육의 형식적 의미를 표명하는 데 그치고 있다. 물론, 서구 교육의 역사는 시대 상황에 따라 끊임없이 교육의 목적과 내용, 방법을 제시해 왔지만,[5)] 동아시아 교육처럼 일관되게 인륜의 문제를 핵심

2) 서구 교육이 기원을 탐색할 때, 페다고지(pedagogy)와 에듀케이션(education)을 거론하기 이전에 언급해야 할 개념이 있는데, 바로 '파이데이아(paideia)'이다. 이는 고대 희랍에서 '교육'을 의미하는 말로 쓰였는데, '인간을 인간답게 하는 모든 활동'으로 요약할 수 있다. 즉 '각자의 영혼에 맞는 명예를 부여하는 것'으로 '각자의 잠재능력과 소질에 따라서 탁월하게 성장하는 일'을 말한다. 오인탁, 『파이데이아-고대 그리스의 교육사상』(서울 : 학지사, 2001)을 참고할 것.

3) 이하, 본고에서 표현한 '동 아시아 전통 교육'은, 특별한 언급이 없는 한, '유학(儒學)'을 지칭한다.

4) 유학은 늘 오륜(五倫)이라는 인륜의 검토와 성찰, 그것의 실천을 핵심으로 한다. 여기에 '존천리거인욕(存天理去人欲)-천지자연의 이치를 보존하고 인간의 욕망을 버려라'-이라는 방법론을 통해, 교육의 궁극 목적을 실현하려고 한다. 공자에서 조선조 유학에 이르기까지, 유학의 전변은 인륜을 어떻게 다룰 것이냐의 문제가 핵심 화두였다.

에 두지는 않았다.

동아시아 유학에서 교육은 '가르침과 배움'으로 표현된다. 이는 한자 그대로 표현하면 '교(敎)와 학(學)'이다. 사실, '교육(敎育)'이라는 현대적 용어는 동아시아 전통 사회에서 보편적으로 사용되었던 표현은 아니다.[6] 우리 사회에서 언제부터 구체적으로 '교육'이라는 말이 통용되었는지 분명하지 않다. 대한제국이 성립하기 직전, 고종이 「교육입국조서」를 발표했을 때 교육이란 말을 쓰기는 했으나, 유학 패러다임으로 짜인 조선 사회에서 교육이라는 용어가 보편성을 띠지 않았던 것은 분명하다. 19세기 서구 학문의 영향을 받은 일본의 경우 서구의 학술용어를 번역하는데, 필로소피(philosophy)를 '철학(哲學)'으로 번역한 것처럼, 에듀케이션(education)을 교육(敎育)으로 번역한 것으로 추측할 따름이다. 왜냐하면 당시 일본에는 유명한 '교

5) 브루바허는 서양의 교육목적변천사를 11단계의 시기로 나누었다. ① 체제의 보수적 계승(플라톤), ② 자유시민의 육성(아리스토텔레스), ③ 인간의 영혼적 구원(토마스 아퀴나스), ④ 신사기질 육성(에라스무스), ⑤ 다방면의 지식 습득(코메니우스), ⑥ 형식적 능력의 도야(로크), ⑦ 민주사회의 실현(콩도르세), ⑧ 인간능력의 조화적 발전(페스탈로찌), ⑨ 완전한 생활을 위한 준비(스펜서), ⑩ 사회 적응능력의 육성(카터스), ⑪ 지속적인 경험의 재구성(듀이). J. S. Brubacher, A History of the Problems of Education(N.Y: McGraw-Hill Book Company, 1966). 1~22쪽 참고. ; 김정환·강선보는 여기에다 두 가지를 추가하였는데, ⑫ 사회개혁을 위한 역사의식 고취(브라멜드), ⑬ 개개인의 인격적 자아 각성(볼노오)이다. 김정환·강선보, 『교육학개론』(서울: 박영사, 1997), 43쪽 참고.

6) 유학(儒學)에서는 '교육(敎育)'이라는 말보다, 교(敎), 학(學), 회(誨), 훈(訓), 예(禮), 교학(敎學), 교화(敎化), 교회(敎誨), 학문(學問), 강습(講習), 학습(學習), 수신(修身), 계몽(擊蒙), 훈몽(訓蒙), 발몽(發蒙) 등의 용어를 많이 쓴다. 중국의 고대 문헌에서 '교육(敎育)'이라는 말을 구체적으로 언급한 것은 『맹자(孟子)』이다. 맹자는 이른 바 "군자삼락(君子三樂)" 장에서 '교육'의 의미 맥락을 제시했다. 이는 본론에서 자세히 논의할 것이다.

육칙어(敎育勅語)'가 반포되었고, 그것으로 국가 교육의 기틀을 다져 나갔기 때문이다. 조선의 경우에도, 이를 차용하여 썼을 가능성이 있다.

필자는 현재 우리 학계에서 빈번하게 사용하고 있는 '교육(敎育)'과 '학(學)'의 개념에 대한 근원적 고찰을 시도하고자 한다.[7] 앞에서 간략하게 언급했듯이, 서구의 교육 개념이 전통 교육 개념을 대체하면서 우리의 전통 교육 정신은 망각되었고 실천도 미미해졌다. 이런 점에서 본고는 전통 교육 개념을 복원하는 양식을 띤다. 그것은 현대 21세기 교육과 무관하지 않을 뿐만 아니라, 한편으로는 매우 밀접한 연관성을 띠고 있으며, 새로운 교육 가치의 창조에 기여할 수 있다.

이 장에서는 교육(敎育)과 학(學)의 문자적 의미, 교육(敎育)이라는 용어의 등장과 의미 맥락을 구체적으로 논의하고, 현대적 의미를 성찰한다. 특히 교(敎)와 학(學), 즉 가르침과 배움의 근원을 문자학 분야의 연구 성과를 통해[8] 검토한다. 요컨대, 동아시아에서 교육 실천의 핵심적 행위인 가르침[敎]과 배움[學]의 근원을 구명하여, 서구 교육학 체계와 변별되는 새로운 교육학의 양상을 그려볼 것이다.

---

7) 교육(敎育)과 학(學)에 대해서는, 신창호, 『인간, 왜 가르치고 배우는가』(고양: 서현사, 2003), 제1강 "가르침과 배움의 원형적 이미지"(13~30쪽)에서 문자의 변화 과정과 글자 분석을 통해 어느 정도 밝혀 놓았다. 그러나 교육학적 해석이나 문자의 검토 단계에서 불분명한 부분이 있었다. 본고에서는 불분명하거나 오류가능성이 있는 부분을 수정·보완하고 현대 교육학적 독해를 더하였다.

8) 高樹藩 編纂, 『正中形音義綜合大字典』(臺北 : 正中書局, 民國79年). 李樂毅(朴琪鳳 譯), 『漢子正解』(서울 : 비봉출판사, 1996). 李忠九, 『漢子部首 解說』(서울 : 전통문화연구회, 1998). 李炳官, 『常用 2000漢子 形音義 源流 字典』(서울 : 미술문화원, 1999) 등 참고.

1. '교(敎)'와 '육(育)', 그리고 '학(學)'의 문자적 의미

1) 교(敎); 효(爻)+자(子)+복(攴)

'교육에서 '교(敎; 가르침)'는 동서고금을 막론하고 핵심적 지위를 확보하고 있다. 특히 '가르치는' 행위는 교사(敎師)의 활동과 결부되어, "교육은 교사의 질을 능가하지 못한다." 또는 "교육은 교사의 질에 좌우된다."라는 명구를 낳기도 했다. 그만큼 가르치는 작업은 그 목적과 내용, 방법에서 차원 높은 행위임에 분명하다. 그런데 우리는 '가르치다'라는 말을 할 때, 대부분의 경우, '교사가 학생에게 일정한 교육내용을 전달하는 일', 혹은 '윗사람이 아랫사람에게 특정한 내용을 일러주는 행위' 등등, 위에서 아래로 수직적으로 전달되는 교수(敎授)·하교(下敎)·명령(命令) 행위로 인식한다. 그것은 마치 서구의 페다고지와 유사한 형식이다. 이런 이해는 동아시아 전통 교육의 본질을 오해하게 만들 소지가 있다.

중국 고대의 문자서와 경전 속에서 '교(敎)'는 '가르치다[訓誨]', '익히다[練習]', '알리다[告]', '명령하다[命令]', '전해주다[傳授]', '정교(政敎)', '교화(敎化)', '교사(敎師)', '학교'등 다양한 차원에서 논의된다.[9] 그러나 우리는 통상 '가르치다'라는 한 마디로 포괄적으로 이해한다. 그렇다면 '가르치다'가 전달하는 메시지는 무엇인가? 위에서 언급한 것처럼, 교사가 학생

9) 中文大辭典編纂委員會, 『中文大辭典』(臺北：中國文化大學出版部, 1973) 및 大漢韓辭典編纂室, 『大漢韓辭典』(서울：교학사, 1998) 참고.

에게 일방적으로 일러주는 행위를 넘어서, '교(敎)'에 내포된 '가르치다'라는 언어의 진정한 의미는 무엇일까?

교(敎)의 글자를 분석해 보면, 왼쪽은 효(爻)와 자(子),[10] 오른쪽은 복(攴)으로 구성되어 있다. 표의문자(表意文字)의 특성상, 교(敎)의 근원을 이해하기 위해서는 복잡한 한문의 모습과 구성 체계를 이해할 필요가 있다.

교(敎)의 왼쪽 윗부분인 효(爻)는 글자의 모습에서도 알 수 있듯이, '사귀다 · 얽히다 · 엮이다'라는 의미이다. '사귀다[keeping company]'라는 말은 "서로 가까이하여 얼굴을 익히고 사이좋게 지내다"[11]라는 뜻으로 인간의 교제를 나타낸다. '얽히다 · 엮기다'라는 말은 사물 사이의 교차, 섞임, 관계 형성과 같은 어울림을 보여준다. 이는 그물이 얽혀 있듯이 하나의 망(網)과 같은 세계의 모습을 보여준다.

이러한 효(爻)의 모습은 동양 사상의 핵심을 담고 있는 『주역(周易)』에서 구체적으로 볼 수 있다. 『주역』에서 효(爻)는 괘(卦)의 기본 성분으로 매우 중요하다. 이때 육효(六爻)[12]의 머

10) 교육(敎育)의 어원적 의미를 논의할 때, 어떤 책에서는 교(敎)의 왼쪽 부분을 효(孝) 자로 오해하여, 노(耂)+자(子)로 이해하는 경우가 있는데, 이는 문자학적으로 볼 때 완전한 오독(誤讀)이다. 미래에 교사가 되어 학생을 가르칠 예비교사들에게, 교(敎)의 의미를 가르치면서 오독한 내용을 주입할 경우, 또다시 교(敎)의 의미 본질을 해칠 우려가 있다.

11) 국어국문학회, 『국어대사전』(서울 : 민중서관, 1999) 참고.

12) 육효(六爻)는 『주역』에서 각 괘(卦)를 이루는 여섯 개의 효를 가리키는 말이다. 주역의 64괘는 음(陰: --)과 양(陽: —)을 표시하는 여섯 개의 효로 구성되어 있다. 효는 역리의 원자적 표현으로, 만물에는 원자라는 물질의 최소 단위가 있는데, 원자 그 자체로는 물질이 갖는 고유한 맛이나 색깔을 낼 수 없다. 따라서 음과 양이라는 원자적 성격의 두 기운이 서로 한 번씩 끌어안고 나서야 새로운 분자적 세계로 전개되어 나아갈 수 있다. 음과 양이 서로의 기운을 한 번씩 주고받으면 그 조합 수는 제곱, 즉 2^2이 되어 사상을 더해 간다. 송재국, 『주역풀이』(서

리는 '교(交)'를 본뜬 것인데, '교(交)'는 '서로 주고받으며 섞이는' 교착(交錯) 의미가 들어있다. 따라서 교(交)는 사물이 역동적으로 관계하며 움직이는 모양을 상징한다. 더구나 『역』에서 육효는 중복·중첩되어 있는 체제이다. 그러기에 거듭 '모(乂)'를 써서 본떴다고 한다.

이러한 사귐, 엇갈림의 의미를 지닌 효(爻)는 본래 '이(二)'와 '오(×)'를 따라서 만들었다. 오(×)는 오(五)의 옛 글자로, 서로 엇갈리는 모습을 하고 있으며, '교차하다'는 의미를 지니고 있다. 나중에 위의 一은 하늘을 나타내고 아래의 一은 땅을 나타내는 이(二)와 사물 사이의 교차를 의미하는 오(×)가 합쳐져서 오(五)가 되었다. 옛날에는 2개의 '오(五)'로서 하늘과 땅의 숫자로 삼았다. 그러기에 『주역』에서는 "하늘의 수가 다섯이고 땅의 수가 다섯이다. 다섯 자리가 서로 얻으며 각각 합한 것이 있으니, 하늘의 수는 25, 땅의 수는 30이다. 하늘과 땅의 수가 55이니, 이것이 변화를 이루며 우주만물을 형성한다."[13]라고 하였다. 역에서 육효의 뜻은 이런 의미에서 취한 것이다. '서로 얻었다'라고 하고 '서로 합했다'라고 하는 말이 바로 '교(交; 사귐)'이다.

효(爻)의 의미를 담보하는 교(交)와 오(五)의 의미 전개는, 하

울: 예문서원, 2000), 참고.

13) 『周易』「易本義圖」: 天數五, 地數五, 五位相得, 而各有合, 天數二十有五, 地數三十, 凡天地之數, 五十有五, 此所以成變化, 而行鬼神也. 此河圖之數也.; 하늘은 양(陽)이 가볍고 맑아서 위에 있는 것이고 땅은 음(陰)이 무겁고 흐려서 아래에 위치한 것이다. 양수는 홀수이고 1·3·5·7·9가 모두 하늘에 속하므로 '하늘의 수가 다섯'이라고 했고, 음수는 짝수이고 2·4·6·8·10이 모두 땅에 속하므로 '땅의 수가 다섯'이라는 것이다. 『주역』은 이러한 수의 조합으로 상징되는 우주만물의 복합적 상황 변화를 말해주고 있으며, 그것의 초보적 형태가 교(敎)의 구성 요소로 주요한 의미 맥락을 담고 있다.

늘과 땅이 모든 사물을 감싸고 끌어안으며 그 위에 싣고 있음을 보여준다. 즉 '하늘 아래 · 땅 위'의 사이 세계에는 인간을 비롯한 우주의 모든 사물이 존재한다. 이 사물들은 다른 사물과 상호 연관되어 있다. 이것이 사귐이요 얽힘이며 엮긴 상황이다. 요컨대 우주 만물은 종횡으로 복잡하게 교차된 뒤섞임과 얽힘, 이른 바 혼돈[混沌; chaos]의 존재 양식[14]을 지니고 있다. 다시 강조하면, 교(敎)의 왼쪽 윗부분인 효(爻)는 서로 관계하고 있는 우주 사물의 상황, 세계상(世界像)을 상징한다. 교육학적으로 환원해 볼 때, 이는 교육의 전제 요건이자 바탕에 비유할 수 있다. 즉 교육의 핵심 대상으로서 세계상, 그것은 자연법칙에서 인문 · 사회 법칙을 포함한 우주와 인생의 모든 것에 대비해 볼 수 있다.

교(敎)의 왼쪽 아랫부분인 자(子)는 흔히 '아들 자'로 이해된다. 자(子)를 지나치게 '아들 자'로 한정하여 인식할 때, 오류를 낳을 수 있다. 적어도 교(敎)의 근원을 분석하는 차원에서는 '아들 자'로 이해하는 의식을 넘어서야 한다. 자(子)는 사전에서 확인해도 20여 가지가 넘는 뜻이 있다. 아들, 딸, 자식, 아이, 알[卵], 씨앗, 사랑하다, 양자삼다, 종속되다, 번식하다 등 상황에 따라 다양하게 쓰인다.[15] 교(敎)에서 자(子)는 '아기' 혹

---

14) 여기에서 혼돈은 혼란스러움을 상징하거나 어지러운 형상을 의미하는 것이 아니다. 그것은 질서 정연한 유기체의 모습이지만 쉽게 단정하기 어려우므로 문자로 표현하기에 한계가 있다. 우주 만물의 생성 과정에 대하여 중국에서는 하나의 보편적인 이론이 있다. 세계가 형성되기 이전에 원초적인 물질인 '기(氣)'가 혼돈(混沌)의 상태 속에서 존재한다. 그것은 맑고 가벼운 기와 탁하고 무거운 기로 갈라진다. 전자의 차원에서 기는 떠올라 하늘이 되고, 후자의 차원에서 보면 가라 앉아 땅이 된다. 중국 우주론은 이것을 기본 골격으로 전개된다. 야마다 케이지(김석근 역), 『주자의 자연학』(서울: 통나무, 1991) 참고.

15) 우리가 '자(子)'를 '아들 자'로만 기억하는 것은 과거 왜곡된 유가의 전통인 남성중심주의적 사고와 연관된 언어활동일 것으로 생각된다. 자

은 '어린이'로 이해하는 것이 합당하다. 왜냐하면 의미가 분화되기 이전의 자(子)는, 글자의 모습 자체가, 아기가 강보(襁褓)에 싸여 있는 형상이기 때문이다. 윗부분[乛]은 머리를 본떴고 가운데 모양[一]은 두 팔을 본떴다. 아랫부분은 다리를 본떴는데, 다리가 하나로 보이는 것은 강보에 싸여 있기 때문이다. 이 때 아기는 남자－여자, 혹은 아들－딸로 구별하여 이해하지 않는다. 단지 어린 아이 일뿐이다. 동물에 비유하면 알이나 어린 새끼이고, 식물의 경우 씨앗이나 새싹에 비유할 수 있다.

교(敎)의 오른쪽 부분인 복(攴)은 '두드리다', '치다', '가볍게 살짝 때리다', '매, 회초리 치다'등의 뜻을 지니고 있다. 글자 자체의 소리는 복(卜)을 따랐으나 의미는 우(又)이다.[16] 이는 손[又] 작업과 직결된다는 의미이다. 본래 손으로 무언가를 움켜잡는 모양을 본뜬 글자이기 때문에 손으로 일을 하는 '수(手)작업'과 연관된다. 따라서 손으로 잡고 행해지는 활동과 연관시켜, '치다', '살짝 때리다', '건드리다', '깨우쳐주다' 등 여러 의미로 해석할 수 있다. 교육적 의미를 부여하면서, '회초리 치다, 깨우치다. 때리다'라는 글자로 사용한 듯하다. 이런 사실은 동아시아 교육의 근원인 '가르침'의 이미지 속에 이미 체벌이 용인된다고 판단하는 근거가 되기도 한다. 원래 글자의 의미인 '치다'와는 별도로, 손의 움직임[수작업]과 연관시킨다면, 도구를 사용하는 인간, 또는 현대적 의미의 노작(勞作; hand)

(子)를 '아들 자'로 인식하는 한, 가족관계 속에서 조차 딸은 '교(敎)'에서 소외된다. 1970년대까지만 해도 우리의 전통 사회는 딸에 대한 교육적 행위가 아들에 비해 상대적으로 소홀했던 것이 사실이다. 그러기에 "여자가 배워서 뭘 해!"라는 여성 폄하적인 사회 분위기가 존재했다. 이런 인식에 머물러 있는 한 진정한 의미의 교(敎)는 이해하기 어렵다.

16) 『說文解字』: 攴, 小擊也, 從又卜聲.

교육과도 연계하여 설명할 수도 있겠으나, 문자 자체에서 그런 근거를 찾기는 쉽지 않다.

종합해 볼 때, 교(敎)는 효(爻)+자(子)+복(攴)이 어우러진 글자이다. 효(爻)는 우주 만물이 원초적으로 어울린 세계상을 상징하고, 자(子)는 어린 아이를 나타낸다. 그리고 복(攴)은 손으로 작업하는 의미이다. 그러므로 왼쪽 부분[爻+子]은 어린 아이가 우주의 상황, 세계상을 접촉하면서 느끼는 만남의 체계로 이해할 수 있다. 즉 우주의 어우러진 존재 근원을 어린 아이가 인식하고 영향을 받으며 모방하는 것과 관련된다.[17] 오른쪽 부분인 복(攴)은 손작업, 그 중에서 살짝 건드려서 깨우쳐주어 사람을 인도한다는 의미가 깃들어 있다. 요컨대, 세상의 어우러진 사물에 대해 어린 아이가 느끼고 모방하며 이해하려고 할 때, 윗사람-스승, 어른, 교사, 지도자, 부모 등-이 손으로 살짝 때려 깨우쳐 조심하도록 주의를 주니, 아랫사람-제자, 아이, 학생, 구성원, 자식 등-이 이에 따르는 총체적 모습이다.

그러기에 『설문해자(說文解字)』에서는 이를 "위에서 베푸는 것을 아래에서 본받는다"[18]라는 말로 압축하여 표현했고, 『석명(釋名)』에서는 "본받음이다. 특히, 아래가 모범으로 본받는 것이다"[19]라고도 했다. 『광운(廣韻)』에서는 "우주 자연이 베풀

17) 저명한 교육사가인 몬로는 직접적이고 의식적인 훈련 단계 이전의 교육, 즉 초기 단계의 교육을 어린이가 세계와 마주치는 장면을 '모방'하는 것으로 설명한다. "단순한 원시 사회에서 필요한 지식은 아동이 모방으로 획득한다. 어릴 때의 이 모방은 무의식적이다. 미개야만 종족의 자녀는 어른이 사용하는 도구의 작은 모조품을 가지고 논다. …… 인디언 아이들은 물속에서 통나무를 가지고 논다. 이를 통하여 장차 사용할 카누의 균형 잡기와 물 젓기를 배우게 된다." 몬로(조종인 역), 『교육사개설』(서울: 교육과학사, 1994), 16쪽. 이는 동서양을 막론하고 고대 사회의 교육이 우주와 스스로 마주치며 인간들이 느끼면서 본받는 모방의 한 형태로 인식된다.

18) 『說文解字』: 上所施, 下所效也.

어 놓은 삼라만상에 대해 사람이 일을 행하는 것으로, '본받는다', '닮는다'의 의미"[20]로 밝혔다. 또한 『중용(中庸)』에서도 "인간의 길을 잘 닦아 나가는 것"이라고 했고, 그 주석에서도 "다양한 관계를 통해 망을 넓혀가고 사람이 본받는 것"[21]이라고 했다. 이외에도 『예기(禮記)』나 『관자(管子)』, 『여씨춘추(呂氏春秋)』 등에서도 교(敎)는 효(效)와 밀접한 연관 체계로 드러난다.

이런 문자적 의미 분석을 기초로, 교(敎; 가르침)의 맥락을 고민해 보자. 왼쪽 부분은 복잡하게 얽혀 있는 우주 사물의 상황, 이 세계를 어린 아이가 접촉하고 만나며 무언가를 느끼는 모양이라고 했다. 즉 아이가 이 세상에 태어나서 우주 사물의 관계와 질서 체계를 전면적으로 마주치면서 느끼는 상황이다. 이는 가르침[敎]이 세계와 인간의 만남을 전제로 하고 있음을 보여준다. 아울러 오른쪽 부분의 손으로 회초리를 들고 있는 상황은 초달(楚撻)과 깨우침의 구조로 이해된다.

결론적으로 말하면, 가르침[敎]의 의미는 이미 세계를 접촉하고 있는 학생에게, 세상의 사물에 대해 공부하라고, 선생이 손짓하며 재촉하는 모습이다. 즉 세상과 마주치는 제자[爻+子]에게 스승이 회초리로 깨우침을 주는[攴] 관계망으로, 세계-학습자-교수자의 '세상과 사물에 관한 베풂과 본받음'이 동시에 각인되어 있다. 그것은 다음과 같이 구조화 할 수 있다.

---

19) 『釋名』: 敎, 效也, 下所法效也.
20) 『廣韻』: 天垂文象, 人行其事, 謂之敎, 敎之爲言傚也.
21) 『中庸』: 修道之謂敎; 朱子註: 治而廣之, 人放效之, 是曰敎.

[표 1 - 1] 가르침[敎]의 문자적 구조

<table>
<tr><td rowspan="4">가르침
[敎]</td><td rowspan="2">세계
[爻]</td><td rowspan="3">세계와
인간의
만남
[爻+子]</td><td rowspan="3">이미</td><td>모든 교육의 대상을
[세계상]</td><td rowspan="3">마주하며
느끼고 있다.</td></tr>
<tr><td>⇕</td></tr>
<tr><td>학생
[子]</td><td>배우는 이가</td></tr>
<tr><td colspan="2">교사
[攴]</td><td>여기에</td><td>깨우침[깨달음]이</td><td>부가된다.</td></tr>
</table>

2) 육(育); 자(子)+육(肉)

교육에서 육(育)은 양육(養育), 육성(育成)과 같은 말에서 보듯이, '기르는' 작업과 연관된다. 흔히 식물을 재배하거나 동물을 사육하듯이 적절한 토양과 물, 영양분, 햇빛, 공기 등 일정한 조건을 제공하여 기르는 것을 연상하기 쉽다. 그러나 육(育)의 원래 의미는 좀 색다른 뉘앙스를 지니고 있다.

육(育)의 옛날 글자 모습은 한 여자와 그녀의 몸 아래에 머리를 밑으로 한 아기가 있고, 그 옆에 약간의 물이 있는 모습이다.[22] 이는 산모(産母)가 아이를 낳을 때의 모습을 상징적으로 보여준다. 그러므로 육은 본래 '엄마 몸속에서 적절하게 길러진 아이를 낳다'라는 의미를 지니고 있다.

또 다른 해석은, 강보에 싸인 아기를 나타내는 자(子)와 고기를 표현하는 육(肉)이 합쳐진 모습이다. 육(肉)은 '크게 저민 고기'를 말한다. 육(肉)자의 바깥[冂] 은 큰 덩어리 고기의 모양을 본떴고, 가운데의 두 획[㐅]은 고기의 힘줄 혹은 살결을 본떴다. 이때 육(肉)은 산모의 몸으로 이해할 수 있다. 이런 해석에 터하여 볼 때, 육(育)은 흔히 어머니가 몸속에서 자식을

22) 高樹藩, 앞의 책, 1396쪽 참고.

품어 기르다가 그를 낳는 데 비유하여, '기르다[養]'라는 말과 통용된다.

그런데 교육과 연관하여 주의 깊게 살펴 볼 부분이 있다. 육(育)의 윗부분에서 자(子)가 거꾸로, 뒤집어진 모습을 하고 있다는 점이다.[23] 거꾸로 자리하고 있는 자(子)를 어떻게 인식하느냐에 따라 해석의 차원이 달라진다. 위에서 살펴본 것처럼, 문자학적으로 육(育)은 산모의 아이 출산과 관련되어 있다. 이를 염두에 두고, 다시 육(育)자를 살펴보자. 거꾸로 자리하는 아이[子]의 해석에 두 가지가 있다.

첫 번째, 자(子)가 거꾸로 드러나는 것은 아이가 태어날 때 반드시 머리 부분이 먼저 세상에 나옴을 상징한다.[24] 즉 자연분만을 통해 순산(順産)하는 경우라면, 아이는 엄마의 자궁을 통해 몸 가운데 머리 부분을 먼저 세상에 내보인다. 이런 정상분만은 자연스럽게 아이를 잘 기를 수 있는 상황으로 이어질 것이다. 여기에서 '기르다'라는 의미의 육(育)은 엄마의 뱃속에서 이미 길러지고 자연 분만을 통해 그곳을 벗어나서 점차로 양육되는 인간의 성장으로 이해된다. 이런 자녀의 양육은 자연성에 의거한 교육의 과정이다. 적절한 환경과 삶의 조건이 갖춰져 있다면, 아이는 큰 무리 없이 발달하고 성숙할 수 있다.

두 번째, 자(子)가 거꾸로 자리한다는 것은 아이가 엄마 뱃속에서 비정상적인 자세를 하고 있다는 의미이다. 즉 순탄하게 출산하지 못할 정도로 구부려 있거나 뒤집어진 자세를 하고 있다가 갑자기 출산하다[25]라는 말이다. 출산을 앞두고, 흔히

---

23) 育의 윗부분(子가 뒤집어진 모습)을 흔히 㐬로 읽고 云(4획)으로 쓰는 경우가 있는데, 이는 잘못이다. 育의 윗부분은 문자의 구조상 子가 뒤집어진 모습이 분명하고 3획으로 보는 것이 옳다. 諸橋轍次, 『大漢和辭典』(東京: 大修館書店, 1986년) 제9권 264쪽.

24) 高樹藩, 앞의 책, 같은 곳; 子生順如脫也, 子生必先首下.

'아이가 거꾸로 들어앉았다' 또는 "탯줄을 목에 감고 있다"라고 표현하는 경우가 이에 해당한다. 이런 경우 반드시 바로 잡아야 주어야 출산이 가능하다. 따라서 육(育)은 비정산적인 자세로 임신되어 있는 아기를 순산할 수 있도록 바로 잡아주어 갑자기 출산한다는 의미로 이해할 수 있다. 그렇다면, '기르다[育]'는 의미는 순산을 유도하듯이 인간의 삶을 '바르게 이끌다', '바로 잡다'라는 행위와 동일한 맥락으로, 그 뜻을 확장할 수 있다.

이렇게 볼 때, 육(育)에는 '엄마 뱃속에서 10개월 동안 길러져서 아이를 순산하다', 혹은 '엄마 뱃속에서 비정상적으로 뒤집어진 모습으로 자리하고 있는 아이를 순탄하게 출산하도록 바로 잡아주어 갑자기 출산하다'라는 의미가 포함되어 있다. 이것을 『설문해자』에서는 "자녀를 길러 훌륭하게 만들다"[26)]라는 뜻으로 인식하였다.

---

25) 위와 같은 책, 같은 곳; 不順忽出也.

26) 『說文解字』: 養子使作善也.; '자녀를 길러 훌륭하게, 혹은 착하게 만들다'라고 했을 때, 중층적 의미를 생각할 수 있다. ① 엄마 뱃속에서 태중 교육을 통해 순산할 수 있을 정도로 잘 자라는 상태를 의미하는가? ② 출생 이후에 잘 길러서 훌륭한 성숙한 인격체로 만든다는 뜻인가? 문자 자체로만 이해하기에는 한계가 있다. 그러나 문자의 구조상, 출산과 깊이 연관된 의미를 지닌 육(育)은 태중 교육, 즉 태교와 밀접한 관계를 지닌 듯하다. 전통 교육에서 태교는 "스승에게 10년을 배우는 것보다 태중 교육 10개월이 중요하다"고 언급하듯이, 어떤 교육보다 중요하게 자리매김 된다.(師朱堂李氏, 『胎教新記』참고). 그러나 현대적 의미에서 볼 때, 태중 교육을 포함하여 출생 이후까지 연결 짓는 것이 바람직하다고 생각된다.

3) 학(學); 효(爻)+구(臼)[27]+멱(冖)+자(子)

학(學; 배움)은 교(教; 가르침)와 더불어 교육의 기본 뼈대이다. 특히 '배움'은 학생의 활동과 연관하여 이해하는 경우가 많으며, 학교교육의 주요 과정을 차지한다. 학생은 때때로 가르침의 대상이 되기도 하고, 스스로 배움을 실천하는 자기 학습의 주체가 되기도 한다. 그런데 우리는 '배움'을 얘기할 때, 대부분의 경우, '학생이 교사로부터 일정한 교육내용을 전달받는 일', 혹은 '아랫사람이 윗사람으로부터 특정한 내용을 전수받는 행위'처럼, 아래가 위로부터 수직적으로 전달받는 수업(受業)이나 전수(傳受) 행위로 인식한다. 교[가르침]를 논의할 때 잠시 언급되었지만, 서구의 페다고지에서 아동이 어른에게 지도받는 것과 유사하다. 이 또한 동 아시아 전통 사회에서 논의해 온, 배움-학습(學習)-의 본질을 오도할 수 있다.

중국 고대의 문자서와 경전 속에서 '학(學)'은 '배우다[受教]', '깨닫다·깨우치다[覺悟]', '본받다[效法]', '가르치다[教導]', '학문(學問)' '학설(學說)'등 다양하게 논의된다.[28] 그렇지만 일반적으로 '배우다'라는 말로 표현된다. 그렇다면 '배우다'라는 말에 담긴 의미는 어떤 것인가? 학생이 교사에게 일방적으로 전수받는 행위에 불과한가? '배움'의 참된 모습은 무엇인가?

학(學)은 글자의 모습이 효(爻)와 구(臼), 멱(冖), 자(子)가 어우러져 있다. 잘 살펴보면 교(教)를 설명할 때 논의되었던 부분이, 학(學)에도 동시에 들어 있다는 사실을 발견할 수 있을

27) 뒤에서 자세히 논하겠지만, 臼는 본래 又+又이다. 그러나 표기에 어려움이 있어 여기에서는 편의상 형상이 비슷한 글자인 구(臼)를 차용한다.

28) 앞의 책, 中文大辭典編纂委員會, 『中文大辭典』 및 大漢韓辭典編纂室, 『大漢韓辭典』 참고.

것이다. 바로 교(敎)의 왼쪽 부분인 효(爻)와 자(子)가 학(學)의 가운데에 자리한다. 여기에서 교(敎)와 학(學)이 동일한 맥락에 있음을 알 수 있다. 즉 가르침이 바로 배움이다. 이는 나중에 논의할 것이다.

먼저, 학(學)의 윗부분을 살펴보자. 윗부분은 구(臼) 안에 효(爻)가 들어 있는 형상이다. 구(臼)는 원래 양손[又+又]이 마주보고 있는 모습이다. 즉 두 손으로 무언가를 움켜잡을 수 있는 듯한 형상이다. 그렇다면 학(學)의 윗부분은 앞에서 설명한 효(爻)—얽혀 있는 그물망과 같은 우주의 모습, 세계상을 두 손이 움켜쥐고 있는 형국이다. 그것은 모든 대상 세계가 이미 나와 접촉하고 있고, 나와 마주치고 있으며, 손 안에 들어 있다는 의미이다. 달리 말하면 삶의 전 영역에서 언제 어디서건 관계없이 교육의 대상, 교육 세계가 이미 마련되어 있다는 말이다.

원래의 '뜻'으로 보면 거리가 있지만, 배움[學]의 의미를 확장하기 위한 방편으로 해석한다면, 구(臼)에도 재미있는 의미를 부여할 수 있다. 구(臼)는 학(學)의 원래 글자 모습인 효(斆)에서 발음[소리]를 나타내는 부분이므로,29) 글자의 의미와는 거리가 있다. 그러나 여기에서는 글자[學]에 들어 있는 모양에 따라 새롭게 의미를 부여하여 적극적으로 해석해 본다. 구(臼)는 '방아 찧는 절구'를 본뜬 글자이다. 바깥 부분은 절구의 겉모습을 본뜬 것인데, 위쪽의 트인 부분은 절구의 아가리이고 가운데는 속이 넓은 모양이다. 속 부분[--]은 벼나 보리와 같은 곡식을 넣은 모양이다. 절구는 그 모습이 오목하여 절구공이를 써서 곡식을 찧어 정결하게 대끼는 데 사용하는 생활 도구이다. 의미를 확장하여, 절구 속에 세계상[곡식]이 들어 있다

29) 『說文解字』: 斆, 從敎從冖, 臼聲.

고 생각해보자. 절구는 손을 부지런히 움직여 곡식을 찧는 도구이다. 그렇다면 곡식을 찧듯이 세계상을 다듬어 무엇인가를 창출해내는 것으로 상징할 수도 있다. 이런 점에서 두 손에 세계상을 잡고 부지런히 고민하는 부분과 의미가 상통한다.

결국, 학(學)의 윗부분을 형성하는 구[臼]와 효[爻]는 두 손으로 세계상을 감싸고 있는 모습이건, 절구 속에 곡식[혹은 세계상]을 담고 있는 형상이건 간에 '두 손의 부지런한 움직임'에 의해 진행되는 작업의 공간이자 행위를 암시한다. 교육학적으로 볼 때, 이는 세계상에 대해 인간의 노력이 필수적으로 동반한다는 사실을 일러준다. 즉 교육내용에 대해 배우는 존재가 부지런히 다가가서 경험하고 탐구하고 습득하는 자기 단련의 과정 자체이다.

그런데 학(學)의 중간 부분에는 멱(冖)이 자리하고 있어, 아랫부분의 자(子; 어린 아이)와 구분 짓고 있다. 멱(冖)은 '물건을 덮는 모양'을 표현한 글자이다. 천으로 물건을 덮었는데 위쪽은 편편하고 두 가장자리가 아래로 내려진 모양을 본떴다. '천으로 물건을 덮다'는 의미는 물건을 가리고 있는 모습을 상징한다. 가려진 물건은 보이지 않으므로 파악하기 어렵다. 이를 인간에게 적용하면, 천에 물건이 가려진 것처럼, 무언가에 가려져 있는 인간이 어두운 형상으로 존재한다는 의미가 된다. 즉 '아직 깨우치지 못한 상태'[30]로 '무지몽매함'과 같다.[31] 학

30) 위의 책 : 冖, 尙蒙也.

31) 이는 『주역』의 네 번째 괘인 "몽(蒙)"과 일치한다.; "어린 아이가 태어난 세계는 끊임없이 음양의 조화가 계속되고 있는 세계이다. 다만, 그가 처하고 있는 상황은 맑은 물이 산 속에서 숨겨져 있는 것처럼 앞뒤로 막혀 있다. 이 상황에서 그가 뒤로 물러간다면 더욱 험한 상황에 직면하게 될 것이고, 그렇다고 앞으로 나아간다면 산이 가로 막고 있어서 험난하다. 이 상황을 헤치고 나오는 방법은 일단 어리석은 존재 자신이 현재 처해 있는 현실의 세계를 바르게 파악하고, 자신이 누구

(學)의 글자 모습으로만 본다면, 멱(冖)은 어린 아이[子]를 덮고 있다. 그렇지 않아도 무지몽매할 수 있는 어린 아이를 덮고 있으니, 무지몽매함이 오죽 하겠는가!

이 지점에서 학(學)과 교(敎)가 공통되는 부분을 좀 더 부각시켜 이해할 필요가 있다. 교(敎)의 왼쪽 부분은 효(爻)와 자(子)로 구성되어 있다. 다시 강조하면 그것은 '세계와 인간의 만남, 아이가 이 세상에 태어나서 우주 사물의 관계와 질서 체계를 전면적으로 마주치면서 느끼는 상황'이다. 여기에서 학(學)의 모습을 종횡으로 가로질러 입체적으로 조명하면서 '배움'의 의미를 도출하고, 그것이 교(敎)와 맞닿으면서도 다른 뉘앙스가 있음을 파악할 필요가 있다.

다시 전체적으로 학(學)의 의미를 정리해 보자. 먼저 윗부분에서 아랫부분으로 분석하면, 윗부분은 두 손으로 세계를 감싸고 있는 모습이다. 혹은 절구 가운데 곡식을 찧는 작업이라고도 했다. 그리고 가운데와 아랫부분은 아직 깨우치지 못한 아이가 앉아 있다. 어떤 해석이 가능한가? 윗부분은 어떤 형상으로 이해하건 두 손의 부지런한 움직임, 자기 공부, 스스로의 노력과 연관된다. 그렇다면 아직 깨우치지 못한 아이가 부지런히 노력하여 깨우친다는 의미로 범주 확장이 가능하다.

그런데 학(學)을 왼쪽에서 오른쪽으로 세로로 파악하면, 다른 모습이 보인다. 교(敎)와 공통 요소인 '세계상과 마주하고 있는 아이[爻+子]'가 자리하고 있고, 그 위쪽에는 '두 손의 작업[𦥑]'이, 아래쪽에는 '아직 깨우치지 못한 상태[冖]'가 가로지르고 있다. 이미 세계를 마주한 아이에 대해 전혀 다른 두 가지 차

인지를 힘써 아는 것이다. 문태순, 『원형이정의 세계와 교육-주역의 교육관 연구』(서울: 문음사, 2003), 142쪽 참조. 이런 점에서 학(學)은 원초적으로 몽(蒙)의 의미를 담고 있다.

원이 제기되었다. 어찌해야 하는가? 두 손의 부지런한 노력으로 세계상을 밝혀야 하는가? 아니면 무지몽매의 나락으로 떨어져서 가려져 있어야 하는가? 학(學)의 모습 자체가 그 사태를 분명하게 일러주지는 않지만, 여러 경전과 인간의 속성으로 볼 때, 명철(明哲)을 추구함이 분명하다. 그러기에 학(學)은 내 손에 잡은 세계, 이미 마주치고 있는 세계를, 아직 깨우치지 못한 상태에서, 그것을 분명히 밝혀보려는 자기 노력이다.

이런 의미를 『설문해자』에서는 "깨달음"[32]으로 표현 했고, 『광아(廣雅)』와 『논어(論語)』에서는 교(敎)와 동일한 의미의 "본받음"[33]이라고 했다. 이는 배움[學]이 세계와 인간의 만남을 전제로 하되, 무지몽매에서 벗어나려는 자기 노력의 과정으로 이해된다.[34] 다시 말하면, 이미 세계를 접촉하고 있는 학생이 자신이 아직 깨우치지 못했음을 인식하고, 부지런히 노력하는 모습이다. 그것은 현대 교육학적인 의미에서 '자기 조절 학습(self-control learning)'이나 '자기 주도적 학습(self-directed learning)'과 비견할 수도 있다.[35]

32) 『說文解字』: 覺悟也.

33) 『廣雅』: 效也. 『論語』 : 集註; 學之爲言, 效也.

34) 그러기에 공자의 경우에도 "진심으로 통하려고 노력하지 않으면 열어주지 않고, 애태워하며 표현하지 않으면 말해주지 않으며, 한 모퉁이를 들어 주었는데 이것을 가지고 남은 세 귀퉁이를 증명하지 못하면 다시 일러 주지 않아야 한다[子曰, 不憤, 不啓, 不悱, 不發, 擧一隅, 不以三隅反, 則不復也. 『論語』「述而」]"라고 하며, 자기 노력을 강조한다.

35) 그러나 동 아시아 전통 교육은 서구의 자기 주도적 학습의 이론적 기반이 되는 구성주의(Constructionism)와 궁극적으로 다른 측면이 있다. 학(學)이라는 문자적 구조에서 파악하듯이, 근원적으로 세계상은 나와 마주치거나 일체감을 형성하면서 유기적 연관을 맺고 있다. 물론 구성주의도 이와 유사한 논리를 지닌다. 그런데 동 아시아 전통 교육은 자기 주도적 학습이나 노력의 의미 측면에서 특정한 교육의 대상을 설정하여 방법적으로 자기 조절을 해나가는 차원이 아니다. 이는 인간의 몸(Mom)을 온전하게 하는 차원에서 전 우주와 호흡하고, 인간

[표 1 - 2] 배움[學]의 문자적 구조

<table>
<tr><td rowspan="5">배움
[學]</td><td>두 손으로
감싼 자기
노력
[臼]</td><td rowspan="2">손 안에
있는 세계
[臼+爻]</td><td colspan="3">부지런히</td></tr>
<tr><td rowspan="2">세계
[爻]</td><td>이미</td><td rowspan="2">모든 교육의 대상을
[세계상]</td><td rowspan="2">마주하며
느끼고 있는데,</td></tr>
<tr><td rowspan="3">세계와
만나고
있는 존재
[孝]</td><td rowspan="2">아직 깨우치지
못한
[冖]</td></tr>
<tr><td rowspan="2">학생
[子]</td><td>⇕</td><td rowspan="2">노력하다.</td></tr>
<tr><td colspan="2">배우는 이가</td></tr>
</table>

과 관계하는 융회관통(融會貫通)의 관점에서 접근한다는 점이다.

2. '교육(敎育)'의 등장과 그 의미 맥락

주지하다시피, 동아시아의 고대 사회에서 '교육(敎育)'이라는 말이 구체적으로 보이는 문헌은 『맹자(孟子)』이다. 군자(君子)의 세 가지 즐거움을 논의한 이른 바 "군자삼락(君子三樂)"장에서 맹자는 '교육(敎育)'이라는 용어를 구사하며, 그 의미 맥락을 체계적으로 보여주었다.

> 군자는 세 가지 즐거움이 있는데, 세상에서 왕 노릇 하는 일은 여기에 해당되지 않는다. 부모님이 모두 생존해 계시고 형제들이 무사하게 잘 살고 있는 것이 첫 번째 즐거움이다. 나 자신이 하늘을 우러러 부끄럽지 않고 다른 사람들에게 내놓아도 마음이 떳떳한 것이 두 번째 즐거움이다. 세상의 영재를 건전한 인간으로 교육하는 것이 세 번째 즐거움이다. 군자는 세 가지 즐거움이 있는데, 세상에서 왕 노릇 하는 일은 여기에 해당되지 않는다."[36)]

맹자가 말하는 세 가지 즐거움 중, 세 번째 즐거움에 '교육(敎育)'이라는 말이 포함되어 있다. 조선 유학에 결정적 영향을 미친 주희(朱熹)는 세 번째 즐거움인 교육에 대하여 다음과 같이 해석하였다.

> 세상의 밝고 지혜로운 인재를 모두 얻어서 자기가 즐겨하는 것으로써 가르치고 기른다면, 전해져오는 우주의 이치와 법

---

36) 『孟子』「盡心」上. : 孟子曰, 君子有三樂, 而王天下不與存焉. 父母俱存, 兄弟無故, 一樂也. 仰不愧於天, 俯不怍於人, 二樂也. 得天下英才而敎育之, 三樂也. 君子有三樂, 而王天下不與存焉.

> 칙, 인간의 도리를 얻은 사람이 많아져서, 세상에 그 혜택을 입지 않은 사람이 없을 것이다.[37]

주희는 먼저 '자기가 즐겨하는 것', '자기 희열'로 가르침을 베푼다. 특히 '우주와 인간의 도리'를 주요 내용으로 삼고, '세상 사람들에 대한 혜택'을 교육의 중심 문제로 부각시켰다. 여기에서 '우주와 인간의 도리'는 교(敎)의 왼쪽 윗부분의 내용과 동일하고, '세상 사람들에 대한 혜택'은 오른쪽 부분인 복(攴)과 유사하다. 그것은 자기의 즐거움과 타인에게 미치는 영향력의 문제를 동시에 거론하여, 자기 교육과 타자에 대한 교육이 연속적으로 이루어지는 차원을 논의하였다.

왜 그렇게 이해해야 하는가? 그것은 맹자의 "군자삼락(君子三樂)"장을 유기적으로 분석할 때 가능하다. 흔히 군자삼락을 제각기 다른 차원에서, 세 가지 즐거움으로만 나열한다. 이럴 경우, 교육의 위상을 명확하게 이해하기 어렵다고 판단된다.

맹자가 말한 군자, 다시 말해 건전한 인격자, 혹은 사회지도층 인사로서 교양 있는 존재는 어떠한 즐거움을 지니고 있는가? 왜 굳이 세 가지 즐거움을 말했는가? 그것은 인간 삶의 전체 면모를 상징하는 것과 관련된다.

첫 번째 즐거움은 혈연관계인 부모 형제들의 생존 및 무사함과 관련된다. 이는 개인의 존재 근거를 확인하는 작업이다. 나는 누구인가? 어디에서 왔는가? 그 확인의 단초가 부모 형제이다. 그것은 우주의 존재가 원초적 사귐[爻]이듯이, 부모 형제의 관계 또한 나를 존재하게 하는 근원적 만남에 비유된다.

두 번째 즐거움은 나 자신의 양심에 기초한 떳떳한 삶이다.

---

37) 위의 책, 같은 곳, 朱子註： 盡得一世明睿之才, 而以所樂乎己者敎而養之, 則斯道之傳得之者衆, 而天下後世將無不被其澤矣.

이는 현실 속에서 자신을 확인하는 작업이자 충실한 생활의 문제이다. 끊임없이 자신을 수양해나가는 자기 교육의 문제와 결부된다. 끊임없이 깨달음을 추구하며 배워나가는 자기 공부의 연속이다.

세 번째 즐거움은 타자에 대한 교육 문제이다. 영재[38]라는 대상에 대한 이해와 배려의 차원에서 교육이 부각되는 모습이다. 교육은 자신의 덕(德)이 충만할 때, 자기가 즐겨하는 도의 전수를 통해 이루어진다. 이때 덕(德)은 덕(悳)과 같은 말로, 인간에서 본구적인 '곧은 마음'이다. 곧은 마음은 선한 본성이고, 군자는 그것을 체득한 존재이다. 곧은 마음으로 무장한 인간은 그것을 타인과 함께 하여 공동체를 선으로 인도한다. 그러므로 교육은 첫 번째와 두 번째 즐거움의 단계를 거쳐 세 번째 단계로 안착한다. 이는 자기로부터 타자에게로 확장된다는 의미이다.

---

38) 영재(英才)라고 할 때, 우리는 천재(天才)와 유사한 '매우 뛰어난 특수아'로 인식한다. 맹자가 '천하의 영재'라는 표현했고, 주희가 '세상의 밝고 지혜로운 인재'라고 주석한 것으로 보아, 영재는 세상에서 똑똑한 존재로 인식된다. 그러나 『맹자』 전체의 내용이나 교육학적 입장에서 볼 때, 여기에서의 영재는 보통 사람보다 뛰어난 특별한 사람이기보다는 인간으로서 인간됨의 자질을 지닌 사람, 건전함을 추구하는 일반 사람, 혹은 평범한 보통 사람 정도로 이해하는 것이 좋다. 맹자는 인간이면 누구나 지니고 있는 사단(四端)의 확충을 교육의 기본 목표로 삼았다. 세상을 살아가는 보통 인간의 건강한 삶의 추구, 인륜을 밝혀 도덕적 인간과 사회를 지향하였지, 특별히 잘난 사람만을 교육의 대상으로 다루지는 않았다. 송도선의 경우, 영재를 "한 세대에 나올까 말까할 정도의 출중한 사람을 지칭하는 극히 제한적인 의미로", 이른바 "생이지지자(生而知之者)"로 논의하고 있으나, 이는 맹자 전편의 상황을 간과한 단편적인 이해로 판단된다. 왜냐하면, 맹자는 특별한 사람만을 지칭하여 교육하려는 사고보다는, "학문은 다른 것이 아니다. 풀어 헤쳐진 마음을 다잡는 일일 뿐[學問之道, 無他, 求其放心而已矣. 「告子」 上]"이라고 했듯이, 보통 사람들의 올바른 마음다짐에 무게 중심을 두고 있다. 송도선, 「동양사상에 담긴 영재의 개념」, 고대 교육문제연구소, 『교육문제연구』 제22집(2005. 3), 95~117쪽 참고.

맹자의 언급은 크게 '하늘에 달려 있는 부분[천도(天道), 천명(天命)]'과 '인간 자신에게 해당하는 부분[인도(人道), 인사(人事)]'으로 대별해 볼 수 있다. 첫 번째 즐거움은 하늘에 달린 숙명적인 일이고 두 번째와 세 번째 즐거움은 인간에게 달린 운명적 노력의 차원이다.

첫 번째 즐거움은 생사(生死)와 관련된 문제로 인간이 마음대로 조절할 수 있는 부분이 아니다. 건전한 인간이라면 대부분 부모님이 오래도록 장수하기를 소망하며 효도를 다하고, 형제가 무사하며 우애 있기를 기원한다. 왜냐하면 부모는 내 생명의 존재 근거, 내 삶을 가능케 한 근원(根源)이요, 형제는 그것을 공유하는 피붙이이기 때문이다. 부모라는 인간의 수직 질서와 형제라는 수평 질서를 통해, 우리는 인간이라는 우주와 세상의 이치 및 법칙 체계를 감지한다. 하지만 나의 효도나 형제애가 아무리 극진하다고 해도 부모님의 목숨이나 형제의 삶을 내가 책임질 수는 없고, 나의 의지와는 무관하게 부모 형제의 인생은 펼쳐지기도 한다. 이는 인간으로서 어쩔 수 없는, 인간의 능력 범주를 넘어 서 있는 숙명적 상황이다. 그러기에 하늘에 달린 일이라고 한다.

두 번째 즐거움은 부끄럽지 않은 인생과 관련되는 문제로 자기반성과 성찰, 수양, 양심의 지속을 통해 달성할 수 있는 개인적 작업이다. 다시 말하면 자기 존재의 확인이자 삶의 방향을 찾는 주체적 활동이다. 그것은 자아성찰이나 자아실현이라고도 할 수 있고, 자기 공부, 수련이나 단련 등 다양한 언어로 표현할 수 있다. 중요한 문제는 얼마만큼 자기에게 충실하고 성실히 하느냐, 나의 책임과 임무를 다하여 이 우주 내에서 기능과 역할을 제대로 수행하느냐와 관련된다. 이는 전반적으로 자기 노력 여하에 달린 문제로 인간 각자의 몫이다. 교육학적으로 말하면, 자기 교육이자 개인의 인격 완성을 추구하는 과정으로 해석할 수 있다.

세 번째 즐거움인 교육은 인간의 개인적 작업이긴 하지만, 자신의 인덕(人德)과 학덕(學德)을 후세에 전하여 사회에 기여하는 데 무게 중심이 있다. 교육은 두 번째 즐거움처럼 자기 교육이 기본이다. 그러나 '영재(英才)를 얻어' 교육한다고 했을 때, 영재는 내가 아닌 타인이다. 즉 자기 교육이 일정한 수준에 도달한 스승이 타인인 제자를 맞아 들여 교육하는 일이다. 이는 개인적 작업이 타자, 혹은 그와 관계하는 사회 공동체로 확장된다는 점에서 사회성이 강하다. 즉 타자를 교육하는 행위는 자기 교육의 사회적 확대이자 공동체 교육의 바탕이다.

이를 교학(敎學)과 연관하여 다시 정리하면, 군자의 첫 번째 즐거움은 부모 형제로부터 유추되는 인간적 우주의 파악이다. 이는 마치 교(敎)와 학(學)에서 우주와 마주치고 있는 존재의 인식[爻+子]과도 같다. 두 번째 즐거움은 자기 수양과 교육의 차원에서, 스스로 노력하는 자기 공부의 의미를 지녔다는 측면에서 학(學)의 모습이 연상된다. 세 번째 즐거움은 타자를 이해하고 배려하는 관계라는 부분에서 살짝 매질해주는 교(敎)와 연관 지을 수 있다.[39]

이런 차원에서 "군자삼락" 장과 교학(敎學)의 유기적 맥락은 다음과 같이 도식화 할 수 있다.

---

39) 이런 연관성은 『論語』 「學而」의 첫 번째 세 구절인 "學而時習之, 不亦說乎, 有朋自遠方來, 不亦樂乎, 人不知而不慍, 不亦君子乎"의 유기적 맥락과도 상통한다. 이는 추후에 연구를 통해 구명할 것이다.

[표 1 - 3] 군자삼락과 교학의 연관성

군자삼락(君子三樂)	특징	교학(敎學)과의 관계
첫 번째 즐거움	인간적 우주 관계의 인식과 만남	교학의 공통 요소 [爻+子]
두 번째 즐거움	자기 성찰과 노력	배움 [學]
세 번째 즐거움	타자 배려와 이해의 교육	가르침 [敎]

3. 교(敎)와 학(學)의 동질성과 이질성

앞에서 간략하게 언급했듯이, 교(敎)와 학(學)은 근본적으로 공통 요소를 내포하고 있다. 그것은 효(斆)[40]라는 근원 문자를 탐구할 때, 쉽게 이해할 수 있다. 효(斆)는 『설문해자』에서 "깨달음, 터득, 앎, 체득"[41]이란 의미로 학(學)과 동일한 차원에서 설명된다. 효(斆)는 한 글자씩 분석하면 '효(爻)+구(臼)+멱(冖)+자(子)+복(攴)'이다. 크게 나누어 보면, 교(敎)+구(臼)+멱(冖), 또는 학(學)+복(攴)의 합성어이다. 이러한 효(斆)는 가르침을 받는 자가 몽매한 상태에서 벗어나도록 부지런히 힘쓰는 모습을 담고 있다. '가르침[敎]－무지몽매함[冖]－부지런히 노력함[臼]'의 세 요소가 동시에 스며들어 있는 것이다. 다시 말하면, 가르치는 사람과 배우는 사람이 서로 도와주고 붙들어 주어 몸과 마음을 바로 잡아가는 내용이 얽혀 있다.

그런데 교(敎)는 효(斆)에서 '구(臼)와 멱(冖)'이 없어진 형상이다. 그것은 무지몽매함[冖]－부지런히 노력함[臼]이라는 요소가 탈락하고, 살짝 건드려 준다·깨우쳐 준다[攴]라는 의미가 부각되었다는 말이다. 한편 학(學)은 효(斆)에서 복(攴)이 없어진 글자이다. 이는 살짝 건드려 준다·때리다[攴]라는 의미가 후퇴하고, 깨우치지 못한 아이가 스스로 두 손으로 절구질하듯 부지런히 노력하여 무지몽매함을 없애는 형상으로 전이된 것

40) 효(斆)는 원래 교(敎)·학(學)과 동일한 글자이기에 '학(斆)'으로 읽는다. 그러나 한국 사회에서는 통상 '효(斆)'라고 읽는 데, 이는 교(敎)와 같은 계열의 음으로 발음되기 때문으로 생각된다. 교(敎)는 지아오(Jiao)이고 효(斆)는 시아오(Xiao)이다. 본고에서도 '효'로 표기한다.

41) 『설문해자』: 覺悟也. 與斆同.

이다. 이런 점에서 학(學)은 필연적으로 습(習)과 결부된다. 즉 배웠다면 당연히 익히는 과정으로 나아가야 올바르고 진정한 배움이 된다. 주희에 의하면, 습(習)은 알에서 깨어난 어린 새가 날개 짓을 자주 하여 날기 연습을 하는 것에 비유된다. 즉 어린 새가 스스로 날기 연습을 하여 잘 날 수 있듯이, 배우기를 그치지 않고 익숙해져야 마음에 희열을 느껴 삶을 즐길 수 있는 것이다. 정자(程子)는 습(習)에 대해 풀이하기를, "배운 것을 다시 생각하고 연역해서 가슴 속에 푹 젖어 들게 하는 것"으로 보았다.[42)]

다시 강조하지만, 글자의 모양으로 볼 때, 효(斆)에는 원래 교(敎)와 학(學)의 의미가 중층적으로 잠재되어 있었다. 이는 동 아시아에서 가르침[敎]과 배움[學]의 근원이 동일하다는 점을 암시하는 주요한 대목이다. 가르침과 배움은 원래 동시에 이루어지는 일이었고, 동일한 내용에 대한 행위의 차이에 불과했다. 그것은 효(斆)의 의미 구성체-'깨달음', '터득', '앎'이라는 언표-가 동일한 내용임에도 불구하고 이질적 노력과 실천에 따라 다양하게 드러날 수 있음을 의미한다. 그 기본적 분화가 교(敎)와 학(學)이다.[43)]

앞에서 지적한 것처럼, 효(斆)에는 교(敎)와 학(學)의 의미가

42) 『論語』「學而」 朱子註: 習, 鳥數飛也. …… 程子曰, 習, 重習也. 時復思繹, 浹洽於中, 則說也.

43) 교(敎)와 학(學)이 나누어지게 된 계기는 중국 최초의 통일 국가인 진(秦)나라의 정책과 관련이 깊다. 진시황제(秦始皇帝)가 중국을 통일하기 이전, 춘추전국시대 각국은 지역에 따라 언어도 상당히 달랐고 문자도 제각기 달랐다. 시황제는 이사(李斯)의 건의에 따라 각국의 문자를 폐지하고 진나라가 사용하고 있던 소전체(小篆體)를 전국에 통용시켰다. 이때 문자가 정비되면서 효(斆)도 교(敎)와 학(學)으로 분화되었다. 천징(김대환·신창호 옮김), 『진시황평전』(서울 : 미다스북스, 2001), 307~314쪽. 段玉裁, 『說文解字注』(臺北 : 藝文印書舘, 民國68年), 128쪽 상단. 참고

중층적으로 녹아있다. 공통 요소[爻+子]가 그것을 증명한다. 그렇다고 하더라도 효(斅)는 원래 '타인을 살짝 건드리다''회초리로 때리다''깨닫게 하다' 등의 의미가 담긴 복(攴)'에 무게 중심을 두었다. 이는 현대 교육학적으로 볼 때, 교사가 주도권을 행사하는 양상인 이른바, '교사 주도적 학습'으로 이해할 수도 있지만, 우주와 마주치고 있는 어린 아이가 상정되어 있다는 점에서 구체적으로 대비해 볼 필요가 있다. 서구적 의미에서는 교사 주도적 학습에서 교육 내용을 교사가 장악하는 경우가 많다. 그러나 동아시아적 의미는 교육 내용을 학생이 이미 마주하고 있다. 이런 점에서 그 변별성을 지적해야 한다.

그런데 진나라 이후, 문자 통일에 따라 효(斅)는 주로 복(攴)이 생략된 글자인 학(學)으로 전이되었다. 그것은 학(學)이 원래 문자인 효(斅)와는 뉘앙스를 달리하는 '스스로 깨닫고 노력하는 작업'에 무게 중심을 두게 되는 계기로 작용했다. 이는 현대 교육학적 의미로, 학생 스스로가 학습하는 '학습자 중심 교육', 혹은 '자기 주도적 학습'으로 이해할 수도 있으나, 그 내용과 방법에서는 상당한 차이가 있음을 고려할 필요가 있다. 이와 같은 효(斅)와 학(學)의 의미 구분은 가르침과 배움의 상황을 적절하게 설명해 주는 유명한 구절인 "가르침은 배움의 반이다"나, "가르치고 배우는 것이 서로 돕는다"라는 언표를 보아도 분명하게 알 수 있다.[44)]

이상의 내용을 정리해 보자. 원래 교(敎)와 학(學)은 같은 글자였다. 효(斅)는 가르침[敎]과 배움[學]이라는 동일한 이미지를 중층적으로 지니고 있었다. 그러나 시대가 발달하고 복잡해짐에 따라 점차적으로 가르침의 의미를 지닌 교(敎)와 배움의 뜻

44) 『書經』「說命」下, 『禮記』「學記」 참고; 斅學半, 敎學相長.

을 지닌 학(學)으로 의미가 나누어지고, 교사와 학생의 역할과 기능에 차이가 나타나기 시작했다. 교(敎)는 깨우침과 깨달음[攴]이라는 타자(또는 자기)에 의한 손작업과 깊게 연관되고, 학(學)은 스스로 노력하는 자기 수련에 무게 중심을 두었다. 그러기에 '가르침[敎]'은 끊임없이 우주 만물과 마주치는 인간이, 누군가에 의해 깨우쳐[혹은 자기 깨달음에 의해] 나아가는 교육이고, 배움[學]은 우주 만물과 마주치는 인간이, 스스로 노력하여 터득하는 자기 학습이다.

제2부

동양사상과 교육의 문제

동양 사상은 크게 세 가지 범주로 설명할 수 있다. 유학(儒學)과 도가(道家), 불교(佛敎)가 그것이다. 이들 사상은 동양인들의 생활 속에 깊숙이 파고들어 삶의 지침 역할을 했고, 교육에도 많은 영향을 미쳤다. 특히 유학은 자연의 질서 체계를 인간 삶의 원리로 끌어들여 도덕 윤리의 덕목으로 삼았고, 일상의 건전함과 합리성을 끊임없이 도모하였다. 그러기에 도가나 불교에 비해, 현실에 적극적으로 참여하였고, 사회의 운용과 조절에 관심을 두고 이론과 실천을 고민하였다. 유학자 특히 성리학자(性理學者)들은 도가와 불교를 허학(虛學)으로 비판하고, 진실성과 현실성을 강조하면서 자기들의 학문 체계를 실학(實學)으로 자칭하였다.

유학은 공자(孔子)가 창시한 학문이자 종교이며 학파이다. 학문으로 말할 때는 유학(儒學)이라고 하고, 종교성을 가미할 경우 유교(儒敎)라고 하며, 학파를 지칭할 때는 유가(儒家)라고 표현하기도 한다. 유학은 공자 이후, 맹자, 순자를 주축으로 하는 원시유학(原始儒學:Confucianism)과 주자, 왕양명, 퇴계, 율곡 등의 신유학(新儒學:Neo-Confucianism) 으로 분류할 수 있다. 어떻게 표현되건 유학이라는 큰 범주에서 볼 때, 그것은 공자의 사상을 발전시킨 사유의 체계이다.

공자 사상의 핵심은 인(仁)이다. 인은 자기 자신의 이기적인 욕구를 억제하고 사회적 윤리 규범을 잘 지키는 일인 동시에 다른 사람을 사랑하는 마음가짐이다. 그것은 자신의 성의를 다하고 남을 이해하고 배려하는 충서(忠恕)의 정신이다. 맹자는 공자의 사상을 적극적으로 이어받아 성선설(性善說)과 왕도(王道) 정치를 주장하였다. 맹자에 의하면 인간의 성품은 선행을 실천할 수 있는 소질을 갖추고 있다. 그것이 인의예지(仁義禮智)라는 네 가지 단서[四端]이다. 또한 맹자는 백성을 가장 귀하게 여기고 국가와 정치의 근본에 두었는데, 이를 민본(民本) 정치라고 한다. 만약 왕이 백성의 뜻을 배반하고 자신의 이익만을 추구한다면, 백성은 혁명을 통해 쫓아낼 수 있다. 그것이 유명한 역성혁명론이다. 순자의 경우, 공자 사상을 객관적으로 계승했다고 볼 수 있다. 순자는 맹자를 비판하면서 '인간의 성품은 악하다'는 성악설(性惡說)을 주장하였다. 이때 성악은 본능적 욕구나 자연적 성향과 같은 것으로 인간이 욕망에 빠지는 것을 경계한 말이다.

도가 사상은 노자와 장자의 철학을 기본으로 하므로 노장(老莊)사상이라고도 한다. 중국철학에서는 유학이 관학(官學)이 되고 정통으로 자리 잡게 되면서, 도가는 반(反)정통처럼 느껴지게 되었다. 노장 철학은 무(無), 혹은 무위(無爲), 무아(無我)라는 개념을 자주 사용한다. 때문에 '없다'라는 측면을 강조하면서 현실을 부정하려는 의지로 보이기도 한다. 그러나 단순한 부정의 태도라기보다는 인간과 세계에 대한 새로운 이해 방식으로 생각된다. 노자는 만물을 무(無) 또는 도(道)에서 나왔다고 생각한다. 이는 우주의 근원이 무 또는 도라는 의미이다. 이는 인의(仁義)와 예(禮)를 도를 생각하는 유학과는 다르다. 도는 초감각적이고 절대적인 것이어서 말로 표현할 수 없다. 그러므로 억지로 이름을 붙여 도라고 한다. 인간도 만물 가운에 하나의 존재이므로 도로 말미암아 생겼고 도로 돌아가야 한다. 노자에 의하면 도의 운동은 무위자연(無爲自然)이다. 무위자연은 문자 그대로 아무 것도 하지 않음이 아니다. 그것은 인위적 조작, 즉 억지로 행하지 않음을 말한다. 장자는 노자의 도의 관념을 계승하여 자기사상을 전개하였다. 도는 자기원인으로 어디에나 있고, 자존(自存)하고 자화(自化)한다. 스스로 존재하고 저절로 변해 간다. 그러므로 억지로 자기를 내세우거나 차별 의식을 강조하지 않는다. 그것이 무아(無我)이자 물아일체(物我一體)의 정신이다.

불교는 불타[석가모니: 부처]의 깨달음과 이론을 중심으로 성립된 종교이다. 불교는 괴로움[고통: 苦]을 깨달음의 핵심으로 인식한다. 그런데 고는 일정한 원인에 의한 결과이다. 원인과 결과라는 인과 관계를 기본으로 형성된 사고를 연기(緣起)라고 하는데, 이는 불교의 근본 입장이다. 연기설은 구체적으로 표현하면, '인연연기설(因緣緣起說)'이다. 이때 인은 직접적인 원인을 뜻하고, 연은 간접적인 원인으로서의 조건을 뜻한다. 연기설에 의하면 모든 현상의 변화는 각각 이러한 인과 연의 화합에 의한 결과이다. 단독적으로 우연히 이루어지는 변화는 절대로 없다. 다시 말하면 모든 변화는 서로 의지하고 서로 바탕이 되는 상태에서 일정한 인과 관계에서 일어난다. 이러한 연기설 중 가장 충실한 것이, 잘 알려진 십이지연기설(十二支緣起說)이다.[1)]

여기서는 유학과 노장, 불교의 기본 사상을 살펴보고, 교육의 바탕이 되는 이론과 사유를 간략하게 검토해 본다. 동양 사상의 특징이 그러하듯이, 동양의 교육사상도 철학과 교육, 사상과 삶, 사고와 교육 방법 등, 교육만을 명확하게 구분하여 이해해서는 곤란하다. 각각의 사상이 지닌 특징과 아울러 교육적 사고의 위상을 고민하는 것이 적절하다.

---

1) 윤사순, 『東洋思想과 韓國思想』(서울: 을유문화사, 1984), 9~42쪽, "제1편 동양사상의 원류" 참고.

1. 유학과 교육사상

1) 유학의 기본특징

유학은 오랜 세월 동안 한국인의 근저에 자리하고 있는 정서 가운데 하나이다. 조선조 500여 년의 지배적 이념 체계였고, 현재까지도 한국인을 비롯한 중국, 일본, 베트남 등 동아시아인에게 큰 영향을 미치고 있는 전통적 생활양식이다. 일반적으로 유학은 '권위주의', '가부장제', '지배 계층 중심의 정치 이데올로기' 등으로 각인되면서 부정적으로 인식되어 온 측면이 있다. 그러나 그런 현상적 표출의 바탕에는 심층적인 철학적 사유가 잠재되어 있다. 특히 인간의 내·외면적 능력을 이끌어내려는 교육적 욕구가 본질적으로 숨어 있다.

유학은 정치와 교육을 통해 인간의 문제를 해결하려고 노력한다. 정교(政教)로 백성을 교화하고, 자연[天地]과 인간[聖賢이나 祖上]에 대한 제사로 사회의 지속과 발전을 꾀했다. 이중에서도 정치와 교육은 동일한 내용의 표리 관계로 이해할 수 있고, 삶의 연속선상에서 파악된다. 그것의 언어적 표현이 내면적으로는 성스러운 인간이 되고 외면적으로는 훌륭한 왕이 되는 '내성외왕(內聖外王)'이다.[2)]

유학 이론은 그 집대성과 체계화를 기준으로 볼 때, 크게 두 부분으로 이해할 수 있다. 공자·맹자·순자를 주축으로 하는 원시유학과 주자가 집대성한 성리학이다. 원시유학은 본원유학(本源儒學), 공맹학(孔孟學), 수사학(洙泗學) 등 다양하게 불리

---

2) 신창호, 『유교 사서의 배움론』(고양: 온고지신, 2011) 참고.

는데, 인간 삶의 윤리도덕과 예에 근거한 '실천적' 측면이 강하다. 성리학은 성명의리지학(性命義理之學)의 준말로 정주학(程朱學), 육왕학(陸王學), 리학(理學), 도학(道學), 심학(心學) 등 다양한 명칭으로 쓰이고 있는데, 성격에 따라 강조점의 차이가 있다. 성리학은 심성(心性)의 수양을 과거 어느 유학보다도 철저히 하면서, 동시에 규범 법칙 및 자연 법칙으로서의 이치[理] 또는 본성[性]를 깊이 연구하여 그 의리의 의미를 완전하게 실현하려는 유학 중의 하나이다. 한 마디로 말하면, 존심양성(存心養性)과 궁리(窮理)를 지극히 중요시함으로써 종래의 유학을 형이상학적으로 재구성, 발전시킨 것이다.3) 이것이 한국 전통을 형성하고 있는 조선조 유학의 기본 뼈대였다.

원시유학이건 성리학이건, 유학에 공통적으로 부여되어 있는 것이 정치와 교육이다. 이는 유학이 정치와 교육을 시행하기 위한 이론이요, 실천의 지침이라는 점을 일러준다. 그런 정치와 교육을 담당할 주체가 이른 바 성인(聖人)·군자(君子)·대인(大人) 등 덕을 갖춘 인간유형이다. 동시에 교육과 정치의 최종 목표도 그런 인간 양성에 있다. 그 과정의 핵심은 자신을 수양하고 다른 사람을 다스리는 수기치인(修己治人)이다. 수기치인은 달리 표현하면, 앞에서 언급되었던 내성외왕(內聖外王) 또는 성기성물(成己成物)과 동일한 구조이다. 이중에서 수기(修己)·내성(內聖)·성기(成己)는 개인의 인격적 완성, 자아실현이라는 교육의 측면에서, 치인(治人) · 외왕(外王) · 성물(成物)은 타인에 대한 이해와 배려, 관계의 조절이라는 정치의 측면으로 나누어 볼 수 있다.4)

3) 윤사순, 『한국의 성리학과 실학』(서울: 열음사, 1990), 9쪽.
4) 신창호, 『修己, 유가교육철학의 핵심』(서울: 원미사, 2004) 참고.

[표2 - 1]유학의 기본 구조

범주	유학의 체계	교육	정치	궁극적 인간 유형
자기와 타인	① 修己治人	修己	治人	君子[聖人]
내면과 외면	② 內聖外王	內聖	外王	君子[聖人]
인간과 세계	③ 成己成物	成己	成物	君子[聖人]
현대적 의미	① 자기 수양과 타인에 대한 배려 ② 내면의 성실과 외면의 충실 ③ 인간[개인]의 성립[완성]과 세계[사물]의 성공[완성]	① 자기 수련과 단련[연마] ② 성실과 진실 ③ 인격 완성	① 타인 이해와 관심[만남] ② 사랑과 베풂 [시혜] ③ 물격 구성	① 자기 수양을 통해 타자와 관계하는 건전한 교양인 ② 성스러운 내면과 지도자다운 풍모를 지닌 리더 ③ 자기 완성에서 세계 완성으로 나아가는 범 세계인

2) 유학의 교육이론

유학에서 교육은 '인간은 짐승[禽獸]과 다르다'는 인식 하에 '인간됨'을 지향하는 본질적 과정이다. 즉 인간의 윤리 체계인 인륜(人倫; 오륜)을 밝히는 도덕적 측면을 강조하고, 인간관계의 질서를 회복하며, 일상생활을 지속적으로 영위하려는 생활의 합리적 운용으로 드러난다.

이러한 교육의 목적은 유학의 창시자인 공자에게서 발견할 수 있다. 공자는 15세에 인생의 지향을 배움[學]에 두었다. 이는 배움의 길을 다른 가치보다 우선순위에 두고 삶을 전개하려는 의도이다. 유학의 기본 경전인 「논어」에서도 첫 마디가 "학이시습(學而時習)-배우고 늘 익힌다-"라는 구절로 시작한다. 교육의 핵심 사항인 '학습(學習)'이라는 말이 여기에서 유래한다. 아울러 유학의 보편적인 교육 목적도 여기에서 기원한다. 유학은 대개 입지(立志)－뜻을 세우다－를 배움의 첫 단계에 두고 있다. 그 가치의 핵심은 바로 도(道)이다. 도는 인간으로서 날마다 실천해야 할 당연한 길을 말한다. 사람이 일상생활에서 실천해야 할 당연한 도는 인륜이다. 부모에게 효도하고 형제간에 우애로우며, 임금에게 충성하며, 친구 간에는 믿음이 있는 것과 같다. 이런 교육의 보편적 가능성은 공자의 교육태도와 깊게 연관되어 있다. 공자는 "모든 인간에게 가르침을 행한다"라고 했고, "인간은 태어날 때는 비슷하지만 교육에 의해 달라진다"고 보면서 교육의 중요성을 강조하였다.[5]

<그림2-1> 공자 · 맹자

맹자는 이런 사유를 적극적으로 받아들여 '인륜을 밝히는 일'을 교육 자체로 보았다. 인륜의 근거는 선(善)의 단서로서 이미 마음에 갖추어져 있다. 따라서 교육은 선천적으로 구유한 착한 마음을 바로 잡는 일, 자각 정신을 일깨우는 것과 관계된다. 즉 '헤이해진 마음, 놓친 마음을 바로 잡는 일'이다.[6]

이와는 반대로 순자는 인간의 개조를 선언했다. 성악설을 주

5) 『論語』「衛靈公」「陽貨」.
6) 『孟子』「告子」上.

장한 그는 인간의 욕망에 기초하고 있는 악함을 제거하여 선으로 돌려놓는 데 교육의 목적을 두었다. 그러기에 널리 배우고 날마다 세 번씩 자기 몸을 살펴 나아가면 슬기는 밝아지고 행실에는 허물이 없을 것이라고 보았다. 또한 태어날 때는 모두 같은 소리를 내지만 자라나면서 생활 풍속이 달라지는 것은 교육의 힘에 의한 것이라고도 했다.[7)]

주자가 집대성한 신유학의 경우, 맹자가 주장했던 '인륜을 밝히는 일'을 교육의 전통으로 삼았다. 유학 교육을 체계화한 『대학』에서는 교육의 일차적인 목적으로 '착한 마음을 밝히는 일'로 정했다. 이런 교육 목적의 근원에 진실함[誠]이 자리하고 있다. 또한 『중용』에서는 '일상생활에서 당연히 행해야 할 도를 닦는 일'을 교육의 의미로 규정했다. 착한 마음인 인간의 내면에 부여된 품성은 진실하며 거짓이 없다. 이는 맹자의 본성이 착하다는 말과 같다. 따라서 그것의 발현되고 실천되는 일상의 생활이 선한 것은 분명하다.

유학에서 교육은 소학(小學)과 대학(大學)으로 구분된다. 현대적 의미에서 소학은 아동교육(혹은 청소년교육까지 포함)에 속하고, 대학은 성인교육과 비교할 수 있다. 소학에서는 물 뿌리고 쓸어내고 응낙하고 대답하며 나아가고 물러가는 일상 예절과 여섯 가지 삶의 예술인 육예[예법·음악·활쏘기·말몰기·글하기·셈하기]를 가르쳤는데, 이는 일상생활의 실천적·형이하학적 삶의 양식이다. 대학은 이치를 궁구하고 마음을 바르게 하며 몸을 닦고 사람을 다스리는 방법을 가르쳤는데, 이는 이론적이고 형이상학적인 학문의 체계이다. 소학과 대학은 아동과 성인이라는 상황과 때에 따른 교육 내용이지만, 사실은

---

7) 『荀子』「勸學」「修身」「性惡」 참고.

일상의 운용 원칙이라는 면에서는 동일한 구조이다.

소학에서 배움은 성현의 자질, 이른바 맹자가 말한 선한 본성과 잠재능력을 깨닫는 과정이다. 그리고 그것을 구체적으로 응용하기 위한 세계관의 형성은 대학 과정에서 터득할 수 있다. 주자는 그 구체적인 교육 내용으로서 여덟 가지 조목의 과정을 제시했다.

> 지식을 다한다는 것은 사물의 이치를 세밀히 캐물어 가는 데 있다. 그러므로 사물의 이치가 따져져서 밝혀져야 지식을 체득할 수 있고, 지식이 체득되어야 뜻이 성실해지며, 뜻이 성실해져야 마음이 바로잡히고, 마음이 바로잡혀야 몸이 닦아지며, 몸이 닦아져야 집안이 가지런해지고, 집안이 가지런해져야 나라가 다스려지며, 나라가 다스려져야 세상이 평안해진다.[8)]

이런 8조목은 격물(格物)－치지(致知)－성의(誠意)－정심(正心)－수신(修身)－제가(齊家)－치국(治國)－평천하(平天下)로 요약된다. 이는 유학 교육의 구체적인 목적이요 내용이자 방법이다. 모두가 수신[修身:수양]의 문제를 근본으로 삼고 있다. 이 중 격물, 치지, 성의, 정심이 수신의 핵심적 방법이다. 격물·치지는 앎(知)의 방법이며, 성의 · 정심은 실천(行)의 방법이다. 격물의 대상은 소학에서 얘기한 쇄소에서 육예의 내용을 포함하여 우주 전체로 나아간다. 세상의 모든 존재, 인간의 행위, 천지자연의 현상, 운동 등 모든 대상을 탐구하는 일이다. 특히 인간의 삶과 관계되는 윤리질서의 이해와 탐구는 격물의 우선적인 대상이다. 환언하면 교육은 쇄소에서 육예, 나아가 인의예지의 인간관계는 물론 우주의 질서까지도 모두 캐물어 들어

---

8) 『大學章句』「經1章」

가는 것이다. 물론 인간 각자가, 구체적으로 접하는 사물을 캐물어 들어가 밝히는 일이 선차적이다. 그러므로 유학의 교육을 '배우고 묻는', '학문(學問)'의 과정이라고 한다.[9)]

이런 방법론을 통해 인간은 단편적인 지식은 물론 세계의 질서와 원리를 파악하여 자기 관점을 정립하며 지혜를 터득해 나갈 수 있다. 끊임없는 물음과 연구 가운데 확 트이는 응용 능력이 생겨날 때, 지식을 터득하여 지혜의 단계로 나아가는 것이다. 그러므로 격물은 단순한 지식의 습득 과정을 넘어 인간과 사회, 우주에 대한 이해의 방법이다. 이는 인간의 영특한 지혜를 바탕으로 하되 자신의 노력을 전제로 한다.

그러기에 공자는 진정으로 열의를 갖고 있지 않거나 노력하지 않고, 사물을 캐물어 들어가지 않는 제자에게는 일러 주지 않았다.[10)] 중요한 것은 널리 배우고 성실하게 뜻을 다하며 절실하게 묻고 가까운 것부터 생각하면, 지혜의 길로 갈 수 있다는 점이다.

유학에서 배움은 반드시 완성을 요구한다. 그러므로 공부를 남보다 백배 천배로 더하라고 권고한다. 이는 배움-물음-생각-분별-진지하고 성실함이라는 다섯 가지 과정의 유기적인 통일성 아래 진행하는 교육 방법이다. 이처럼 유학은 격물치지와 성의정심을 통해 성찰하고 수신하는 교육의 내재적 가치를 중심으로, 제가치국평천하라는 타인의 다스림을 통해 사회적 질서를 조절하는 외재적 행위를 지향한다. 즉 수기치인, 내성외왕의 가치를 구현하려고 노력한다.

---

9) 신창호, 『『대학』, 유교의 지도자 교육철학』(서울: 교육과학사, 2010) 참고.
10) 『論語』「述而」

2. 도가와 교육사상

1) 도가의 기본사상

도가는 노자의 사유를 핵심으로 확립된 사상이다. 노자는 『도덕경』 속에서 자신의 사상을 피력하고 있는데, 도덕경은 크게 도의 본체[道體]와 덕의 쓰임[德用]으로 나누어 볼 수 있다. 도는 형이상의 실체이자 만물의 근원이며 우주 운행의 원리이다. 또한 우주·천지·만물의 창조자일 뿐만 아니라 우주·천지의 운행이나 만물의 생성화육(生成化育)을 주재한다. 그러므로 도는 모든 운행의 도리이자 법칙이다.[11)]

도는 '대립'과 '복귀'를 거듭하는 성질을 지니고 있다. 따라서 "돌이킴이 도의 움직임(反者道之動)"이라고도 한다. 도는 '최선의 상황은 물의 성질과 같다'라는 의미의 상선약수(上善若水)라고 하여, 물에 비유하기도 하였다. 물은 언제나 아래로 흐른다. 그것이 모여 강이 되고 바다가 된다. 한 방울의 물은 아무 것도 아닐 수 있다. 그러나 모여서 강이 되고 바다가 되었다. 가장 약한 것 같은 물 한 방울이 바다로 모여들어 무서운 파도로 바뀔 수 있다. 이런 점에서 가장 약한 것은 가장 강한 것이 될 수 있다. 노자는 부드러움을 강조한다. 그러면서 유약함이 강함을 이긴다고 가르친다.

도를 활용하는 덕의 쓰임에서 노자는 '텅 비고 고요하다'는 의미의 허정(虛靜)과 '행함이 없는' 무위(無爲)를 강조한다. 도는 자연(自然; 스스로 그러함)을 따르고 비어 있으면서도 고요

11) 김학주, 『老子와 道家思想』(서울: 명문당, 1988) 참고.

한 원리로 억지로 행하지 않고 자연의 법칙을 따를 것을 강조한다. 즉 인간의 욕심과 농간, 조작을 버리고 허정한 자연, 순박한 자연의 품에 안길 것을 강조한다. 그래야만 모든 사람이 조화를 이루고 스스로의 생성화육을 도울 수 있다.

이러한 노자의 사상에서 일관되는 핵심은 무위자연(無爲自然)이다. 무위는 가만히 앉아서 아무 것도 하지 않는다는 의미가 아니다. 노자는 다음과 같이 무위의 의미를 인식하였다.

> 학문을 하는 자는 날로 더함이 있고 도를 닦는 자는 날로 덜어냄이 있다. 덜어내고 덜어내서 마침내 무위에 이르게 되고 무위에 이르게 되면 행하지 않음이 없다.[12)]

여기서 말하는 더함과 덜어냄은 지식이나 재능, 의례나 형식을 두고 하는 말이다. 더함은 지식을 더 많이 알게 된다는 의미이고 덜어냄은 지식이나 재능을 감소시킨다는 의미이다. 왜 지식이나 재능, 의례나 형식을 감소하는 것이 도가 되는가? 지식과 재능, 의례나 형식은 인간에 의해 인위적으로 만들어진 것으로 진실이 아닐 수 있다. 그러므로 허위를 벗기고 감소시키면 비로소 참된 무위의 경지에 도달할 수 있다. 무위는 성숙한 자의 경지를 말한다. 이렇게 볼 때, 무위는 아무 것도 하지 않는 것이 아니라, '억지로 허위를 더하지 않는다'는 말이다. 즉 본질을 추구하여 부단히 허위의 껍질을 벗기는 행위이다.[13)]

장자는 노자의 사상을 깊이 있게 계승하였다. 워낙 많이 알고 지혜로웠던 까닭에, 장자의 말은 바다와 같아서 끝이 없었다. 동시에 어떤 것에도 걸림이 없이 자유분방하였다. 그의 자

---

12) 『道德經』 48章

13) 김충렬, 『노자강의』(서울: 예문서원, 2004) 참고.

유정신은 자신을 높은 벼슬에 초빙했을 때 답한 다음과 같은 언급에서 찾을 수 있다. “천금은 엄청나게 큰돈이며 재상은 엄청나게 높은 자리라오. 당신은 하늘에 지내는 제사인 교제(郊祭)에서 제물로 쓰이는 소를 알고 있겠지요? 희생으로 쓰이는 소 말이오. 몇 년 동안 잘 길러 비단 옷을 입히고는 결국은 종묘로 끌고 가서 제물로 바쳐지오. 그때 그 소가 하찮은 돼지새끼처럼 자유롭게 살고 싶어 한들 무슨 소용이 있겠소. 때는 이미 늦은 것이오. 무슨 말인지 알겠소? 그대는 빨리 돌아가시오. 나를 욕되게 하지 마시오. 더럽혀질 판이었으면 내 차라리 진흙탕 속에서 헤엄이나 치면서 유유자적하지 않았겠소? 당신 왕에게 구속되어 살고 싶지는 않소이다. 평생토록 벼슬길에 나가지 않고 내 멋대로 즐기고 싶소이다.” 이로 보아 장자가 얼마나 자기 세계를 구축하고 자유정신을 구가하려고 했는지 짐작할 수 있다.[14)]

장자의 중심 사상은 한 마디로 얘기하면, ‘무(無)’자에 있다. 무심(無心), 무용(無用), 무기(無己), 무위(無爲), 무지(無知), 무언(無言), 무시비(無是非), 무피차(無彼此), 무생사(無生死), 무내외(無內外) 등 무(無) 자를 즐겨 활용한다. 그는 인간 세상에서 상식적으로 저질러지는 모든 일들에 대한 분별과 구분, 차별의 세계를 벗어난 자유자재의 해탈 세계를 추구했다.[15)]

2) 도가의 교육관

흔히 교육은 언어를 통해 전달되고 수신된다. 즉 언어활동을 통해 어떤 개념이 대상에게 전달되는 심적이며 물리적인 과정

14) 장영기 외, 『중국고전의 이해』(서울: 원미사, 2001) 참고.
15) 안동림 역주, 『莊子』(서울: 현암사, 2000) 참고.

속에서 진행된다. 언어는 인간만이 유일하게 사용하는 인간의 것이다. 그러나 언어는 인간의 이중적 성격을 지원하였다. 인간은 일반적으로 언어를 통해 변명할 수 있는 계기를 갖는다. 이는 인간의 지식과 지혜, 언어의 발달 과정에서 볼 때, 진실의 적극적 해명이라고 볼 수도 있지만, 진실을 은폐하는 역할도 했다. 따라서 어떤 언어 속에 담긴 뜻, 혹은 대화의 과정에서 말은 항상 참된 것으로만 볼 수는 없다. 우리는 그것을 일상에서 흔히 경험한다. 교육 상황 속에서도 마찬가지다. 어떤 개념을 설명하거나 행위를 해명할 때, 의문이 풀리지 않는다면 그것을 풀기 위한 말은 더욱 많아지고 말이 많아질수록 또다시 무수한 억측들이 나돌고, 결국 진정한 의미는 말속에 매몰되기도 한다.

노자는 이렇게 언어를 통해 이루어지는 인위(人僞)의 세계를 경계한다. '길[道]'을 '바로 그 길'이라고 말하고, '이름[名]'을 '바로 그 이름'이라고 말할 때, 정말 그 길이고 이름인가? 이에 대한 의심이 그의 출발점이었다. 이는 마치 데카르트의 '회의(懷疑)'를 연상케 한다. 우리가 '한국 교육은 어떻다'고 말할 때, 그것이 정말 '한국의 모든, 혹은 진정한 교육'이라고 말하기 힘든 것과 같다. 이에 노자는 다음과 같은 지침을 준다. "길을 바로 아는 성인은 '억지로 행함이 없음'을 일삼고 '말없는 가르침'을 편다."[16] 말은 말하고자 애쓰는 자에게서 나온다. 말하고자 억지로 애쓰지 않는 자에게는 행위가 있을 뿐이다. 묵묵히 자기 실천을 하는 사람들에게서 그런 행위를 발견할 수 있다. 이에 앞서 노자는 현실의 아름다움과 추함, 선함과 악함이 인간 문화의 인위적인 개념, 서로 싸우고 절대시하는

---

16) 『道德經』 2章.

자기주장들의 소산으로 보았다. 그러나 이런 가치 개입 이전에는 '있음과 없음', '어려움과 쉬움', '높고 낮음'은 서로 끊임없이 낳고 이루는 과정을 통하여 개념적으로 고정되지 않다. 때문에 아무런 폐단도 생기지 않고 무리나 억지도 없다. 이런 행위를 본받아 나오는 것이 훌륭한 사람의 행위이다.

행위의 최고 위치에 '말없는 가르침'이 있다. 이 말없는 가르침은 인간이 만들어 사용하는 언어 문자의 한계와 병폐를 일깨워 준다. 말하지 않고도 가르치는 '불언지교(不言之敎)'는 언어의 부정적인 폐단을 줄이거나 없애기 위한 교육 방법론이다. 달리 말하면 언어라는 인위를 소극적으로 대하는 교육이다. 즉 학생이 스스로 교학하고 저절로 바르게 행동하며 저절로 부유하게 노력하고 저절로 순박한 모습으로 나아가게 할 수 있다. 이처럼 불언지교의 방법은 하나의 형이상학적 교육의 길을 제시한다. 다시 말하면 가르침의 기술 가운데 가장 높은 경지, 교육예술을 보여주는 것이다.

그런데 어떻게 인간이 '무위[억지로 행함이 없음]'을 일삼을 수 있는가? 교육은, 특히 우리가 좁은 의미에서의 교육이라고 지칭하는 학교 교육이나 의도적인 교육은 적극적인 말과 행위를 통해 이루어진다. 그런데 '행함이 없이 실행하라'고 한다면 말 자체의 모순이 일어난다. 노자의 무위는 '아무것도 실행하지 않음'이 아니다. 그것은 '인위적' 또는 '의도적' 행위를 하지 않는다는 의미이다. 그런데 인간의 삶은 늘 작위(作爲), 무언가를 짓고 만든다. 그런데 노자는 작위에 대립되는 무위를 말한다. 이것은 하나의 역설이다.

노자가 얘기하는 무(無)는 단순히 텅 빈 공백도 아니다. 따라서 무위는 절대적으로 일체의 행동을 하지 않는 고요함 속의 '함이 없음'이 아니다. 아무 것도 하지 않는 불위(不爲)를 의미하는 것이 아니라 사물이 활동하고 작용하는 자연스러운 흐름에 준거한다. 이를 위해서는 먼저 행위 주체자의 의식을 순화하여 무위의 경지를 체득해야 한다. 무위의 경지를 체득한 사람은 의도적으로 사물의 활동과 작용에 순응하려는 태도를 취하는 것이 아니라 자신의 본성이 내키는 대로 행위 할지라도 모든 일이 저절로 조화를 이룰 수 있는 것이다. 이렇게 볼 때, 무위는 오히려 모든 행위를 가능하게 한다는 점에서 진정으로 유효한 삶의 태도일 수 있다.

세상에서 말하는 배움을 하면 할수록 배울 것은 날마다 불어난다. 그런데 도를 실천하면 할수록 날마다 할 일이 줄어든다. 줄고 또 줄어들어 함이 없는 경지에까지 이르게 된다. 함이 없는 데까지 이르고 나서야 모든 것이 되지 않음이 없다.

노자는 인간의 배움에 대한 적극적인 반성을 촉구했다. 배움이 과연 인간을 올바르게, 인간답게 살아가는데 유용한가? 오히려 배우면 배울수록 지식과 욕망, 허위의식 등이 싹트고 인간 세계를 어지럽히는 것은 아닌가? 노자는 이점을 경계했다. 배움 자체의 부정이 아니라 배움으로 인해 드러나는 폐해를 지적한 것이다. 지식을 많이 습득하면 습득할수록 힘을 가진다. 지식은 하나의 권력이다. 지식을 통한 욕망의 확대, 교육 자체가 하나의 권력을 재생산하여 끊임없이 인간 스스로가 인간을 죽여 가는 방향으로 간다. 노자는 "학문을 끊어라 근심이 없을 것이다"라며 극단적인 발언을 하게 된다. 이렇게 오래 전에 배움에 대한 경종을 울려준 것이 노자의 무위 사상이다. 노자의 이런 사유는 사실, 인위로 하지 않음, 혹은 자연의 적극적인 표현이다. '무위'는 흔히 소극적인 대응 방식으로 이해하기 쉽다. 그러나 역설적으로 인위를 넘어서는 적극성이 있다.

노자의 무위는 현실적인 인간의 정치, 교육 상태에 대한 대안이자 질타이다. 인간인 이상 인간에 대한 최소한의 간섭이나 관계가 없을 수는 없다. 따라서 가능한 한 간섭하지 않는 교육, 자유의 교육이 필요하다. 지나친 간섭과 꽉 짜인 지식 교육보다 좀 느슨하고 자유로운 자율과 자치의 교육이 더 효과적일 수 있기 때문이다.[17]

한편 노자를 이어 무를 중시하는 장자의 사고는 조금만 생각해보면, 유(有; 있다)라는 현실적 사고에 대한 반발이요 비판이다. 일상적으로 '있다'는 것에 대한 단순한 부정이 아니라 그것이 진정 어떻게 무슨 의미로 존재하는가의 문제이다. 그것을 해명하는 말이 무위이다. 앞에서 언급했지만, 무위는 단순히 아무것도 하지 않는다는 소극적인 의미가 아니다. 무위는 '함이 없어도 저절로 잘 돌아간다'라는 적극적인 행위의 다른 모습이다. 그리고 그 무위의 자연성이야말로 생명의 정신이다. 이 무는 세상 만물에 다양한 관점을 부여할 수 있다는 전제에서 출발한다. 그리하여 더 넓은 세계로 나아가 분별과 차별의 세계를 해체하여 물아일체의 경지를 이루고 차별상을 망각하는 좌망(坐忘)의 세계로 나아갔다.

---

17) 신창호, 『인간 왜 가르치고 배우는가』(고양: 서현사, 2003), 220~227쪽 참고.

3. 불교와 교육사상

1) 불교의 기본사상

불교를 창시한 부처[고타마 시타르타]는 '출생·늙음·병듦·죽음[生老病死]'으로 대표되는 인간의 고통을 자신의 것으로 받아들이고 해결하기 위하여 자신을 관찰하였다. 이때 관찰은 합리적 논리나 지성을 통해 획득되는 것은 아니다. 종교적 삶 속에서 가능하다. 그렇다 하더라도 논리나 합리를 끝까지 추구할 필요는 있다. 그 한계의 끝에서 지성[이성]을 넘어서는 감성의 체념에 다다를 때, 인간 삶의 비약이 이루어진다.

불교의 사상은 인간의 참된 삶은 '다른 것과의 관계 속에서 생긴다'는 연기법(緣起法)을 기초로 한다. 여기에서 파생된 교설이 불교의 기초 이론을 이루는 삼법인(三法印)과 사성제(四聖諦)이다.

이 세상의 만물은 홀로 존재하는 듯하지만, 사실은 원초적으로 그물망처럼 얽혀있다. 석가모니는 모든 사물은 모두 인연이 화합해서 이루어진 것이며 모두 인과 관계를 일으키는 것이라고 하였다. 즉 인생의 고통, 인간의 생명, 인간의 운명은 자기가 원인을 짓고 자기가 결과를 받는다. 이는 부처가 깨달은 진리로, 불교에서는 연기법이라고 한다. 그것은 '인간의 삶이 왜 어둠 속에서 헤매는가?' 그 원인을 밝혀냄과 동시에 그것을 벗어나기 위한 교설이다. 이 연기법의 대표적인 것이 십이연기인데, 열두 가지의 연결 고리로 설명된다. 즉 모든 존재의 역동적인 상의상관성(相依相關性)을 열두 마디의 '고리'로 설명한다.[18]

① 근본적 무지[무명無明] ② 형성력[행行] ③ 의지 활동[식

識] ④ 주관과 객관[명색名色] ⑤ 대상을 인식하는 장소[육처六處] ⑥ 접촉[촉觸] ⑦ 감각을 받아들이는 작용[수受] ⑧ 맹목적이며 충동적인 망집[애愛] ⑨ 집착[취取] ⑩ 사상 행위[유有] ⑪ 내세의 삶[생生] ⑫ 늙음과 죽음[노사老死]

열두 인연의 내용과 관계는 다음과 같다.[19] '무명'이란 어리석음과 무지를 말하는데, 행의 조건이 된다. 행은 의지활동을 가리키는데, 식의 조건이 된다. 식은 뱃속의 심식(心識), 정신활동으로 명색의 조건이 된다. 명은 마음·정신이고, 색은 물질·육체를 뜻하는데, 육처의 조건이 된다. 육처는 눈, 귀, 코, 혀, 몸, 의지로 육입이라고도 하는데, 촉의 조건이 된다. 촉은 촉각으로 수의 조건이 된다. 수는 감수로 애의 조건이 된다. 애는 갈망, 탐애, 탐욕인데 취의 조건이 된다. 취는 추구하는 집착으로 유의 조건이 된다. 유는 업으로 유는 생의 조건이 된다. 생은 내세의 생으로 생사의 조건이 된다. 생이 있으면 반드시 노사老死가 있다. 미래에 생이 이루어져서 그 후에 노쇠하고 사멸에 이르는 데, 이것이 노사이다.

<그림2-2> 석굴암본존불

18) 찰스 프레비쉬 외(박용길 옮김), 『불교-그 현대적 조명』, (서울: 고려원, 1989), 56쪽.

19) 方立天(유영희 옮김), 『佛敎哲學槪論』(서울: 민족사, 1989), 94~95쪽.

이처럼 열두 부분은 계속 결과를 일으키기 때문에 원인이라 불리며, 서로 조건이 되기 때문에 인연이라고도 일컬어진다. 그래서 합하여 십이 인연이라고 한다. 십이 인연은 중생이 생사유전하게 되는 인과관계를 설명한 것으로 12개의 부분이 순서대로 인과의 순환관계를 이루고 있다. 어떤 생명체도 해탈하기 이전에는 이러한 인과율에 의지하여 삶을 지속한다. "계속 태어나고 늙고 죽으니 윤회가 끝이 없다."십이 연기는 실로 시작도 없고, 끝도 없으며, 시간적으로나 공간적으로도 아무런 구애를 받지 않는다. 그러기에 십이 연기는 생명 현상의 총괄적인 설명이며, 또한 생명체의 고통의 원인이다. 그런데 이러한 십이 연기는 과거－현재의 인과 관계와 현재－미래의 인과 관계라는 이중구조를 넘어서지 않는다.

이러한 십이 연기를 관찰함으로써, 삶에 대한 인식과 태도가 정립된다. 그것은 크게 세 가지로 드러나는 데, 제법무아(諸法無我), 제행무상(諸行無常), 일체개고(一切皆苦)라고 하는 불교의 근본 교의인 삼법인이다. 이때 인(印)은 '불변하는 진리'임을 강조하는 표현이다.

첫째, '제법무아'는 "일체가 무상으로 '나'라는 존재가 없다"는 의미이다. 나는 실체가 아니다. 그렇다고 자기존재 자체를 부정하는 것은 아니다. 또한 긍정하지도 않는다. 부처는 어디까지나 '나의 본질을 파악할 수 없다[非我]'는 것만 가르쳤다. 인간의 참된 실존적 모습은 원인과 조건의 화합에 따라 변화 존속된다.

둘째, '제행무상'은 "모든 것은 늘 변한다"라는 의미이다. 모든 현상은 순간적인 존재이다. 찰나마다 또는 일정한 기간을 두고 바뀌어간다. 불교는 이를 통해 '영원하다'는 사고 혹은 '소유한다'는 관념을 포기하도록 가르친다.

셋째, '일체개고'는 "우리들이 경험하는 모든 것은 '괴로움'이다"는 의미이다. 괴로움이란 자기 생각대로 완전하게 되지 않는 것을 말한다. 경전에 따라서는 일체개고 대신에 열반적정[涅槃寂靜:열반에 들어 고요한 상태에 이름]을 삼법인으로 제시하는 경우도 있고, 모두 합해 사법인으로 제시하는 경우도 있다. 어느 경우든 삶에 대한 올바른 인식으로 이끌기 위함이다.

삼법인을 통해 인간 삶의 본질을 인식했다면, 어떻게 올바른 존재방식으로 유도할 것인가? 불교에서 가장 먼저 모습을 드러낸 실천적 교설은 네 가지 진리인 고(苦)・집(集)・멸(滅)・도(道)의 사성제(四聖諦)이다.[20]

첫째, '고제(苦諦)'는 '미혹된 범부의 생존은 괴로움의 덩어리뿐'이라는 말이다. 그렇다고 부처가 즐거움과 기쁨, 행복을 부정하려는 것은 아니다. 단지 이 말을 통하여 육체적·정신적 쾌락의 무상함을 강조하고자 했을 뿐이다. 괴로움에는 크게 세 가지 종류가 있는데, '육체적・정신적 고통'과, '애착하고 있던 것이 괴멸하는 데서 오는 고통', 그리고 '세간의 모든 것이 인연으로 얽혀 있음으로 인해 빚어지는 고통'이다. 이는 현실 세계에 대한 인식을 보여준다.

둘째, '집제(集諦)'는 '현실 세계는 괴로움이 생기는 원인'이라는 말이다. 괴로움의 원인은 세 가지로 분류된다. 즉 인간은 다시 태어나고자 하며, 쾌락을 갈망하며, 탐욕을 부린다. 이것은 미혹된 세계의 인과 관계 속에서 욕망에 물든 삶의 방식이 괴로움을 만들어낸다는 사실을 보여준다.

셋째, '멸제(滅諦)는 '욕망에 물든 세계가 사라진 상태가 이

20) 찰스 프레비쉬 외, 앞의 책, 49~52쪽 참고.

상의 경지'라는 말이다. 우리는 스스로 이러한 괴로움에서 벗어날 수 있다. 괴로움의 원인에 대해 올바른 이해와 수행을 통해 우리 스스로 괴로움의 뿌리를 끊고 열반에 이를 수 있다. 멸제에는 두 가지가 있는데, 하나는 생전에 열반에 이르러 자신의 부정함을 벗어 버리는 것이고[잠시멸(暫時滅)], 다른 하나는 깨달은 이가 마침내 죽음에 이르러 자신의 육신마저 모두 벗어버리는 것[구경멸(究竟滅)]이다. 이는 인간 존재의 이상 세계에 대한 방향 설정이다.

넷째, '도제(道諦)'는 '괴로움을 없애기 위해서는 수행이 필요하다'라는 의미이다. 즉 괴로움을 끊는 방법에 관한 것이다. 이는 구체적 수행의 필요성에 대한 인식과 실천이다.

그렇다면 구체적인 실천 방법, 깨달음에 이르는 도리는 무엇인가? 그것은 팔정도(八正道)라는 여덟 가지 올바른 길로 제시된다. ① 바른 견해[정견正見]; 사성제에 대한 올바른 이해를 말한다. ② 바른 사유[정사유正思惟]; 욕망과 사사로운 견해, 그리고 무자비를 여읜 바른 생각을 말한다. ③ 바른 말[정어正語]; 거짓말, 이간질, 욕설, 실속없는 말 등을 삼가는 것이다. ④ 바른 행위[정업正業]; 살인, 도둑질, 일체의 삿된 행동을 범하지 말아야 한다. 이는 불교의 윤리관을 그대로 보여 준다. ⑤ 바른 생활[정명正命]; 점성술, 마술, 예언, 중매, 혼인집전, 그 외의 온당하지 못한 직업(예컨대 백정)에 종사하는 것을 금한다. ⑥ 바른 수행[정정진正精進]; 끊임없는 노력으로 이미 일어났던 나쁜 생각을 미리 막는 것이다. 될 수 있는 한 선한 생각을 많이 해서 이를 잘 보전하는 것을 가리킨다. ⑦ 바른 정신[정념正念]; 마음을 한 곳으로 모아 자신의 심신은 물론 주위의 일체 사물을 바로 관찰하는 것이다. ⑧ 바른 정신통일[정정正定]; 사선정(四禪定)[21]에 이르기 위해 명상에 열중하는 것이다.

고제와 집제는 미혹의 인과관계를 나타내고, 멸제와 도제는 깨달음의 인과관계를 나타낸다. 이를 질병에 비유해서 설명하면, 고제는 병을 발견하는 것이고, 집제는 병의 원인을 파악하는 것이다. 멸제는 병이 난 후의 건강 상태를 가리키고, 도제는 좋은 약에 해당한다.[22)]

2) 불교의 교육관

불교에서 인간의 현실은 '괴로움(苦: suffering)' 그 자체이다. 그 원인은 그릇된 행위에 있으며, 그릇된 행위는 자기 자신과 세계의 참 모습을 올바로 알지 못하는 정신적 미혹(迷惑)에서 기인한다. 불교는 이러한 자기 자신과 세계의 참 모습을 올바로 알게 하려는 '깨달음'의 종교이다. 인간은 깨달음을 통해 우리의 행위, 즉 삶이 바르고 밝아져 자연스럽게 행복을 실현하게 된다.

이렇게 볼 때, 불교의 인간관은 존재(存在)의 관점에서는 '고관(苦觀)'이고, 당위(當爲)의 관점에서는 '각관(覺觀)'이라고 할 수 있다.[23)] 따라서 불교 사상에 기초한 교육의 방향이나 목적은 지식의 축적이나 전문 기능의 습득이라기보다 깨달음-정

---

21) 사선정은 사정려(四靜慮)-네 가지 고요한 생각-라고도 하는 데, 이 정은 고요함과 함께 지혜가 있어, 능히 자세하게 생각하는 뜻으로 정려라 한다. 이에는 초(初)·2·3·4의 구별이 있으니, 초선(初禪)은 유심유사정(有尋有伺定), 2선은 무심유사정(無尋有伺定), 3선은 무심무사정(無尋無伺定), 4선은 사념법사정(捨念法事定)이다. 耘虛 龍夏, 『佛敎辭典』(서울: 동국역경원, 1992) 380쪽.

22) 신창호·서은숙, 『한국사상과 교육윤리』(서울: 서현사, 2002), 93~101쪽 참고.

23) 박선영, 『佛敎의 敎育思想』(서울 : 동화출판공사, 1989), 49쪽.

신적 자각-이 본질이다.

불교적 깨달음은 '마음'에서 시작되어 '마음'에서 이루어진다. 그래서 불교를 '마음의 종교'라고 부른다. 이를 잘 드러내고 있는 것이 바로 유식론(唯識論)이다.[24] 마음에서 마음으로 전하는, 이심전심(以心傳心)의 방법으로 불교는 진리를 드러낸다. 마음의 깨달음, 마음 공부, 그것은 끊임없는 수행, 자기 조절과 해탈의 과정을 거친다.

다시 강조하면, 불교에서는 깨달음, 자아의 각성을 매우 중시한다. 마치 소크라테스가 "너 자신을 알라"고 설파했던 것처럼, 혹은 현대 실존 철학에서 각성의 문제를 명석하게 분석했던 것처럼,[25] 불교에서도 '각성(覺醒)'이 일차적으로 요구된다. 그런데 인간의 자아 각성은 직관적으로, 비약적으로 이루어진다고 한다. 이것을 불교에서는 '돈오(頓悟)'라고 한다. 비약적 각성인 돈오를 통하여 인간의 현실 세계는 가치론적으로 새로운 의미를 지니게 되고, 삶의 전환을 가져온다.

그러나 이 돈오로써 삶의 문제가 끝나는 것은 아니다. 인간은 과거에서 현재, 미래를 지속적으로 살아가는 유기체이므로 몸에 밴 습성을 비약적 각성을 통해 모두 쓸어버리지는 못한다. 따라서 돈오 이후 끊임없는 수양을 통해 점차 닦아나가는 '점수(漸修)'가 요구된다. 불교적 관점에서 교육의 본질은 바로 인간의 깨달음, 내면적 자각을 전제로 한 문화 지식의 전수,

---

24) 김동화, 『唯識哲學』(서울 : 寶蓮閣, 1988); 핫토리 마사아키 외(이만 옮김), 『인식과 초월』(서울 : 민족사, 1993); 太田久紀(鄭柄朝 譯), 『불교의 심층심리』(서울 : 현음사, 1987) 참고.

25) O. F. Bollnow(이규호 역), 『실존철학과 교육학』(서울 : 배영사, 1967) 참고. 볼노브는 쉬프랑어에게서 영향을 받았는데, 쉬프랑어는 '각성'의 개념을 '거듭남', '회심', '근본적 혁명' 등과 같은 다양한 개념으로 설명한다. 중요한 것은 각성은 각성되는 자 스스로의 능동적이고, 자발적인 운동임을 강조한다.

인간 행동의 변화, 사회의 유지와 혁신 등으로 볼 수 있다.

이러한 교육적 인간상의 정점에 불타가 있다. 그런데 불타는 깨달은 사람, 밝은 사람, 따뜻한 사람으로 지혜와 자비를 상징한다. 깨달음은 본질적으로 스스로 깨닫는 자각을 의미한다. 그러기에 불타는 '자각적 인간형', 혹은 '자주적 인간형'이다. 자주적 인간형은 불타 자신까지도 벗어 던진다. 특히 선가(禪家)에서는 "본분을 바로 들어 보일 때에는, 불타나 조사도 아무런 공능이 없는 것이다."라고 하여 스스로의 깨달음을 가장 중시했다. 이는 성불, 해탈의 길에서 궁극적으로 불타의 구속으로부터 자유로울 것을 요구한다. 그러나 교육은 사람을 상징하는 '인(人)'이라는 글자 자체에서도 알 수 있듯이, 인간관계를 전제로 한다. 그런 교육 행위를 불교에서는 다음과 같은 비유로 설명한다. "달걀이 부화할 때, 병아리가 계란의 안쪽에서 쪼고 어미 닭이 바깥에서 껍질을 쪼아 그 시기가 딱 들어맞을 때 달걀껍질이 깨지고 새 생명이 탄생한다.[26] 이를 줄탁동시(啐啄同時)라고 하는데, 불교가 내세우는 최고의 교육 상황이요 작용을 비유한 것이다.

그렇다면 공부하는 사람이 가장 먼저 알아야 할 것은 무엇인가? 무엇을 배워야 하고 어떤 것을 깨우쳐야 하는지에 대한 판단력과 변별력이다. 배우는 사람은 먼저 불타의 참다운 가르침을 깨달아 그 마음이 뚜렷이 드러난 한 생각으로써 공부하여 반드시 얻는 바를 생각해야 한다.

교육을 가름하는 기준은 판단력이다. 우리는 어떤 것을 배워야 하고 어떤 것을 교육에서 경계해야 하는가? 어떤 것이 이 시대에 필요하고 삶을 살찌우는가? 불교 선가에서는 불변하는

26) 『碧巖錄』

것과 인연에 따라 바뀌는 것을 깨닫는 일이다. 그리고 돈오점수의 길을 취해 교를 버리고 선의 길을 탐구하라고 강조한다. 부처의 말씀인 교를 선에 입문하는 하나의 방편으로 인식하고, 언젠가는 버려야 할 것으로 이해한다. 그래서 우리는 수많은 이론과 실천 중 '실천'에 무게 중심을 둔다. 이런 맥락에서 말·교(敎)·이론, 말없음·선(禪)·실천으로 간략히 도식할 수 있겠다.

그렇다면 어떤 교육 방법이 요구되는가? 선가(禪家)에 의하면, 공부하는 이는 활구(活句)로부터 시작한다. 즉 의미 없는 말, 무언가 잘 모르는 그것, 말도 안 되는 말로부터 출발한다, 이것이 선이다. '개가 불성이 없다', '뜰 앞에 잣나무', '삼 서 근', '마른 똥막대기' 같은 말들. 이 도대체 무슨 말인가? 의미 맥락을 따지는 사구(死句)에서는 도대체 통하지 않는 말이다. 선은 인간의 간절한 마음 자체에서 나오는 것일 따름이다. 마치 닭이 알을 품듯 하며, 고양이가 쥐를 잡을 때와 같이 하며, 주릴 때에 밥 생각하듯 하며, 목마를 때 물 생각하는 듯 하며, 어린애가 엄마를 생각하듯 하는 것 등 마음에서 저절로 우러난 것이지 억지로 꾸며 낸 것이 아니다.

그러나 이 교육은 세 가지 요건을 갖추어야 한다. 그것은 신심[信根]과 분심[憤志]과 의심[疑情]이다. 즉 깨달은 사람이 되기 위해서는 믿음이 근본이 되어야 한다. 그리고 공부를 하는 이는 먼저 뜻을 세워야 하며, 교육적 화두를 의심해야 한다. 그렇지 않는다면 큰 병이 된다. 크게 의심하면 할수록 크게 깨친다. 그런데 우리 인간은 무언가를 알아맞히려고 하고, 생각으로 헤아리려 하며, 깨닫기를 기다린다. 이런 사고 작용은 깨달음과 진리의 세계로부터 멀어져 가는 길일 따름이다. 중요한 것은 교육의 현상이 아니라 근본이다. 원래 목적했던 교육 내

용을 제대로 실천하고 있느냐? 깨달은 바를 마음으로 지속시키느냐이다.[27)]

27) 신창호 앞의 책, 『인간 왜 가르치고 배우는가』, 『한국사상과 교육윤리』 참고.

제3부

한국의 전통사상과 교육

1. 풍토와 사상의 형성

인간은 사고한다. 동시에 행위 하는 동물이다. 사고와 행위의 변증법적 지속을 통해 인간의 삶이 살아진다. 혹은 인간은 삶을 살아간다. 인간의 삶에서 생각하는 일, 즉 고차원적 사고는 인간을 상징하는 본질적 요소이다. 인간 이외의 타자들-금수(禽獸), 곤충, 식물, 무생물 등-은 그들 나름대로의 삶의 방식은 있겠지만, 인간처럼 사유를 근간으로 생명을 지속하지는 않는다.

일반적으로 인간의 사유, 혹은 사고의 내용을 사상思想이라고 한다. 사상은 영어로는 Thought, 독일어로는 Gedanke, 불어로는 Pensée라고 하는데, 사전에서는 다음과 같이 설명하고 있다.

> 우리의 의식은 항상 무엇에 대하여 작용하고 있으며, 그것은 사고의 작용으로 나타나며 사고작용은 어떤 내용을 낳는 것이다. 그리고 이 내용에 체계와 통일이 주어질 때, 한 사상이 견해·관념·개념 등으로 표현된다.
>
> 한편 시대적 현실 속에 있는 개인이나 집단이 자기가 처해 있는 현실에 정당하게 대처하여 의미 있는 행동을 하기 위한 실천적 규준을 사상이라고도 부른다. 이때의 사상은 각 시대의 개인·사회·민족·인류 속에 잠재하여 그 시대의 현실을 움직이는 원동력이 되며, 정치·경제·사회·문화 일반을 지도하고 때에 따라서는 변혁까지 일으킨다. 여기에 이르러서는 사상은 단순한 사고의 내용이 아니라 '-ism', '-ity', 즉 '-설', '-주의', '-교' 등의 표현으로 나타난다.
>
> 이리하여 사상은 이상(理想)과 정의(正義) 또는 선악(善惡)과 관련을 갖게 되고, 예술적 미추(美醜)와 문화적 가치, 더 나아가서는 종교적 영혼·해탈·구제 등 고차원적인 가치의 실

> 현에까지 사상이라는 말을 사용하게 된다.
> 사상은 지식(知識)보다는 지혜(智慧)에 의한 산물이며, 따라서 학문(學問)보다는 평론·예술작품·이데올로기·교훈·교리·예언·신앙 등에 더 가까운 것이다.[1]

사상은 개인의 의식과도 관련되지만, 필연적으로 시대적 현실을 받아 안고 있다. 즉 인간은 현실이라는 세계와 관계한다. 그러기에 하이데거(M. Heidegger)가 인간을 '세계-내-존재'라고 표현했으리라. 공존성 및 자기존재로서의 세계내존재, 즉 세인(世人)이라는 언표로 말이다.[2]

인간은 세계 내에서 울고 웃고 고뇌하며 기뻐한다. 사상은 바로 이런 삶의 시간과 공간이 역동적으로 움직이는 마당(場; field)에서 꽃핀다. 즉 인간은 생활환경 속에서 직접·간접으로 수많은 난관에 부딪히는데, 맞닥뜨린 문제를 해결하기 위하여 짜낸 생활관으로서의 지성의 산물, 인간이 지닌 사유 능력의 소산이다. 다시 말하면, 사상은 인간 정신의 자각적 영위를 통해 나오는 사고의 총체를 포괄하는 것이다. 이렇게 볼 때, 한국 사상이란 과거로부터 지금까지의 모든 한국인들, 즉 한 민족의 사유능력이 전개하여 온 생활관으로서의 사유세계이다. 한국 민족이 생활 속에서 당면하였던 모든 사고 예컨대, 역사적 난관 극복을 위한 사고, 지성이 창출하거나 배워서 응용한 사고, 상상하여 믿기도 하고 느껴 찬탄하기도 했던 사고, 비판적으로 분석하고 시정하기도 했던 사고, 경험에 의해 종합하기도 했던 사고의 체계와 내용이 한국 사상일 것이다.[3]

---

1) 『世界哲學大事典』(서울: 성균서관, 1972), 479쪽 참조.
2) 하이데거, 『존재와 시간』(서울: 시간과 공간사, 1992), 164쪽 이하 제1편 제4장 참조.
3) 윤사순, 『東洋思想과 韓國思想』(서울: 을유문화사, 1984), 133~134쪽

그렇다면 이러한 사상은 어디에 자리하고 있는 것일까? 특히 한국사상이라고 했을 때, 한국이라는 위상은 무엇을 의미하는가?

인간은 세계내존재로서 세계에 기대어 살아간다. 세계는 모든 존재자가 거주하는 집이다. 이 세계는 다른 표현으로 우주(宇宙)라고도 한다. 『회남자淮南子』에 의하면, "옛날부터 지금까지에 이르는 지속성을 주(宙)라 하고, 동서남북의 사방과 하늘땅의 상하로 둘러싸인 곳을 우(宇)라고 한다."[4] 즉 우주는 공간이라는 횡적인 개념과 시간이라는 종적인 개념으로 시간과 공간을 아울러 지칭한 용어이다. 공간은 동서남북의 사방과 천지의 상하로 둘러싸인 구체적 장소이다. 그리고 시간은 인간의 삶이 지속되는 흐름과 과정이다. 인간은 바로 시간과 공간, 즉 '여기·이때'라는 세계를 발판으로 거주하며, 그에 따라 사상을 산출한다.

문제는 어떤 시공 속에서 삶을 경험했느냐에 따라 사상이 달라진다는 점이다. 인간이 삶을 누리고 있는 세계는 시공의 차이로 말미암아 구성되는 하나의 풍토(風土)이다. 풍토는 달리 표현하면 환경이다. 풍토[환경]와 '나[인간]'는 서로 제약·협력하는 관계에 있다. 그러기에 인간의 역사는 인간과 지구 및 그 위에 살고 있는 모든 것과의 관계에 대한 역사이다. 또 인간이 지각하는 질서에 대하여 책임을 느끼는 자로서, 보고 상상하는 힘에 관한 역사이다.[5] 이런 측면에서 우리가 살고 있는 시공간[한국], 즉 한반도라는 풍토를 구체적으로 인식할

참조.

4) 『淮南子』「濟俗訓」: 往古來今謂之宙, 四方上下謂之宇.

5) 에드워드 하임스, 『토양과 문명』, 김준민 옮김(서울: 범양사, 1988), 15쪽.

필요가 있다. 다시 말해 한국사상을 제대로 보기 위해서는 한반도를 근거로 하는 인간 삶의 환경을 이해해야 한다. 왜냐하면 사상은 풍토의 자식이기 때문이다.

그렇다면 우리가 살고 있는 한반도는 어떤 풍토를 자아내어 왔는가?

먼저, 자연적 풍토를 간략히 보자.[6)]

자연은 기후와 식생을 바탕으로 인간이 호흡하는 공간이다. 이 공간의 특성에 따라 인간은 삶의 방식을 달리 한다. 예컨대, 산악 지대에 사느냐, 해변 가에 사느냐, 평야지대에 사느냐에 따라 사고 양식과 행동 패턴에 차이가 있다는 말이다.

첫째, 한반도는 계절풍이 부는 온대에 처해 있다. 이런 풍토는 수경(水耕) 농업을 발달시켰다. 그 결과 농경을 경제적 바탕으로 삼게 되었다. 수경 농업은 많은 노동력과 협력을 필요로 한다. 이는 '대가족주의'를 발전시키는 계기가 되었다. 대가족주의 사회는 개인을 단위로 하지 않고 가족을 사회 구성의 단위로 삼는다. 그러므로 가족 구성원 사이의 질서체계를 매우 중시한다. 그것은 효도와 자애, 형제 사이의 공경이라는 효제(孝悌)의 가족윤리로 표출되었다. 이는 동시에 가부장적 제도를 탄생시켰다.

둘째, 한반도는 지정학적으로 대륙과 해양을 연결하는 반도이다. 반도는 지리적 특성상 대륙이나 대양에 비해 땅이 협소하다. 협소하다는 것은 통제가 용이함을 의미한다. 그러기에 중앙에 권력을 집중시키기 쉽다. 이는 광활한 대륙인 중국에서 한 왕조의 지속 기간이 200여년 정도인데 비해, 한반도에서 한 왕조의 지속 기간은 500여년 이상인 역사적 사실로도 짐작할

---

6) 유명종, 『現代社會와 東洋倫理』(瀋陽: 高麗民族文化大學 韓國學資料院, 1999), 3~4쪽 참조.

수 있다. 또한 좁은 땅이다 보니, 문화의 전달도 비밀 전수의 방식으로 이루어지고, 하나의 사조에 고착되기도 하였다. 예컨대, 조선조 리학(理學)의 도통 의식, 선종(禪宗)의 전수 방식 등이 대표적인 예이다.

다음으로 역사・문화적 풍토를 보자.7)

고고학적 발굴에 의하면, 한반도에는 구석기 시대부터 사람이 살았다고 한다. 구석기 시대에는 불을 사용하고, 곰을 숭배하는 사상이 있었던 것 같다. 그리고 신석기 시대에는 즐문토기를 사용한 흔적이 있는데, 이는 바이칼 호에서 핀란드·스웨덴·북부 독일 지역에 살던 인간들이 남하하여 한반도의 하천변에서 활동하며 영향을 미친 것으로 추정된다. 그 후 무문토기인은 구릉이나 언덕에 자리 잡고 청동기 문화와 거석문화를 형성하였다. 이들은 애니미즘(Animism)에 근거를 두고, 토테미즘적 세계관을 지니고 있었다.

그러나 진정한 지성적 사고는 철기시대에 들어와서 싹트기 시작했다. 철기문화는 북방으로부터 여러 차례 파급되었다. 전국시대 연나라 화폐인 명도전이 출토된 점으로 미루어 볼 때, 기원전 3・4세기경에 한반도에 이미 철기가 보급되었고, 한 사군의 설치 때에도 철기가 크게 보급되었다. 이 무렵 북방의 유목 민족이 남하하여 중국은 물론 한반도에 영향을 미치기 시작했는데, 부여・고구려・백제 및 가야까지도 반목반농(半牧半農)의 경향이 있었다. 뿐만 아니라, 중국 요령성 조양현에서 발굴된 청동 창과 경북 영천에서 발굴된 마구(馬具), 말이나 호랑이 모양의 대구(帶鉤) 등의 발견으로 보아, 유목 기마 민족

7) 조지훈, 『한국문화사서설』(서울: 탐구당, 1964), 22～37쪽 참조.; 유명종, 『한국의 원시신앙』(부산: 동아대출판부, 1987), 10～12쪽 참조. 유명종, 『韓國思想史』(대구: 이문출판사, 1990), 21～23쪽 참조.

의 시조인 스키타이 문화의 영향을 받은 것으로 보인다.

이처럼 청동기・철기시대에 들어서면서 한반도는 농경 정착민의 존재와 더불어 이미 기마 민족들도 동시에 거주하며 활동하는 무대가 되었다. 이들 기마 민족의 경우 대부분 천신(天神)을 숭배했다. 그것은 고구려・백제・신라・가야 등 한반도 고대 국가들의 건국 신화에 반영되어있다. 즉 기마 민족의 북방적 요소와 농경문화의 남방적 요소가 결합되어, 반농반목적 성격을 드러낸다.

이렇게 볼 때, 한반도의 사상은 남방적 농경사회의 태양신을 최고로 섬기면서 모권적(母權的)・대지모신적(大地母神的)・신비적(神秘的)・풍요의례(豊饒儀禮)・비합리적(非合理的) 사상을 바탕으로 하고, 북방유목민의 상천신(上天神)을 중심으로 한 부권적(父權的)・합리적・정복적인 사상이 파상적으로 남하하여 지배적 사고를 굳혀왔다고 판단된다. 그러기에 모권과 부권, 정복과 평화, 합리와 비합리, 상천 남신(男神)과 태양 여신(女神)이 결합되어, 지성과 생명이 서로 화합하는 새롭고 독자적인 풍류를 자아내게 되었다.

이러한 한반도 인류 문명의 시작은 삼국 시대의 유학과 불교의 전래, 고려시대 성리학의 수용, 조선 주자학의 전개, 조선 후기 서학(기독교)의 전래와 수용, 일제 강점기와 해방, 6.25, 그리고 분단과 미국중심의 문화가 침투되어 왔고 다시 화합의 과정을 거쳐 현재에 이르고 있다.

그렇다면 현재에 이어져 있는 한국 사상은 무엇일까? 정체성(identity)이 있는 건가? 이 지점에서 한국 사상을 보는 눈은 백인백색이 될 수 있다. 왜냐하면, 인간은 어떤 사유에 대해 자기 나름의 판단과 신조를 지니고 있기 때문이다.

인간의 사고라는 것은 사람에 따라, 시공에 따라 천차만별이다. 한국 사상 중에서도 무엇에 대한 사상인가? 같은 사상을 바라본다고 할지라도 독단적 오류로 가득 찬 경우도 있지만, 객관적·합리적으로 대부분의 사람들에게 승인을 얻을 수 있는 논리적인 것도 있다. 똑같은 사상이라고 하더라도 사상의 우열이 있을 수 있고, 영향력의 크기와 깊이에도 단계의 차이가 있다. 이런 사상 가운데서 원리적인 문제를 다루고 일관된 논리적 정합성을 갖춘 것을 철학 사상이라고 한다.[8] 우리가 눈여겨보아야 할 것이 바로 철학성을 갖춘 사유이다.

그렇다면, 우리는 왜 사상을 배우는가? 특히 한국인으로서 한국의 과거사상을 배워서 무엇 하려는가? 다음의 인용구를 하나의 잣대로 삼아 보자.

> 과거의 사상을 배운다는 것은 단순히 그 사실을 밝히는 데에서 그치는 것이 아닌 보다 중요한 의미를 갖는다. 왜냐하면, 그것은 현재 우리 사상의 존재 방식과 밀접히 관련되어 있기 때문이다. 사고·사상을 지니지 않는 인간의 인간다운 생활은 존재하지 않는다. 우리는 끊임없이 무엇인가의 사상을 갖고 행동하는 데, 그 사상의 정당성을 확인하게 되는 것은 한편으로는 현실 생활에서 얻어지는 경험에 의해서이고, 다른 한편으로는 과거의 사상에 의존하는 바가 크다. 사상은 그것이 생겨난 시대나 사회와 밀접한 관계를 갖는다. 따라서 사상이 가진 상대성을 부정할 수는 없지만, 다른 한편으로는 그러한 상대성을 관통하는 현저한 유사성·공통성을 발견할 수 있는 것 또한 사실이다. 우리가 사색을 할 경우에도, 과거의 사상을 열쇠로 삼을 때가 많은 것은 그 때문이다. 과거의 사상과 직접 마주 대하여 그 복잡한 것을 분류하고 정리하여 이해하기 쉬운 형태로 설명하려는 것이 이제부터의 작

---

8) 金谷治 외, 『중국사상사』, 조성을 옮김(서울: 이론과 실천, 1986), 10쪽 참조.

업이다.[9)]

사실, 인간의 삶은 늘 현실에 처해 있다. 과거와 미래는 현재에서 말해지는 관념이다. 즉 과거는 현재에서 '다시 당겨보는 것'이요, 미래는 현재에서 '미리 당겨보는 것'이다. 그렇다면 과거는 늘 현재에 다시 살아올 수 있고, 미래는 현재에서 잉태되는 성격을 지닌다. 이렇게 과거－현재－미래를 연속적으로 이어가는 것이 바로 전통이다.

한국의 과거 사상이 현재 살아 있는 사상으로 될 때 그 사상은 전통 사상으로 부활한다. 여기에서 우리는 전통(傳統)과 인습(因習)을 구분해야 한다. 과거의 가치관만을 고집하는 것은 현재의 삶을 생명력 넘치게 하는 전통이 아니다. 그것은 현재를 거역하는 인습이 된다. 인간은 전통을 내면화 할 때 새로운 미래를 창조할 수 있다. 그것이 진정한 전통이다. 쉴즈는 이렇게 표현한다.

> 전통이 받아들여질 때 그것은 너무나도 자명한 것이고, 자기네의 그 어떤 행동이나 신념처럼 중요한 것이다. 그것은 현재에 존재하는 과거이며, 그 어떤 새 발명품과 마찬가지로 현재의 큰 부분이 된다. 우리가 전통에 관해 말할 때, 그것은 본보기나 청지기를 의미한다.[10)]

공자도 『논어』에서 "온고이지신(溫故而知新)"이라고 하였다. 온고(溫故)는 학문을 하는 것으로 문화적 전통을 학습하고 습득하는 일이다. 즉 "여기－이때－이 상황"에서 과거의 사유를

9) 같은 책, 10~11쪽.
10) 에드워드 쉴즈, 『전통; 변하는 것과 변하지 않는 것』, 김병서 · 신현순 옮김(서울: 민음사, 1992), 25~26쪽.

다양한 측면으로 탐구하는 일이다. 지신(知新)은 새로운 것의 발견이요 창조이다. 창조는 전통에 대한 반성과 의심, 성찰이 없다면 불가능하다.

인간 삶의 상황은 늘 과거와 현재, 미래가 겹치며 스쳐간다. 그것은 인간이 과거로부터 벗어날 수 없는 동시에 이미 미래로 나아가고 있다는 의미이다. 그러므로 인간은 과거에 대한 이해를 통해 미래를 개척해 나갈 힘을 얻는다. 과거와 미래는 현재 속에서 연속적이고 지속적이다. 우리가 한국의 전통사상을 교육 윤리적으로 이해하려는 이유가 여기에 있다.

2. 삼국시대 이전의 교육

동서양을 막론하고 고대 사회의 교육은 일상생활 속에서 거의 무의식적으로 이루어졌다. 가족과 사회집단 속에서 생활하면서 가르치고 배우고 익히는 삶이 바로 교육의 과정이었다. 대부분의 아이들은 어른들의 생활을 보고 따라하면 어른들을 닮아 갔다.

교육사학자 몬로(P. Monroe)는 원시교육의 두드러진 특징으로 '비진보성'과 '모방'을 들었다.[11] 즉 원시인들은 있는 그대로의 자연 환경에 순응하며 실제 생활의 필요에 따라 무의식적인 모방에 의존하다가, 점차 의식적 모방의 단계를 거쳐 정교(政教)적 의식과 주문, 수렵, 원정, 파종, 부족의 신화와 전설 등에 관한 이론적 교육으로 이행해 갔다고 설명한다. 즉 인간의 의식이 높아지고 문화가 발달하면서 점차 의식적인 훈련 형태의 교육이 나타나게 되었다는 말이다. 다시 말하면, 사회생활이 조직화 되고, 그 구성원에게 요구되는 자질이 새롭게 대두되면서 성년식과 같은 공적인 교육과정이 생겨났다는 것이다.

한국의 고대사상을 정돈하는 작업은 간단하지 않다. 먼저, 한국의 고대를 어떻게 설정해야 하는가? 시대 구분 문제에 봉착한다. 다음으로 사상에 관한 기록의 실존 여부와 그 신빙성도 문제다. 당시의 역사 기록은 존재하는가? 역사적 사실을 통한 사유나 사상을 확인할 수 있는가? 한국사상에서 교육적 사유와 활동을 도출하는 과정에서 이 문제는 형이상학의 영역

11) P. Monroe(조종인 역), 『교육사 개설』(서울: 교육과학사, 1999) 참고.

으로 남아 있을 수밖에 없다. 그러나 우리는 역사에 대한 이해와 후대의 기록을 통해, 형이하학의 차원으로 인식하려고 노력할 뿐이다. 왜냐하면 역사는 과거를 공부하지만 과거를 위해서가 아니라 현재와 미래를 위해서 그것을 탐구하기 때문이다. 문제는 과거를 살펴보는 행위 자체로 현재와 미래가 저절로 열리지 않는다는 점이다. 과거의 사실들은 박물관에 전시되어 있는 유물과도 같다. 그러기에 우리는 박제(剝製)처럼 남아 있는 과거에 생명력을 불어넣어 현재적으로 일으키고 미래의 삶을 인도할 필요가 있다. 그것이 역사적 해석이다. 한국 고대사상의 교육적 독해도 이런 맥락에서 진행된다.

한국사 시대 구분은 학자에 따라 견해 차이가 있다.[12] 이기

12) 한국교육사의 경우, 다양한 차원의 시대구분론이 있다. 대부분의 교육사 시대구분은 왕조교체를 준거로 한 시대구분이다. 즉, 삼국시대 이후, 고려시대의 교육, 조선시대의 교육, 개화기, 일제 강점기, 미군정, 대한민국 교육 등의 구분이 그것이다. 신천식의 경우, 이를 조금 더 세분하여, 8가지로 시대로 구분하는 데 다음과 같다. ① 삼국시대 초중엽 - 통일신라(교육 질서 확립기) ②고려초-무인란(과거 교육의 확립기) ③ 무인란-고려말(주자학의 유입 및 발전 시기 ④ 조선초-숙종(독선적 교육 철학 시기) ⑤ 영조-고종 13년(독선적 교육 철학에 대한 반성 시기) ⑥ 고종 13년-한일합방(구교육에 대한 방성과 신교육사조기) ⑦ 일제 강점기(민족의 수난과 민족 교육의 각성기) ⑧ 해방후-현재(민주 교육 사조 시대). 이는 다시 '고대 교육 시대(①), 중세교육 시대(②-⑤), 근대 교육 시대(⑥), 현대 교육 시대(⑦-⑧)'의 네 부분으로 나누고 있다. 정재걸은 이런 논의를 비판하면서, 교육 내적 발전 논리에 입각하여 다음과 같이 시대 구분론을 제기하였다. 제1시대(기원전 5세기경까지의 문자 발생 시기), 제2시대(5세기경-15세기 후반에서 16세기 초까지의 대중적 교화 기구의 창출 시기), 제3시대(16세기 초-18세기 후반에 이르는 자생적 근대 교육의 맹아 형성 시기), 제4시대(18세기 후반-현대, 근현대 교육 시기). 시대 구분론에 대한 논의는 차후의 다른 연구에서 다루기로 하고, 여기서는 일반적 수준에서 왕조 교체시기를 기준으로 시대를 구분하여 한국교육의 흐름을 살펴본다. 한국교육연구소 편, 『한국교육사-근・현대편』(서울: 풀빛, 1993) 참고.

백은 시대구분의 기준을 사회적 지배세력, 즉 주도세력이 누구냐에 두었다.[13] 사회적 지배세력의 변천과정에 기준을 두고 한국 역사의 큰 흐름을 파악하려고 했다. 그것은 해당 시대의 사회적 지배세력과의 연관 속에서 역사를 이해하고 그들의 삶과 사유를 통해 다음 세대를 지향하는 작업이었다. 이렇게 볼 때 한국의 고대는 신라의 한반도 통일과 발해의 건국과 더불어 전제왕권이 성립되는 시기에 해당한다. 이와는 다른 시각에서 한영우는 우리 역사의 고유한 발전법칙을 찾으면서 동시에 세계적 보편성을 가질 수 있는 시대 구분을 고민하였다.[14] 국가의 주권, 민주의 실현, 자유와 평등의 발전, 자연과의 공생, 과학 기술의 진보, 합리적 사고의 발전 등 보편적 기준을 고려하여 한국의 고대를 고려시대 이전으로 설정하였다. 다른 학자들도 고대 부분에서는 유사한 입장을 취한다.[15] 여기에서도 역사학계의 주장을 참고하여, 한국의 고대를 고려시대 이전으로 한다. 그러면 한국의 고대에 속한 국가는 고조선과 부여 동예 등의 열국, 귀족 국가인 고구려·백제·신라의 삼국과 통일신라와 발해로 대별되는 남북국 시대가 이에 해당한다. 이 시기의 사상은 무엇이 있는가?

그것은 초기 연맹국가 수준에서 귀족국가 단계로의 발전 시기, 즉 한민족 최초의 국가인 고조선에서 신라의 삼국통일에 이르는 기간에 한민족의 정신세계를 지배한 사유로 정돈할 수 있다. 그런데 안타깝게도 당시의 직접적 역사 기록은 존재하지 않는다. 다만, 고려시대의 기록인 『삼국사기(三國史記)』와 『삼국유사(三國遺事)』를 통해 추론할 수밖에 없다. 지은이의 정치

13) 이기백, 『한국사신론』(서울: 일조각, 1999) 참고.
14) 한영우, 『다시 찾는 우리 역사』(서울: 경세원, 2008) 참고.
15) 변태섭, 『한국사통론』(서울: 삼영사, 1986) 참고.

적 입장과 신분 특성을 고려할 때, 김부식이 지은 『삼국사기』는 유교적 사유가 반영된 것이고, 일연의 『삼국유사』는 불교적 세계관이 녹아 있다. 이 중에서도 한국의 고대 사상으로서 구체적 내용과 특성을 드러내는 장면은 많지 않다. 고조선 건국신화나 신라 때의 풍류, 화랑도, 원광법사의 세속오계 등이다.

1) 건국신화의 교육적 맥락

한국의 고대 사상, 그 시원을 찾기 위해서는, 『삼국유사』「기이(紀異)」의 첫 번째 대목인 "고조선"으로 들어갈 수밖에 없다. 그런데 고조선에 등장하는 환웅이나 환인 등은 신(神)으로 묘사되고, 그들과 관련된 이야기는 신화(神話)로 치부된다. 신을 믿느냐 믿지 않느냐의 문제도 심각한 일인데, 괴이한 이야기로 가득한 신들의 이야기인 신화를 어떻게 믿을 수 있는가? 하지만 『삼국유사』의 저자 일연은 신화를 괴이하게 여기지 않았다. 그러기에 나름대로 확신을 갖고 "고조선"에 대한 기록을 자신의 저서 맨 앞쪽에 기록하였다.

옛날 성인이 문화를 가지고 나라를 창건하고, 인의(仁義)의 도로 교화를 베풀 때, 괴이한 일이나 폭력, 도깨비 이야기와 같은 것은 어디에서도 말하지 않았다.[16] 그러나 제왕이 일어나 나라를 건설하려고 할 때, 하늘은 천자가 될 자에게 신비로운 표식을 내렸다. 이런 일은 기록상으로 보아도 무수히 많다. 고구려·백제·신라 삼국의 시조들이 모두 신비로운 기적으로부터 태어났다는 것이 무엇이 그리 괴이한가! 그것은 괴이한 일이 아니라 얼마든지 그렇게 형용할 수 있는 부분이다. 그래서 고조선 건국 당시에 일어난 이야기도 『삼국유사』 첫머리에 그

16) 『論語』「述而」.

대로 싣는다.[17)]

최남선이나 조지훈의 경우에도 이와 유사한 의견을 제시한다.[18)] 그것은 신들의 이야기라기보다 인간들의 삶을 반영한 이미지 형상이다. 동서고금을 막론하고 인류 최초의 지혜는 신화 속에 결정(結晶)되어 있다. 원시인의 신앙·도덕·과학·역사에 대한 요구와 노력은 종합적으로 신화로서 표현되었다. 신화[Myth]라는 것은 유사 이전에 내려오는 희랍어 뮈토스(Muthos)를 번역한 용어로 원시시대, 또 원시사회의 인류가 그들의 독특한 심리, 감각 또는 추리력으로 자연계와 인간 생활상 등 모든 사물의 내력을 설명하는 데서 발생 또는 성립한 지식의 덩어리이다.

그것은 초자연적 세력을 빌어 모든 것을 설명한다. 주술이나 제례와 더불어 친밀한 관계를 지는 측면에서는 종교와 비슷하다. 자연계의 물상(物象)이나 현상의 유래, 그것의 성립을 탐구하려는 측면에서는 과학과 비슷하다. 또한 사회 집단생활의 문화 현상을 천명하려는 측면에서는 역사와 비슷하기도 하다. 이는 곧 원시인의 종교나 과학, 역사를 통괄한 존재가 신화라는 사실을 나타내는 것이다.

이를테면 미개시대의 인간은 문화적 인간과 판이한 사고방법을 지니고 있다. 그들은 이 천지간에 일종의 영력이 있어 일체 사물의 성인이 되는 줄로 믿고 또 만물과 사람사이에 서로 융통감응(融通感應)하는 관계가 있다고 생각한다. 그 중에 어떤 것은 씨족의 뿌리나 수호자로 삼고, 어떤 것은 집단의 표상으로 받듦으로써 사회 약속의 유대로 삼는다. 그런 것이 진보하면, 신령스러운 힘은 인격화 과정을 거치고, 표상은 신격화

17) 『三國遺事』「紀異」.
18) 이은봉 엮음, 『단군신화연구』(청주: 온누리, 1986) 참고.

과정을 거쳐, 하나의 강고한 민족 신앙으로 성립된다.

학술적으로 볼 때, 이러한 신령스러운 힘을 '마나(Mana)'라 하고, 씨족의 수호자로 믿는 것을 '토템(Totem)'이라 이른다. 신령스러운 힘 또는 신격화 과정을 거친 것을 외경하기 위해, 사회적으로 금지하는 행위를 '타부(Taboo)'라고 한다. 이런 것을 통합하여 만든 신앙의 형태가 원시종교이며, 원시사회는 이 종교를 중심으로 하여 기축(祈祝), 제사본위(祭祀本位)로 다스림을 지속한다. 이러한 정치형태를 '신정(神政; theocrary)'이라고 말한다.

이러한 사실과 관계되는 여러 신의 활동을 종합적으로 표현하여 신념적으로 전승한 것이 신화의 내용이다. 신화는 그때 그들에게 있어서 비유도 아니고, 우어(寓語)도 아니다. 엄숙하고 적실(的實)한 움직일 수 없는 사실이었다.

신화에 나타나는 여러 신의 행위는 곧 신화를 가지고 있는 여러 사람의 행위와 동일하다. 신화에 나오는 일체의 관계는 신화가 있는 여러 사람의 상호 관계로서 통일체이다. 그러기에 그것은 신과 인간이 동체(同體)요, 세계의 모든 관계가 상즉상입(相卽相入)해 있는 관계이다. 이러한 형태에서는 당연히 신의 세계가 인간의 세계요, 신화가 곧 사실이었다.

다시 말하면, 신화는 단지 신화로 그치는 것이 아니다. 물론 신화는 신의 이야기임에 분명하다. 따라서 신화의 주인공은 신이요, 신화는 신의 세계를 풀이한 것이다. 하지만, 그 신은 실상 인간의 영웅을 신화화한 것이요, 인간의 생활을 신화한 것이므로, 신화는 곧 고대 사람들의 생활과 지식, 이상이 반영된 삶의 이야기이다. 그러므로 신화는 신의 이야기가 아니라 인간이 터득하고 만든 원초적인 인간의 이야기이다. 때문에 신화는 인간이 발견한 정치와 사회, 과학과 문학, 역사와 교육의 원형으로서 의의를 지닌다.

모든 신화는 신화라는 공통된 본질의 민족적 표현과 민족적 변성(變性), 민족적 소장(消長)에 지나지 않는다. 그러므로 우리는 신화로써 고대 한국인의 심리와 민족적 사고방식의 원형을 찾을 수 있다. 고대의 사회 구조와 문화권의 접촉이 어떠했는지 그 유연성을 찾을 수 있다. 한 민족의 역사적 풍토와 민족문화의 성격, 민족이 추구한 이념의 원형과 방향을 추출할 수가 있는 것이다.

우리가 신화에서 신화적인 요소를 제거한다면, 거기에는 인간학적인 요소가 풍부하게 담겨 있다.[19] 우리 민족의 건국신화에 등장하는 환인과 환웅, 단군과 관련된 이야기도 단순히 형이상학적인 신들의 괴이한 이야기가 아니다. 그것은 철저하게 당시 인간의 삶이 녹아 있는 윤리적이고 정치적인 삶의 지속을 염원하는 교육적 차원의 설화이다. 『삼국유사』에는 고조선, 이른바 왕검조선(王儉朝鮮)의 건국설화 내용을 다음과 같이 기록하고 있다.

> 2천년 전에 단군왕검이라는 이가 있어 현재의 황해도 구월산 지역인 아사달(阿斯達)에 도읍을 정하고 나라를 세워 이름을 조선이라 하였다. …… 옛날 하느님인 환인(桓因)의 아들 중에 환웅(桓雄)이 있었다. 그는 자주 자신의 나라를 가져볼 뜻을 내비쳤다. 그러면서 인간 세상을 탐내었으며 그곳에 가고 싶어 했다. 아버지 환인은 아들 환웅의 이러한 뜻을 알아차렸다. 늘 인간 세상을 내려다보며 아들이 어디로 가면 좋을지 고민했다. 그러다가 황해도 구월산 일대의 삼위(三危) 태백(太白)을 발견했다. 이곳은 아들이 인간을 널리 이롭게 할만한 곳으로 판단되었다[弘益人間]. 그리하여 한나라의

19) 이을호, 『한사상의 묘맥』(서울: 사사연, 1986) 참고.

> 임금을 상징하는 천(天)·부(符)·인(印) 셋을 주며 내려가서 다스리도록 하였다.
> 환웅은 3,000명의 무리를 거느리고 현재의 묘향산인 태백산 꼭대기 신단수(神檀樹) 아래에 내려왔다. 그리고 거기를 신시(神市)라 명명했다. 아울러 환웅은 환웅천왕(桓雄天王)으로 일컬어졌다. 그는 바람을 담당하는 고문인 풍백(風伯)과 비를 담당하는 고문인 우사(雨師),구름을 담당하는 고문인 운사(雲師)를 통해, 농사와 생명, 질병과 형벌, 선악(善惡) 등을 맡게 하였다. 그리고 인간이 살아가는 데 필요한 360여 가지의 일을 주관하여, 세상을 살면서 정치와 교화를 베풀었다[在世理化]. 이때, 곰 한 마리와 범 한 마리가 같은 굴에 살면서, 늘 신령스러운 환웅에게 인간으로 되게 해달라고 기원하고 있었다. 이에 환웅은 쑥 한 다발과 마늘 스무 개를 주면서, 이렇게 말하였다. "너희들이 이것을 먹고 100일 동안 햇빛을 보지 않으면 사람의 형상이 될 수 있으리라." 곰과 범은 이를 받아먹었다. 그리고는 21일 동안 햇빛을 보지 않는 금기를 지키기 시작했다. 금기를 제대로 지킨 곰은 여자가 되었으나, 범은 금기를 지키지 못해 사람이 되지 못하였다. 곰은 여인[熊女]이 되기는 했으나 혼인 할 상대가 없었다. 늘 신단수 아래에서 아기를 잉태하게 해달라고 빌었다. 이에 환웅이 잠시 사람으로 둔갑하여 웅녀와 혼인을 하고, 웅녀는 아들을 낳았는데, 그 이름을 단군왕검(檀君王儉)이라 하였다.
> 이 분이 중국의 요(堯)임금 즉위 50년에 지금의 서경인 평양성에 도읍을 정하고 조선(朝鮮)이라고 하였다.[20]

환인에서 환웅, 그리고 환웅과 웅녀, 단군의 관계망에서 우리는 무엇을 발견할 수 있을까? 환웅은 농경사회의 최고지도자다. 왜냐하면, 그는 농사의 근본 요건인 바람과 비와 구름을 주관하는 참모들을 거느리고 왔기 때문이다. 뿐만 아니라, 농

20) 『三國遺事』「紀異」.

업·의료·법률·도덕 등을 통해 국가 다스리며 정치력을 발휘했다. 이는 모든 인간사·인간 행위를 관장하여 '모든 사람이 더불어 사는 세상'을 만들려는 열망이 깃들어 있다.

그 열망은 환웅 자신의 포부와 아버지인 환인의 지원이 결합하면서 현실태로 등장한다. 환인이 제기한 홍익인간의 바람은 아들 환인을 통해 지상에서 구현된다. 환웅은 앞에서 비, 구름, 바람을 담당하는 고문들의 도움을 받아서 인간을 다스리는 존재다. 지상의 세계로 내려온 환웅천황은 인간을 다스린다. 그 다스림의 이념적 도구는 아버지 환인이 고려한 홍익인간이다. 널리 인간을 이롭게 할 수 있으리라! 이는 현재 대한민국의 교육이념으로 자리하고 있다.

그렇다면 환웅은 무엇을 통해, 인간을 이롭게 할 수 있었을까? 다시 환웅설화 속으로 들어가 보자. 환웅은 "바람을 담당하는 고문인 풍백(風伯)과 비를 담당하는 고문인 우사(雨師), 구름을 담당하는 고문인 운사(雲師)를 통해, 농사와 생명, 질병과 형벌, 선악(善惡) 등을 맡게 하였다. 그리고 인간이 살아가는 데 필요한 360여 가지의 일을 주관하여, 세상을 살면서 정치와 교화를 베풀었다[재세이화(在世理化)]"라고 자신의 홍익인간 사실을 드러낸다.

그것은 환웅으로 상징되는 한국 고대인들의 사유였다. 즉 이러한 다스림을 통하여 인간을 이롭게 할 수 있다고 우리의 선민先民들은 생각했던 것이다. 홍익인간의 핵심 내용을 다시 정돈하면 다음과 같다.

첫째, 경제적 풍요를 지향한다.

둘째, 사회적 지위를 획득한다.

셋째, 일신의 안녕을 추구한다.

넷째, 사회적 질서를 유지한다.

다섯째, 도덕·윤리적 가치를 부여한다.

경제적 풍요를 비롯하여 도덕·윤리적 가치의 부여에 이르기까지, 고조선 건국신화의 내용을 뒷받침할 만한 자료는 중국의 사료인 『한서(漢書)』이다.[21] 특히, 『한서』에 등장하는 '8조범금(八條犯禁)'[22]의 내용은 매우 중요하다. 그것은 엄밀히 말하면 단군조선의 것이 아니다. 은나라의 기자가 조선으로 가서 백성을 다스렸다는 '기자조선'의 이야기이고 한사군(漢四郡)의 낙랑군에 속하는 사람들의 제도다. 하지만, 고조선이라는 한반도의 선인들의 생활 풍습임을 고려한다면, 한국 고대 사유의 일부로 보는데 무리는 없다고 판단한다.

'홍익인간'의 핵심 내용 중, 경제적 풍요는 농사를 통해 생산력을 확보하는 과정에서 발생하였다고 추측된다. 중국 측 사료에 위하면 고조선은 "상곡(上谷)으로부터 요동(遼東)에 이르기까지 땅은 넓고 인구는 적어 자주 외적의 침입을 받기도 했지만, 생선과 소금, 대추, 밤 같은 것이 풍족하였다"고 기록되어 있다. 사회적 지위는 사회에 필요한 다양한 직책과 그런 것에 대한 생명력 부여 차원에서 살펴볼 수 있다. 예컨대 "농사짓는 백성들은 대부분 대나 나무로 만든 그릇을 사용하여 음식을 먹었고 도읍지에 사는 관리나 장사꾼들은 종종 술잔 같은 용기를 사용하여 음식을 먹었다." 이는 처한 상황에 따라 그에 적절한 문화를 향유한 것으로 이해된다. 일신의 안녕은 질병의 예방과 치료를 고려하여 공동체 구성원의 생명과 안전을 고민하는 데서 확인된다. 사회적 질서는 형벌을 주관하는 참모를 통해 체제유지를 모색한 데서 알 수 있다. 특히, 사회

21) 『漢書』「地理志」.
22) 일반적으로 '八條法禁', 혹은 '八條教'로로 소개되고 있으나, 여기에서는 원문에 맞추어 '八條犯禁'으로 쓴다.

적 질서유지는, '8조범금'을 통해 구체적 내용을 확인할 수 있다. 현재 전하는 '8조범금'은 여덟 가지 모두를 갖추고 있지는 않지만 사회 질서유지의 내용을 자세히 전하고 있다.[23] "사람을 죽인 자는 즉시 죽인다. 남에게 상해를 입한 자는 곡식으로 갚는다. 도둑질 한 자는 남자의 경우 그 집의 남자 종으로 만들고 여자인 경우 여자 종으로 만든다. 죄를 지었는데 용서받으려는 자는 한 사람 앞에 50만을 내게 한다." 도덕·윤리적 가치는 선악의 개념과 의미 부여를 통해 실천되었다고 판단된다. 그러기에 "죄지은 자가 용서를 받아 평민이 되어도 부끄러움을 씻지 못하여 결혼을 하려고 해도 짝을 구할 수 없었고, 여자들은 모두 정조를 지키고 신용이 있어 음란하고 편벽된 짓을 하지 않았다."

이러한 내용은 건국신화를 구성하던 시기의 사회적 상황과 요구를 반영한다. 단군 고조선의 시대는 곡식을 주된 식량으로 삼는 농업 경제의 시대였다. 아울러 사회적 지위가 문제되는 계급사회의 시대이다. 질병으로부터의 해방을 위한 의료 행위가 존재하던 시대이고, 죄악을 다스리기 위한 사회적 장치로서의 형법이 존재하던 시대였다. 뿐만 아니라 옳고 그름의 도덕적 기준이 분명히 제시되던 시대였다. 이러한 시대적 요청이 건국신화에 반영되어 '홍익인간'의 이념으로 구성되었을 것으로 판단된다.

총체적으로 홍익인간의 내용을 다음과 같이 정돈할 수 있다. 정치적 차원에서는 단군을 통해 삶을 실현하는 민족 국가의 성격을 지니며, 경제적으로는 이용후생(利用厚生)의 민본주의를 염원한다. 그런 정신을 실현하는 모습은 광제창생(廣濟蒼

---

23) 『漢書』 顔師古 注.

生)하는 인류 복지의 형태로 드러난다. 그러기에 현대적 교육적 의미에서 보면, 인간주의를 지향하는 휴머니즘(humanism)이요 박애정신이 가득한 민주적 인간상을 염원하는 데모크라시(democracy)로 이해되기도 한다.[24]

이와 더불어 단군조선은 아니지만, 『삼국지(三國志)』에 의하면, 위만 조선의 경우, '박사'라는 벼슬이 있어, 과학 문화 교육사업 전반을 담당하면서 교육 사업을 체계적으로 진행한 것으로 되어 있다. 즉 지식을 다루는 분야의 제도적 정비가 이루어졌고, 다양한 학문 연구가 진행되었을 것으로 추측된다.[25]

요컨대 건국신화의 교육은 광명(光明), 사랑, 생명, 평등, 평화, 조화 등 인류의 보편 이념을 주요 내용을 한다. 그것은 좁게는 한 공동체의 구성원에게 따뜻하고 행복한 생활을 보장하는 것이 목표다. 공동체 구성원에게 삶의 조건과 교육의 마당을 마련한다. 천상의 하느님인 환인이 자식인 환웅을 통해 지상의 세계에 관심을 갖고 삶의 조건을 적절하게 베푸는 장면을 연출한다. 달리 말하면 천상이라는 문명세계의 교육 모습을 지상이라는 미개사회에 제공함으로써 교육의 질을 향상시킬 수 있는 자리를 마련한 것이다.

2) 성년식과 교육

성년식(initiation ceremony)은 청소년기에 접어든 젊은이들이 공적인 시험의 과정을 거쳐 성인의 자질과 자격을 공인 받는 의식이다. 동서양을 막론하고 인류의 고대 사회에서 성년식은

---

24) 정영훈 외, 『홍익인간의 이념 탐구』(성남: 한국정신문화연구원, 1999) 참고.

25) 『三國志』「魏書」.; 홍희유 외, 『조선교육사』(평양: 사회과학출판사, 1995) 참고.

대개 종교적인 의식과 함께 이루어졌으며, 젊은이들에게 신체적인 고통을 가하여 시련을 이겨내게 하였다. 원시 사회에서의 성인식은 젊은이들을 그 사회의 어른으로 만들어 주며, 종족의 집단적 동일성을 갖게 해 준다.[26] 대부분의 경우, 신체의 일부에 고통을 주는 고난 의식을 통해, 상징적으로 죽음의 분위기를 만들어 주고, 거기서 다시 상징적으로 재생(再生)의 기분을 맛보게 한다. 이런 재생의 의식을 통해 청소년들은 구출되었다는 경험을 하고, 그것은 씨족이나 부족 집단과 자아와의 진정한 통합을 인식하게 한다. 성년식은 고대 인류 사회의 대부분의 부족에게서 행해졌던 것으로 그 형식은 다양하다.[27]

우리나라 고대의 성년식에 관한 기록은 『삼국지』「위서」 "동이전"과 『후한서』「동이전」에 아주 짧게 전해오는 데 그 내용은 유사하다.

나라에서 성곽을 쌓을 때, 장정들이 필요하여 젊고 용감한 청소년들을 모아 등가죽에 구멍을 내어 새끼줄을 통했다. 또한 그 줄에 큰 나무를 매달아서 하루 종일 환호하면서 힘을 써도 아프지 않다고 하였는데, 이를 실천하여 강건해졌다.

---

26) C. G. Jung(이부영 외 역). Man and His Symbols(『인간과 무의식의 상징』)(서울: 집문당, 2008), 131-140쪽.

27) 대부분의 원시 사회에서 성인식은 할례식(割禮式)으로 거행된다. 예를 들면, 오스트레일리아의 원주민 할례식에는 네 단계가 있다.
첫 번째 단계: 소년들을 담요 밑에 눕힌다. 이것은 상징적 죽음으로 이 죽음으로부터 재생하게 된다.
두 번째 단계: 담요를 치우고 어른들이 할례를 거행한다.
세 번째 단계: 할례가 끝난 소년들에게는 새로운 자격을 얻었다는 표시로 어른들이 쓰는 원추 모양의 모자를 씌워 준다.
마지막 단계: 소년들을 정화하고 교화하기 위해 부족으로부터 격리한다.

성년식은 여러 가지 교육적 의의를 갖는다.[28]

첫째, 성년식에는 도덕·정치 교육적 의미가 들어 있다. 성년식을 치르는 동안 청소년들은 고통을 견디고, 어른들에게 복종함으로써 인내와 존경을 배운다. 동시에 어른들은 성년식을 통해 자신들의 권위를 높이고, 사회의 질서와 체제를 유지하였다. 이는 일종의 사회적 책무성의 부여 작업으로 강력한 사회성이 담겨 있었다.

둘째, 성년식에는 실용적인 생활교육이 포함된다. 성년식을 통해 청소년들은 실생활에 필요한 여러 가지 지식과 기술을 습득하고, 부족을 보호하고 전쟁을 수행하는 데 필요한 능력도 익힐 수 있었다.

셋째, 성년식에는 종교 교육의 의미가 서며 있다. 고대 사회의 생활양식은 토테미즘과 애니미즘 등 무속적이며 종교적이었다. 종교는 부족의 구성원들이 공통된 가치관과 신념체계로 결속될 수 있는 구심점이었다. 성년식은 바로 이러한 부족 고유의 종교적 의식으로 행해졌다.

28) P. Monroe, 앞의 책, 18-19쪽 참조.

3. 삼국시대의 교육

고구려·백제·신라가 고대 국가인 형태를 이루어 본격적으로 발전한 시기는 대략 4세기에서 7세기 무렵이다. 이 시기에는 유교와 불교가 유입되어 전통적인 무속 신앙과 낭가 사상이 조화를 이루면서 정치와 교육 문화 전반에 큰 영향을 주었다. 물론 삼국시대 초기에는 고조선 시대와 마찬가지로, 형식 교육인 학교교육이 이루어졌다는 기록은 없다. 다만 고구려 초기에 문자를 사용했다는 기록은 볼 수 있다. 문자의 사용은 유학의 보급과 함께 학교교육의 발전을 가져온 계기가 되었고, 불교는 전통 신앙과 결부되어 우리 민족의 생활과 의식 전반에 영향을 미쳐 토착 신앙으로 자리 잡았다.

1) 문자의 사용과 유학·불교의 전래

문자의 사용은 공식적인 제도 교육인 학교 교육을 성립시키는 기본 요건이다. 문자는 인류의 경험들을 기록으로 남겨 축적하고 직접 경험하지 않은 내용도 인식할 수 있게 한다. 즉 문자의 전파와 사용으로 인해 인류의 문화가 축적되고 의도적이고 전문적인 교육이 체계적으로 이루어지게 되었다. 삼국은 모두 문자를 사용하였는데, 중국에서 전래된 한자와 한자로 기록된 유학의 이념은 삼국의 교육을 발전시키는 모태가 되었다.

유학은 자기를 먼저 닦고 남을 다스리는 수기치인(修己治人)을 기본 이념으로 하고, 인의예지(仁義禮智)를 실현하려는 공자(孔子)의 가르침이다. 이런 가르침은 『천자문』이나 『논어』

『맹자』, 오경(五經) 등에 잘 담겨 있다. 유학이 도입되고 이를 생활 속에서 실천하기 위해서는 이를 가르치고 배울 교육기관의 필요성이 절실하였다. 요컨대 유학은 삼국 시대에 학교의 설립과 발달을 촉진시켰으며, 이후 한국 교육에 지대한 영향을 미쳤다.

불교는 석가모니, 즉 부처의 설법에 따라 깨달음을 얻고 열반에 들 것을 목적으로 하는 종교이다. 부처의 설법은 세상의 모든 존재가 덧없다는 실상론(實相論)과 모든 존재는 인과율에 의하여 생성소멸 한다는 연기론(緣起論)을 기반으로 하고 있다. 그리하여 인생을 고통의 바다로 보고 집착과 욕망을 버림으로써 일체의 번뇌와 고통에서 해탈되도록 가르친다. 이런 불교는 우리나라에 전해져 우리 민족의 고유 사상들과 습합되면서 수용되었다. 특히 불교는 대중 교화에 힘을 써서, 고대 신분제 사회에서 지위의 고하를 막론하고 누구나 불교의 가르침을 들을 수 있게 하였다.

2) 고구려의 교육

중국의 역사 자료에 의하면 고구려는 상당한 수준의 교육이 발달한 것으로 보인다. 『구당서(舊唐書)』나 『신당서(新唐書)』에는 다음과 같이 고구려의 교육 상황을 자세하게 기술하고 있다.

> 고구려의 풍속 중 하나는 서적을 좋아하는 것이었다. 누추한 심부름꾼이나 하인들이 모여 사는 곳에 이르기까지, 거리마다 큰 집을 지어놓고, '경당'이라고 불렀다. 자제들이 혼인하기 전에는 밤낮으로 여기에서 글을 읽고 활쏘기를 익혔다. 그들이 읽는 책은 오경과 『사기』 『한서』, 범엽의 『후한서』

『삼국지』 손성의 『진춘추』 『옥편』 『자통』 『자림』이 있었고, 또 『문선』이 있었는데 매우 중요시 하였다.[29]

고구려 사람들은 배우기를 좋아했는데, 보잘것없는 마을의 서민의 집일지라도 서로 부지런히 배우도록 권하였다. 네거리마다 육중한 건물을 지어 놓고 국당[30]이라 불렀다. 여기에는 자제 중에 혼인하지 않은 자들이 모였는데, 경전을 외우고 활쏘기를 익혔다.[31]

역사 기록으로 볼 때, 고구려에는 태학(太學)과 경당(扃堂)이라는 두 종류의 교육 기관이 있었다. 태학은 소수림왕 2년(372)에 설립된 우리나라 최초의 관학이며 고등 교육 기관이다. 『삼국사기』에는 "태학을 세워 자제를 교육했다"라고만 기록되어 있어 그 자세한 모습은 알 수 없다. 중국의 교육제도를 모방한 것으로 추측해 본다면, 귀족의 자제들을 대상으로 오경과 삼사(三史) 등 유학을 가르쳐 국가의 관리를 양성하려고 했던 것 같다.

그리고 경당은 언제 설립하였는지 분명하지 않으나, 일반 서민들을 대상으로 한 사설 교육 기관이다. 구당서와 신당서의 기록처럼, 경당(국당)은 큰 마을마다 설립되었으며, 미혼의 자제들이 모여 오경과 삼사, 삼국지, 진춘추 등의 경서와 사서들을 읽고 활쏘기를 익혔다고 한다.

---

29) 『舊唐書』「列傳」.

30) 기존의 연구와 학계에서는 대부분 경당으로 표기하고 있다. 그러나 이원재는 『'扃堂' 再考; 扃堂의 가능성에 대하여』이란 논문에서 경당을 『신당서』에 있는 그대로 '국당(扃堂)'으로 보았다.

31) 『新唐書』「列傳」.

3) 백제의 교육

백제의 교육과 관련된 기사도 매우 제한적이다. 특히 공식적인 교육 기관인 학교를 세웠다는 기록은 현재까지 확인된 사료에서는 보이지 않는다. 대신 박사 제도, 문자 기록, 유학의 전래 등을 보여주는 단편적인 자료가 있을 뿐이다. 백제의 교육과 관련된 사료는 『삼국사기』 『주서(周書)』 『수서(隋書)』 『구당서(舊唐書)』 『일본서기日本書紀』 가 대표적이다. 따라서 중국과 일본의 관계를 통해 그 대강을 알 수 있다.

> 『고기』 에 이르기를, "백제가 나라를 창건한 이래로 문자로 사실을 기록한 것이 없었으나, 이때에 이르러 박사 고흥에 의하여 비로소 『서기』 가 있게 되었다." 그러나 고흥의 이름이 일찍이 다른 서적에 보이지 않으니 그가 어떤 사람인지는 알 수 없다.[32)]
>
> 백제의 풍속은 말 타기와 활쏘기를 중요하게 여겼고, 아울러 고서(古書)와 사서(史書)를 좋아했으며, 특별한 자들은 문장을 잘 짓고 풀이하였으며, 음양오행도 이해하였다. …… 또한 의약, 복서, 점성술도 이해하였다.[33)]
>
> 백제의 풍속은 말 타기와 활쏘기를 중요하게 여겼으며, 경서와 사서를 읽고 관리의 서무에 능숙하였으며, 또한 의약, 점술, 관상법을 알았다. 두 손을 땅에 짚는 것으로 경의를 표하였다.[34)]
>
> 그 서적으로 오경과 자부(子部)와 사부(史部)가 있고, 또 표문(表文)과 소문(疏文)은 나란히 중국의 법에 의거하였다.[35)]
>
> 15년 가을에 백제의 왕이 아직기를 보내면서 좋은 말 두필을

---

32) 『三國史記』「百濟本紀」.
33) 『周書』「列傳」.
34) 『隋書』「列傳」.
35) 『舊唐書』「列傳」.

> 함께 바쳤는데, 경 지역의 제방에 만든 마구간에서 길렀다. 아직기에게 말 기르는 관직을 맡겼는데, 말 기르던 곳을 구자카(廐坂)라고 했다. 뿐만 아니라, 아직기는 경전도 능숙하게 읽었다. 때문에 우지노와 끼이라쓰코(菟道稚郎子)태자의 스승이 되었다. 이에 천황이 아직기에게 물었다. "너희 나라에 너보다 나은 박사도 있는가?" 아직기가 대답하였다. "왕인이라는 사람이 있는데 아주 뛰어납니다." 그러자 백제에 사신을 보내어 왕인을 모셔왔다. 그 아직기라는 사람은 아직기 역사의 시조가 되었다. 16년 봄에 왕인이 왔는데, 태자의 스승이 되었다. 태자는 여러 가지 전적을 왕인에게서 익혔는데, 모조리 통달했다. 이에 왕인이란 사람은 문장가의 시조가 되었다.[36]

이런 점에서 볼 때, 백제는 일찍부터 중국과 교섭이 잦았으며 교육을 담당하는 관직인 박사(博士) 제도를 두었다. 백제에는 오경(五經) 박사, 모시(毛詩) 박사, 의(醫) 박사 등 각종 전문 박사가 있었으며, 이들이 자주 일본에 초빙 되어 갔다. 아울러 박사 왕인이 『천자문』과 『논어』를 일본에 전했다고 하는 것을 볼 때 백제의 교육이 매우 수준이 높았음을 짐작할 수 있다.

4) 신라의 교육

신라에서도 초기부터 한자를 사용하고 유학이 행해졌다고 본다. 그러나 지리적 조건으로 보아 고구려나 백제에 비하여 중국 문화의 수입이 다소 늦어진 것 같다. 삼국통일이 될 때까지는 27대 선덕왕 9년(640)에야 비로소 자제를 당나라에 파견

36) 『日本書紀』 卷10.

하여 국학에 입학시켰다는 기록이 있을 뿐, 학교 교육에 관한 기록은 없다. 대신 삼국통일 이전까지는 화랑도라는 고유의 제도를 통해 교육이 이루어졌다.

(1) 고유사상으로서 풍류

우리나라에는 예로부터 전해오는 풍류(風流)가 있는 데, 그것은 유(儒)·불(佛)·선(仙) 세 가지 가르침을 포함한 현묘한 도라고 하였다. 화랑도는 바로 풍류를 근본정신으로 하였으므로, 유학의 충효사상, 선교의 말하지 않고 묵묵히 실천함, 불교의 악한 것을 금하고 착한 것을 실천하는 사상을 포함하고 있었다.

> 우리나라에는 말로 표현하거나 설명하기 힘든 현묘한 도가 있다. 그것은 '풍류'라고 한다. 이 가르침을 어떻게 만들었는지, 그 근원에 대해서는 『선사』에 자세하게 실려 있다. 풍류는 실제로 세 가지 가르침을 포괄한 것으로 모든 중생을 직접 교화하고 있다. 그들은 집에 들어와서는 부모에게 효도하고 밖에 나아가면 나라에 충성을 다하는데, 이는 노나라 사구[공자]의 뜻, 즉 유교의 가르침과 일치한다. 아울러 억지로 행함이 없는 일에 처하고 말없는 가르침을 행하는 데, 이는 주나라 주사[노자]의 뜻, 즉 도교의 가르침과 같다. 그리고 악한 일을 하지 않고 착한 일만을 행하는 데, 이는 축건태자[석가]의 교화, 즉 불교의 가르침과 동일하다.[37)]

풍류는 최치원(崔致遠)이 유교(儒)·도교(老莊)·불교(佛)의 사상을 원천적으로 아말감한 것이다. 그러나 그것은 최치원의 사상적 한계를 드러낸 것이기도 하다. 즉 최치원은 "자기 사상을

---

37) 『三國史記』「新羅本紀」.

뚜렷이 세우지 못한 채 정신적 방황을 거듭하며 일생을 보냈다. 유학을 내세우기는 해도 확신이 없었으며, 불교에 호감을 가졌지만 미지근한 언설을 늘어놓는 정도였다. 「난랑비서」에서 화랑의 내력을 말하면서 그 사상의 맥락은 유·불·도의 요소를 아우르고 있다고 한 데서는 사상을 찾은 것 같다. 그 정도에 머무르고 더 나아가지 않았다."[38] 어쨌든, 최치원은 우리나라에 예로부터 딱 꼬집어 말할 수 없는 고유한 도가 있음을 지적하고, 이것은 유 · 불 · 도 3교가 들어오기 이전부터 있어 온, 한국 고유의 사상임을 밝혔다. 풍류에는 유 · 불 · 도 세 가지 가르침이 비빔밥이나 잡탕찌개처럼 사상 자체에 혼융되어 있다. 즉, 풍류는 외부로부터 들어온 유·불·도의 요소를 지니고 있는 것이 아니라, 근본적으로 세 가지 사유를 묘합(妙合)하고 있는 고유사상이다. 이 풍류는 현묘지도(玄妙之道)의 다른 이름이며, 선천적인 우리 고유의 사상이다. 그러기에 한반도의 한민족(韓民族), 특히 신라인들에게는 정신의 표상으로 자리했다.

실제로, 상고시대의 우리 조상들은 봄, 가을에 음주가무(飮酒歌舞)를 즐기며 하늘에 제사하였다. 여기에서 그들은 인간과 자연, 하늘과 땅이 하나로 융합하는 강신(降神) 체험을 했다. 이를 사상체계로 표출한 것이 풍류로 생각된다. 그러므로 풍류는 하늘을 섬기는 천신도(天神道)요, 그 핵심은 하늘과 인간이 하나로 융합되는 데 있다. 즉, 내가 없어지고 내 안에 신이 내재한 상태의 '나'가 풍류의 주체가 되는 것이다.

신과 하나가 된 풍류객은 새로운 존재 양식을 갖춘다. 자기중심의 세계에서 벗어나 다른 사람과의 '관계의 장'을 통해 삶의 의미를 찾아간다. 그리고 타자들과 접촉해서 그들이 본연의

---

38) 조동일, 『한국문학통사 1』(서울: 지식산업사, 2005), 272쪽.

인간으로 돌아가도록 교화한다. 이것은 우리 안에 있는 하늘의 본성이 작용하기 때문이다. 풍류의 실천자는 널리 사람들을 유익하게 하는 인간이다. 그것은 앞에서 살펴본 조선의 건국신화에 등장하는 동시에, 대한민국의 교육이념인 '홍익인간(弘益人間)'과 직결된다.

사실, 최치원의 기록은 요점만을 간추려 놓았기 때문에 자세한 의미를 파악하기에는 불충분한 측면이 있다. 『선사』라는 책도 현재 전해지지 않고 있기 때문에 풍류도가 무엇인지 명확하게 알기는 어렵다. 그러나 여러 정황으로 미루어 해석해 보면, 최치원이 화랑도의 창립과 정신을 말하는 부분에서, 풍월도(風月道)를 언급하고 있는 것으로 보아, 풍류는 화랑도의 핵심적 이념이 된 것은 분명하듯이 보인다.

어쨌든 풍류는 유교의 충효(忠孝)와 노장(老莊)의 무위(無爲), 그리고 불교의 선행(善行) 등 세 가지 가르침을 모두 포괄하고 있다. 그러기에 유교이기도 하고 아니기도 하고, 도교이기도 하고 아니기도 하며, 불교이기도 하고 아니기도 한, 독특한 고유 사상을 이루게 되었다. 원광의 세속오계(世俗五戒) 또한 이러한 전통사상에 불교적 특성을 가미하여 계율화한 것이다. 이는 원효의 화쟁(和爭)과 대각국사의 회삼귀일(會三歸一), 지눌의 선교일치(禪敎一致) 사상 등으로 확대 발전하였다.

다시 강조하면, 풍류는 세 가지 가르침을 융합하고 있다. 세 가지를 제시하는 가운데 유교와 도교, 불교의 본질이 지적된다. 이 중 유교는 사리사욕에 가득 찬 자신의 욕망을 버리고 착한 인간의 본성인 예로 돌아가는데 강조점이 있다. 그것은 흔히 극기복례(克己復禮)로 표현되고 인(仁)으로 귀결된다. 도교의 본질은 인간의 거짓된 언행심사(言行心事)를 떠나 자연의 법도를 따라 사는 무위자연(無爲自然)의 세계를 구현하는 데 있다. 상선약수(上善若水)처럼, 서로 다투지 않고 자연스럽게 묵묵히 흘러가는 물과 같은 성질을 삶의 모델로 삼는다. 그리고 불교의 본질은 아집(我執)을 버리고 인간의 본성인 한 마음[一心], 이른 바 불심(佛心)으로 돌아가는데 있다. 그것이 귀일심원(歸一心源)이다.

이렇게 볼 때, 세 가지 가르침의 차원은 모두 욕망에 사로잡힌 자기를 없애는 지점에서 통일된다. 우주의 법도인 천부의 본성, 이른 바 '참마음'으로 돌아가는 작업과 상통한다. 우주적 참마음이란 하늘이 준 마음이요, 자연스런 마음이다. 그 참 마음의 회복이야말로 교육의 최고 가치이다. 신라인들이 고유한 정신으로 자부심을 가졌던 풍류는 바로 화랑의 정신으로 추구되었고, 사회공동체의 영혼으로 삼투되었다.

요컨대 풍류는 인간이 천지와 자연에 의빙(依憑)하려고 할 때, 거기에서 생명의 근원을 체감하려는 사유를 담고 있다. 이에 대해 화랑도는 자연에서 얻어진 풍류성(風流性), 즉 생명의 근원을 인간 집단에 매개하려는 행위이다. 이런 차원에서 풍류도는 이론을 정립하는 개념적 명명(命名)이며, 화랑도는 실천행위를 담보하는 형식적 지칭이다.[39)]

다시 말하면, 풍류도는 인간 생명의 근원이 자연 속에 있음을 체감함으로써 영원한 생명, 무한한 생명, 절대 생명에 감응(感應)된다고 믿는다. 그리고 스스로 그 생명의 근원에 자기 생명을 계합(契合)시키려는 행위이다.

(2) 화랑도 교육

화랑도는 풍류적 생명성을 자각한 인간들이 모인 집단이다.

---

39) 김충렬, 『고려유학사』(서울: 고려대출판부, 1987) 참고.

즉 화랑도는 풍류 사상을 온몸으로 받아서 인간들 사이에 또는 국가나 사회에 그 큰 생명력을 활용하려는 인간의 길이다. 따라서 화랑도는 자연을 인격화하는 원리이다. 이를 한층 더 격화시킬 경우, 개인적 생명은 집단적 생명으로 승화한다. 개별적 생명력이 풍류를 통해 수련을 거치고, 집단 생명으로 진보한 것이 바로 화랑도였다.[40] 교육적으로 이해하면, 개인의 수양인 개인 교육과 학습을 바탕으로 공동체 집단의 질서와 삶에 생명력을 부여하는 공동체 교육으로의 확장을 도모했다.

화랑도는 유불도 삼교를 융합한 풍류사상을 근본으로 한다. 하지만, 삼국통일 이전에는 화랑도의 사상도 유교적 색채가 강하였다. 『삼국유사』에 그것을 증명할 만한 기록이 보인다.

> 진흥왕은 양가(良家)의 남자 중 덕행 있는 인물을 선발하고, 사람들에게 악(惡)을 고쳐 선(善)에 옮기게 하고, 윗사람을 공경(恭敬)하고 아랫사람에게 순(順)하게 하니, 오상(五常), 육예(六藝), 삼사(三師), 육정(六正)이 왕의 시대에 행하여졌다.[41]

여기에서 인의예지신(仁義禮智信)의 오상이나 예악사어서수(禮樂射御書數)의 육예, 태사(太師)·태부(太傅)·태보(太保)를 의미하는 삼사, 성신(聖臣)·양신(良臣)·충신(忠臣)·지신(智臣)·정신(貞臣)·직신(直臣)을 뜻하는 육정은, 모두 유교의 핵심 이론이거나 교육내용, 제도나 관직의 명칭이다. 이런 점에서 초기 화랑도는 유교를 자신들의 정신적 지침으로 삼았을 수도 있다.[42] 단재 신채호는 김부식(金富軾)이 『삼국사기』를 지으면서 화랑도

---

40) 한국철학회, 『한국철학사(상권)』(서울: 동명사, 1987), 149쪽.
41) 『三國遺事』「彌勒仙花 未尸郎 眞慈師」.
42) 한국철학사연구회, 『한국철학사상사』(서울: 한울, 1997) 참고.

를 유교나 신라사회에만 국한되는 조직으로 폄하했다고 비판하며, 이를 고구려까지 확장하여 이해하기도 했다.[43)]

주지하다시피, 『삼국사기』에 기록된 화랑 교육의 근본은 "사람과 사람 사이에 도의(道義)로 서로 닦고, 가락(歌樂)으로 즐거이 노닐며, 명산(名山)과 대천(大川)을 돌아다니면서 국토의 멀리까지 순례한다"는 대목에서 확인할 수 있다. 풍류에서 처럼 여기에서도 유불도 삼교의 특성이 혼재함을 엿볼 수 있다. 즉 도의로 서로 닦는 작업은 유교적 색채가 강하고, 가락으로 즐거이 노니면 명산대천을 다니는 부분은 불교적 경향이 농후하다.[44)] 이런 교육을 통해 "열린 마음을 가진 재상과 충신이 화랑에서 나오고 뛰어난 장수와 용감한 군사가 화랑의 정신과 실천을 담보로 많이 배출되었다."[45)] 이렇게 볼 때, 화랑 제도는 개인의 심신 수련을 통한 인격자는 물론, 국가를 보위하는 용감한 장수와 전투적인 병사 양성에 그 목적이 있었다.

한반도에서 '고구려-백제-신라'로 통칭되는 삼국시대와 주변국가와의 역사적 정황과 역학 관계로 볼 때, 화랑의 등장과 존재 이유는 다음과 같이 이해할 수도 있다.[46)] 신라는 제24대 진흥왕 이전에, 경상도와 강원도의 일부를 국가 영토로 만들었다. 그런데 남쪽으로는 '왜'라는 해적 떼가 수시로 괴롭히고 있었고, 서쪽으로는 백제와 가야, 북쪽으로 고구려와 말갈이 해마다 신라를 침략해 왔다. 뿐만 아니라, 경상도와 강원도라는 지역의 지형 자체가 산악이 많고 비옥한 평야가 적었다. 이

---

43) 이만규, 앞의 책, 90-92쪽 참고.
44) 최영성, 『한국유학통사(상)』(서울: 심산, 2006), 135쪽.
45) 『三國史記』「新羅本紀」.
46) 신창호·서은숙, 앞의 책 참조.

와 같이 지리적·자연적으로 이롭지 못한 환경에 놓인 신라는 주위의 강적에 항시 대항해야만 하는 처지에 있었다. 더욱이 그들이 염원하였던 통일국가를 달성하기 위해서는 국가적 차원의 주요한 조치가 없이는 이런 어려운 상황을 극복하기가 힘들다고 판단했다. 그것은 난국타개와 삼국통일의 위업을 달성하기 위한, 일대 애국적 국민운동을 일으키는 작업으로 이어졌다고 생각된다. 이런 구체적 목적을 향해 신라인은 소년 시기에서부터 교육과 훈련을 통해 충실한 국민으로서 의무를 다하려는 자세를 견지했음에 분명하다. 그것의 교육·군사 제도적 장치가 화랑 제도였다. 신라인들은 이 제도를 올바르게 실현하기 위하여 '무력강화'와 '인재양성'이라는 교육목적을 내세웠다.

화랑단으로 대표되는 화랑제도는 화랑이라는 존귀한 청년 장교를 중심으로 집합된 전사단(戰士團)이다. 화랑단의 사명 중 가장 중대한 의의로 인식되는 것은 청년 전사단으로 평상시에는 부락을 수호하며 무예를 수련하는 조직이라는 점이다. 그러다가 국가 비상시, 즉 전시에는 국방의 제일선에 나아가 진충보은(盡忠報恩)하는 일이다. 그러기에 화랑의 성격을 다음과 같이 규정할 수 있다.

첫째, 국가에 특별한 일이 있을 때, 전사로서 솔선수범하여 국난 극복에 봉사할 수 있도록, 평상시에 공공정신과 무예를 단련한다.

둘째, 애국 청년들이 건전한 가무와 오락 등을 통하여 교양을 함양하고 올바른 인간관계를 이해하며, 지도적 인격을 가꾼다.

셋째, 단체 생활을 통하여, 청년들이 사회를 이끌어갈 수 있는 책임감을 가지도록 건전한 사회교육을 한다.

이러한 전사단은 고조선 때부터 존속 강화되어 내려오다가, 진흥왕 37년에 이르러서는 원화라는 제도로 확립되고, 후일 화랑제도로 개편된 듯하다.[47] 물론, 화랑의 연원에 대해서는 몇몇 선학들의 문제제기가 있다. 이만규는 단재 신채호의 견해를 참고로 이에 대한 의구심을 제기한다. 화랑도의 연원은 그보다 훨씬 앞선다고 지적한 것이다. 즉, 『삼국사기』에는 진흥왕 37년(576년)에 '비로소 원화를 받들었다'고 했는데, 『동국통감』에는 그보다 10년 앞선 진흥왕 27년(566년)에 3급 작위를 받은 백운이 14살에 국선이 되었다고 전하고, 그보다도 4년 이전인 진흥왕 23년(562년) 가야 토벌에 종군하여 전쟁에서 승리한 17세의 사다함이 16세에 국선이 되었다고 전한다. 뿐만 아니라, 법흥왕 27년(540년)의 기록에도 용모 단정한 사내아이를 택하여 풍월주라 하고 아름다운 선비를 구하여 무리로 삼고 효도와 우애를 가르친다 하였는데, 이는 진흥왕 37년보다 36년 앞서는 것이다. 이런 기록으로 볼 때 진흥왕 37년 이전에도 화랑도가 있었다.[48]

어쨌든 화랑제도는 상당히 중요한 조직으로서 운영되었다. 이는 국가적 관심에서 지도 감독을 받은 듯하나, 국가에 예속된 교육기관은 아니었고, 자율적인 교육조직이자 학습조직이며 군사조직으로 생각된다. 그리고 화랑들의 교육 훈련이나 활동을 통해, 우리는 이 청소년 수양단 혹은 민간 청년 단체인 원화·화랑 제도에서 신라인의 독특한 영육(靈肉) 일치관과 진선미(眞善美)의 합일관을 찾을 수 있다. 이는 로크가 강조한 이후, 서구인들이 즐겨 쓰는 "건전한 정신은 건전한 육체에 담겨 있다."[49]라는 의미와도 상통한다. 이는 개인적 차원을 넘어 사회

47) 『三國史記』「新羅本紀」.

48) 이만규, 앞의 책 참고.

49) Mens sana in corpore sano; A sound mind in a sound body. 이는 고대 로마의 시인인 유베나리스 (D. J. Juvenalis, 60-140?)의 풍자시 중 한 구절(Orandum est, ut sit mens in Corpore sano; 건강

적 인격의 형성을 계획하고 마음과 신체의 관계가 유기적으로 연관되는 곳에서는 매우 깊은 교육적 의미를 갖는다.

화랑도의 경우에도 심신을 동시에 고려하는 교육집단이었다. 즉 신체와 정신의 온전함을 통해, 그 시대의 엘리트, 지도적 인격자를 양육하는 산실 역할을 했던 것이다. 그들은 고대국가 신라에서 책임과 의무를 다하는 핵심 분자들이었기에, 신라 사회는 이들이 지배하게 되었고, 신라의 운명 또한 그들이 맡았다. 그리하여 그들은 투철한 국가관으로 신라의 발전에 온갖 힘을 기울였으며, 삼국통일의 밑거름이 되었다.

지금까지 여러 연구자에 의해 화랑의 연원이나 본질적 내용에 대한 논의는 다양하게 전개되었다. 화랑제도는 토테미즘 기능의 하나인 성인식(成人式)의 변화라고 보는 것이 일반적인 견해이다. 그것은 앞에서 검토했던 최치원이 주장한 현묘지도(玄妙之道), 이른바 풍류(風流)를 통해 이론화 과정을 거친다.

특히 6세기 전반, 진흥왕 때에 신라는 대외적으로 팽창하기 위해 정복전쟁을 활발히 전개하면서 국가 수준의 청소년 조직을 개편하기에 이르렀다. 화랑도는 바로 이러한 시대적 상황하에서 보다 확대된 영역과 인구를 가진 새로운 신라 왕국이 필요로 하는 인재를 양성하기 위한 제도적 장치였다. 종래 민간의 청소년 조직을 국가적 차원에서 반관반민(半官半民)의 성격을 띠는 조직체로서 확대 개편한 것이었다. 이들은 일정 기간 단체생활을 하면서 도의(道義)를 닦고 무술(武術)을 연마하였다. 이 기간 동안 명산(名山)과 대천(大川)을 돌아다니며 국토를 사랑하는 마음을 길렀으며 노래와 춤을 통하여 우의(友誼)를 다지고, 나라의 평안과 발전을 비는 종교적 행사를 거행

한 신체에 건전한 정신이 깃들도록 기도드려야 하리라)에서 인용한 것으로 알려져 있다.

하였다. 때로는 신비스러운 체험과 신비스런 물건의 전수 등을 통하여 화랑들의 자기혁신(自己革新)을 기도하기도 하였다.[50]

그런 점에서 화랑도는 형식적으로는 종교성을 띠면서도 편협하지 않고, 내용적으로는 속세를 벗어난 인격 수양과 실용을 주로 한 실천 기풍을 단체로 갈고 닦았다.[51] 단순히 무사도(武士道)와 같은 자질의 소유자가 아니라, 문무(文武) 가릴 것 없이 청소년을 하나의 유목적적 인격으로 길러내는 국가적 운동이었고, 개인적 수양이었다. 그러기에 성인이 되어 국가에 봉사할 때, 문(文)에 나가면 충성스럽고 본분에 충실한 관리나 참모가 되었고 무(武)에 나가면 훌륭하고 용맹스런 장군이나 군인이 되었다.[52]

(3) 원광의 세속오계와 교육

화랑도 정신의 핵심으로 정돈된 세속오계(世俗五戒)에서는 다음과 같이 화랑의 정신세계와 실천윤리를 제시한다.

> 귀산은 사량부 사람인데, 아버지는 아간 무은이다. 귀산이 어릴 때 같은 마을 사람 추항과 친구로 지냈다. 두 사람은 다음과 같이 서로를 격려하였다.
> "우리는 지성을 갖춘 선비나 교양 있는 사람들과 어울려야 하네. 그러기 위해 먼저 『대학』에서 말했듯이 '정심(正心)·수신(修身)'해야 하네. 그렇게 수양하지 않고 마구 놀다가는 잘못하면 인생에서 치욕을 당할 수도 있을 걸세. 그러니 훌륭한 사람을 찾아가 어떻게 하면 훌륭하게 살아갈 수 있는지 그 길을 한번 물어 보세."

---

50) 김철준·최병헌, 『한국문화사-고대편』(서울: 일지사, 1986), 182쪽.
51) 이만규, 앞의 책, 87쪽.
52) 김충렬, 앞의 책, 『고려유학사』, 295쪽.

이 때 원광법사가 수나라에 유학하고 돌아와서 가실사에 있었다. 당시 사람들은 그를 매우 높이 예우하였다. 귀산과 추항 등이 원광법사의 문하에 나아가 말하였다.

"저희들 세속의 선비가 어리석고 몽매하여 아는 바가 없습니다. 종신토록 계명(誡銘)으로 삼을 만한 말씀을 해 주시면 고맙겠습니다."

법사가 말하였다.

"불계(佛戒)에는 보살계(菩薩戒)가 있는데 그 조목이 열 가지다. 너희들이 다른 사람[왕]의 신하로서 산다면, 그 보살계를 제대로 감당하기 힘들 것이다. 그러기에 그 대신 세상을 살아가면서 반드시 지켜야할 세속오계(世俗五戒)를 일러 줄 것이니, 그것을 실행하는 데 소홀히 하지 말라.

첫째, 임금 섬기기를 충실로 하라[忠].

둘째, 어버이 섬기기를 효도로 하라[孝].

셋째, 친구 사귀기를 믿음으로 하라[信].

넷째, 전쟁에 임하여 물러서지 말라.

다섯째, 생명 있는 것을 죽이되 가려서 하라."

귀산과 추항 등이 그 말을 듣고 고개를 갸우뚱하며 말하였다.

"다른 것은 말씀대로 할 수 있겠습니다. 그런데 다섯 번째 '살생유택(殺生有擇)'은 무엇을 의미하는지 잘 알지 못하겠습니다."

법사가 말하였다.

"제사 날과 만물이 소생하는 봄·여름에는 살생하지 아니한다. 이것은 '때'를 택하는 일이다. 그리고 집에서 부리는 가축을 죽이지 않아야 한다. 예를 들어, 말·소·닭·개와 같은 따위는 함부로 죽이지 않아야 하고, 또한 죽여 봐야 고기가 한 점도 되지 않는 미물은 죽이지 않아야 한다. 이는 '물건'을 택하는 일이다. 이렇게 하여 일반적으로 소중하게 쓰이는 것은 소중한 자원이므로 함부로 마구 죽여서는 안 된다. 그런 정신이 바로 세속의 좋은 계율인 것이다."

귀산과 추항 등이 말하였다.

"지금부터 대사의 말씀을 받들어 행하고, 실수하지 않도록 하겠습니다."[53]

당시 신라 사회의 중추적 인물을 등용할 목적으로 만든 제도임을 감안하면, 화랑의 세속오계는 너무나 간략하게 제시되어 있다. 이런 점에서 화랑의 교육덕목으로서 세속오계는 부족한 점이 많다고 볼 수도 있다.[54]

그러나 이 압축적 표현에도 불구하고, 원광법사가 제시한 세속오계는 넓은 의미에서 삶을 예술적으로 발휘할 수 있는 가치 기준을 담고 있다. 임금과 신하 사이에는 충실이라는 삶의 예술, 부모 자식 간에는 효도라는 삶의 예술, 친구 사이에는 믿음이라는 삶의 예술이 제시되어 있다. 충(忠)이나 효(孝), 신(信)이 삶에서 차지하는 비중은 별도의 논의를 거치지 않더라도 쉽게 이해할 수 있다.

그러나 살생유택(殺生有擇)의 경우, 보다 심각하게 눈여겨 볼 필요가 있다. 이는 단순하게 사람에게 필요한 물건을 쓸 때 '가려서 하라'거나, 불교에서는 물건을 가려서 죽이는데, 동물과 식물 중에서 식물을 선택하므로, 육식을 금하고 채식을 한다는 식의 오해를 불러 일으켜서는 곤란하다.

원광법사의 설명에 의하면, '선택(擇)'의 문제를 제대로 고려할 때, 화랑의 정신세계와 교육의 핵심이 제대로 간파될 수 있다.[55] 때를 가리고, 물건을 가리는 작업! 그것은 시간과 공간, 사물에 대한 배려다. 인간의 삶 속에서 때를 가리는 일은 자기배려인 동시에 타자에 대한 관계를 인식할 때 가능하다. 봄·여름·가을·겨울, 계절의 순환 속에서 인간은 제때에 할 일이

---

53) 『三國史記』「新羅本紀」.

54) 이진수, 『신라화랑의 체육사상 연구』(서울: 보경문호사, 1987), 91쪽.

55) 강선보·신창호, 『배려, 교육을 향한 열정』(서울: 원미사, 2009), 78-8쪽.

있다. 예를 들면, 봄에 새싹이 돋아날 때, 그 싹은 보호의 대상이다. 그래야 잎과 줄기가 제대로 뻗어 나와 풀이나 나무로 자랄 수 있다. 그 싹을 마구 밟아버린다면 어떻게 되겠는가? 식물은 절대 제대로 자랄 수 없다. 어떤 식물의 줄기나 잎, 열매가 필요하다면, 어느 정도 자란 후에, 혹은 열매가 맺은 다음에 수확하면 될 것이다. 그것은 가을쯤에 해야 할 일이다.

인간도 마찬가지다. 식물의 싹에 비유할 수 있는 어릴 아이의 경우, 배려하지 않는다면 어떻게 제대로 성장할 수 있겠는가? 이때는 보살핌과 돌봄의 시기다. 그것의 교육적 장치가 가정이고 보육 기관이고 초등학교이다.

물건을 가리는 일은 더욱 신중해야 한다. 예를 들면 농경 사회에서 소가 지니는 가치는 엄청나다. 쟁기질에서 수레를 끄는 것에 이르기까지 소는 농사일을 도우는 일등공신이다. 그런 소를 고기로 먹기 위해 마구 잡아서는 곤란하다. 그 반대로 쓸데없이 보이는 미물들을 마구 잡이로 죽이는 것에도 신중해야 한다. 조그만 생물은 잡아봐야 고기 한 점 제대로 건질 수 없다. 그리고 그것은 지금 당장 인간에게 필요 없는 것처럼 보일지 모르지만, 생태적으로 볼 때, 저 밑바닥으로부터 인간의 삶에 균형을 맞추어주는 구실을 할 수도 있다.

이처럼 때와 물건을 가리는 일은 인간이 행할 수 있는 최고의 삶의 예술 구가이다. 사람과 사람 사이를 넘어, 인간과 자연, 시간과 공간을 포괄하는 우주적 시선에서 삶을 상정하고 있다.

그런 삶의 예술의 현실적 적용과 실천은 정치를 통해 발현된다. 동아시아 전통에서 그것은 '왕도(王道)'의 형식을 갖추고, 국민을 배려하는 최고의 마음 씀씀이가 된다.[56] 그것의 핵심은 바로 때와 물건을 가리는 배려였다.

농사철을 어기지 않고 농사를 지으면 농사가 잘 되어 국민들이 배불리 먹을 수 있다. 봄에는 밭 갈고 씨앗을 뿌리며 여름에는 김매고 가을에는 수확을 하는 것이 농사의 이치이다. 이렇게 한창 농사일이 바쁜 때에 국가에서 부역을 시키거나 농사일을 방해한다면 어떻게 되겠는가? 국민들에 대한 배려가 전혀 없는 것이 아닌가? 그러므로 국민들을 위한 배려를 제대로 하는 지도자는 농사일을 방해하지 않는 겨울에 국가의 토목공사를 일으키거나 기타 필요한 일을 국민들에게 시켰다.

물고기를 잡을 경우에도 심각하게 때와 물건을 가린다. 지나치게 촘촘한 그물, 이제 갓 태어난 물고기 새끼까지도 잡을 수 있는 그물을 웅덩이와 연못에 쳐서 고기를 잡지 않는다면, 많은 국민들이 생선을 먹을 수 있다. 그물눈이 지나치게 작은 것을 쓰면 모든 물고기를 잡을 수는 있다! 문제는 그 다음이다. 새끼 물고기까지 다 잡아버리면 물고기 씨가 마른다. 그럴 경우, 연못에는 더 이상 물고기가 없다. 이는 매우 근시안(近視眼)적 사고다. 그러기에 옛날 사람들은 그물눈이 적어도 네 치(12센티미터 정도)가 되는 것을 써서 한 자(30센티미터 정도)가 넘는 물고기를 잡았다. 물론, 멸치와 같이 다 자란 고기가 작은 경우처럼 고기의 상황에 따라 다르다. 한 자가 되지 않는 고기는 시장에 내다 팔수도 없게 제도를 만들었다.

또한 나무, 목재를 구하는 경우에도 마찬가지다. 핵심은 나무가 재목으로 쓸 수 있을 정도로 자란 후에, 벌목을 한다는 점이다. 그러기에 봄여름에 잎과 가지가 무성하게 자라고 있는 상황에서는 벌목하지 않는다. 잎이 떨어진 뒤에 산림에 들어가 나무를 구할 수 있게 했다.

56) 『孟子』「梁惠王」上.

농사와 물고기 잡이, 산림에서의 벌목은 모두 자연의 이치를 고려하여 살아가려는 인간의 삶을 승화시킨 일종의 예술이다. 인간의 이익을 위해 사용하더라도, 우주의 모든 사물과 시공간에 대해 절제하고 애착을 갖는 교육정신이다.

풍류에서 화랑도, 세속오계로 이어지는 고유사상의 핵심적인 교육정신을 현대적 의미에서 한 마디로 정리하면, 어떤 표현이 적절할까? 나는 자기충실을 통한 배려(配慮, caring)의 실천, 그리고 그것의 사회화 측면으로 정돈하고 싶다. 다시 강조하지만, 그것은 그들의 교육정신처럼 노래하고 즐기며 마음의 충족감을 느끼고, 산수를 찾아 즐기면서 국토애를 기른다는 사실은 단순히 오락적 기능을 넘어 주술적(呪術的)·종교적(宗敎的) 기능을 통해 집단적으로 공동체 의식을 강화한 것이다. 또한 국가·사회의 안정과 번영을 기원하면서 일체감을 길렀고, 자신의 인격의 전환을 꾀하면서 충(忠)·신(信)·의(義)와 같은 신념이나 가치관을 형성하는 데 노력했을 것이다.[57]

특히, '서로(相)'라는 유기적 관계망을 통해 증명된다. 그들은 인간의 상호작용, 의사소통의 관계를 통해 서로를 배려하는 교학(敎學)과 수련의 과정을 실천했다. 거기에다 세속오계에서 드러난 것처럼, 물건을 가리는 일과 때를 가리는 작업! 즉 택물(擇物)과 택시(擇時)를 통해 우주적 배려를 실천하였다. 이런 배려정신의 실천은, 인지적 차원에서 탁월한 개인을 양산하는 서구교육에 물든 현대교육의 차원에서 볼 때, 일종의 충격이다. 당연히 이행되어야 하는 우리교육의 양식임에도 불구하고, 우리는 그것을 잃어버렸다. 따라서 화랑의 교육정신과 그들의 실천은 현대 교육에서 반드시 회복해야 할 핵심 가치이다.

---

57) 박재문, 「화랑도 교육」, 김선양 외 편, 『한국교육학의 탐색』(서울: 고려원, 1985) 참고.

이만규의 표현처럼, 화랑도의 특성으로 보아 그것은 세계에 적용할 만한 인간의 길이다.[58] 즉 심신을 통괄적으로 수련하고, 개인적 함양과 사회적 질서화를 동시에 고려하는 최상·최고의 교육 양식으로 볼 수 있다.

(4) 교육의 제도화와 인재선발

신라는 삼국통일 이후, 신문왕 2년(682)에야 당나라의 국자감을 모방하여 국가 최고 교육 기관인 국학(國學)을 설립하였다. 국학은 유학을 연구하고 관리를 양성하는 것을 목적으로 하였으며, 주로 진골이나 6두품 출신의 귀족 자제들이 수학하였다. 교육과정은 유학의 기본 경전인 『논어』와 『효경』을 필수과목으로 하고, 수준에 따라 오경을 비롯한 여러 과목을 선택적으로 공부할 수 있게 하였다. 그리고 국학에서는 공자와 그 제자들의 화상을 들여와 문묘 제도를 시행하였다. 또한 의(醫) 박사 산(算) 박사 등을 두어 기술 교과도 가르쳤다.

원성왕 4년(788)에는 독서삼품과(讀書三品科)를 설치하여 인재 등용의 방법으로 삼았다. 독서삼품과는 국학생을 대상으로 실시된 관리 선발시험이었다. 따라서 국학에서 공부한 내용을 가지고 상·중·하의 세 등급으로 나누었다.[59]

상품(上品)은 『춘추좌씨전』, 『예기』, 『문선』을 읽을 수 있고 그 뜻을 해독할 수 있으며 동시에 『논어』와 『효경』에 밝아야 했다. 중품(中品)은 『곡례』, 『논어』, 『효경』을 읽을 수 있어야 하고, 하품(下品)은 『곡례』, 『효경』을 읽을 수 있는 사람으로 국가의 고급 관료가 될 수 있게 하였다. 특히 오경(五經)과 삼사(三史),[60] 제자백가(諸子百家)[61]에 능통한 사람은 특진시키기도

58) 이만규, 앞의 책, 87쪽.
59) 이성무, 『한국의 과거제도』(서울: 집문당, 1994), 23~30쪽.

록 되어 있었다. 이러한 독서삼품과는 국학의 최종시험에 해당하며, 과거 골품제라는 혈통에 의한 선발에서, 제한적이기는 하지만, 능력에 의하여 관리의 임용과 승진을 결정하게 되었다는 점에서, 그 내용상 차이는 있지만 고려시대 이후에 등장하는 과거제의 초보적 형태로 볼 수 있다.

5) 발해의 교육

발해의 교육도 자세하게 기록된 사료가 없어 정확하게 밝히기가 어렵다. 조선 시대, 발해에 대해 본격적인 관심을 보인 유득공(柳得恭)의 경우, 『발해고(渤海考)』 서문에서 다음과 같이 지적하고 있다.

> 고려가 발해사를 짓지 않았으니, 그 국력을 떨치지 못하였음을 알 수 있다. 옛날에 고씨가 북쪽에 거주하여 고구려라 하였고, 부여시가 서남쪽에 거주하여 백제라 하였으며, 박·석·김씨가 동남쪽에 거주하여 신라라고 하였다. 이것이 삼국

60) 오경은 공자가 편찬했다고 전하는 『시경(詩經)』, 『서경(書經)』, 『역경(易經; 周易)』, 『예기(禮記)』, 『춘추(春秋)』의 다섯 가지 경전을 말하고, 삼사는 사마천이 지은 『사기(史記)』와 반고가 지은 『한서(漢書)』, 그리고 범엽이 지은 『후한서(後漢書)』 등 세 가지 역사서를 가리킨다.

61) 중국 역사에서 하나라와 은나라를 거쳐 서주(西周) 이후, 주나라는 동쪽으로 천도를 하는 데, 이때부터 주나라의 종주권이 쇠약해지고 제후들이 방자하게 되어 약육강식의 시대인 춘추전국(春秋戰國)을 이루었다. 이 시기의 사상가들을 제자(諸子)라고 하고 그 사상가들이 형성한 학파를 백가(百家)라고 한다. 즉, 제자백가는 중국의 춘추전국시대, 특히 전국시대에 활약한 학자와 학파를 총칭하는 말이다. 사마담(司馬談)은 제자를 음양가(陰陽家), 유가(儒家), 묵가(墨家), 명가(名家), 법가(法家), 도가(道家)의 육가(六家;여섯 개의 학파)로 나누었고 유흠(劉歆)은 육가에 종횡가(縱橫家), 농가(農家), 잡가(雜家), 소설가(小說家) 등의 십가(十家)로 나누어 설명한다. 소설가를 제외한 구류(九流)를 통틀어 아홉 개의 유파로 분류하여 백가구류(百家九流)라고도 한다.

> 인데 그들의 역사인 삼국사(三國史)가 있는 것이 마땅하므로 고려가 이를 펴냈으니 옳은 일이다. 부여씨가 망하고 고씨가 망하자 김씨가 그 남쪽을 차지하였고, 대씨가 그 북쪽을 차지하여 발해라고 하였다. 이것이 남북국이라 부르는 것으로 마땅히 남북국사(南北國史)가 있어야 했는데도 고려가 이를 편찬하지 않은 것은 잘못된 일이다.[62)]

유득공의 지적처럼, 고려시대에 김부식은『삼국사기』를 지으면서, 발해사를 의도적으로 제외시킨 것으로 판단된다. 그 후 발해는 우리 민족사의 영역에서 멀어졌다가 조선 후기에 와서야 다시 관심의 대상이 되었다.

발해는 최고 교육 기관인 주자감(胄子監)을 설치하여 교육하였고, 문적원(文籍院)을 두어 경서를 비롯한 서적을 보관한 것으로 미루어 볼 때, 상당히 체계적인 교육 제도를 정비한 것으로 추측된다. 발해의 교육과 관련해서는『구당서』『신당서』『책부원귀(冊府元龜)』등 몇몇 사서에 단편적인 기록이 있을 뿐이다.

『구당서』에는 "발해에서 먼저 보낸 학생 세 명의 학업이 점차 이루어졌다고 판단하고, 그들을 본국으로 보내달라고 청하였는데, 이를 허락하였다"[63)]라는 기록이 있다.『신당서』에는 "건국 초부터 발해의 왕이 자주 여러 학생들을 당나라 태학에 보내어, 고금의 제도를 공부하도록 하더니, 드디어 '해동성국'이 되었다. 문적원을 설치하여 감을 두었으며 주자감을 설치하여 감·장을 두었다"[64)]는 기록으로 볼 때, 교육기관이 설치되어 인재를 양성했음에 분명하다. 도한『책부원귀』에는『당 문

62)『渤海考』「序」
63)『舊唐書』「列傳」.
64)『新唐書』「列傳」.

종 7년(833년)에 발해에서 학생 해초경・조효명・유보준 세 명과 관리 고상영을 보내어 학문을 배우게 하고, 먼저 보낸 학생 이거정・주승조・고수해 등 세 명의 학업이 점차 이루어졌으므로 관례에 준하여 교대하여 본국으로 돌려보내 달라고 청하였는데, 이를 허락하였다"고 하여 유학생 파견과 학문 교류사실을 보여준다.[65]

6) 주요 교육사상가

삼국 시대는 불교가 융성하여 고승들이 속출하였고 이들이 교육에 큰 영향을 미쳤다. 또한 국가에서 학교를 세워 유학을 장려하였으므로 뛰어난 관료 유학자가 양산되었는데, 이들이 활약이 돋보였다. 유명한 교육사상가들로 원광(圓光), 강수(强首), 원효(元曉), 설총(薛聰) 등이 있는데, 이들은 모두 신라인이다. 고구려와 백제에도 훌륭한 교육사상가들은 있었을 것으로 추측되지만, 일부 승려를 제외하고는 아쉽게도 역사 기록에서 찾아보기 힘들다.

원광(圓光)은 유학과 선교, 불교를 두루 섭렵하고 중국에 유학하여 이름이 드높았다. 학문과 덕망이 높아 신라인들의 존경을 받았으며 불교의 계율을 토대로 세속오계(世俗五戒)를 만들어 당시 국민 교육과 생활 윤리의 지표가 되었다.

강수(强首)는 불교를 세상의 의리를 벗어나는 도라고 비판하면서, 유학의 도를 배워 당대 제일의 문장가가 되었으며, 외교문서 작성에 능하였다고 한다.

원효(元曉)는 한국이 낳은 가장 위대한 종교 사상가이며 세계적인 철학자이다. 특히 스스로 인격완성과 민중교화를 통한

65) 『冊府元龜』 卷999.

불교의 세속화에 공헌하면서 교육 실천가다운 면모를 보여 주었다. 특히, 원효는 불교의 여러 주장들을 '일심(一心)'의 발현으로 보고 그 발현의 양상을 하나로 통합하려고 하였다. 일심은 중생이 어떤 상황에 처해 있느냐에 따라 다양한 심리 행동으로 나타나지만, 인간 본성 자체에 어떤 변화가 있는 것은 아니다. 모든 법의 본체는 제각기 다른 것이 아니라 중생들이 각자 가지고 있는 동일한 일심이다. 그래서 일심을 중생심(衆生心), 대승법(大乘法), 제법자체(諸法自體) 등으로도 부른다. 일심은 우리 각자의 본래적 마음인 동시에 모든 존재의 본체이며, 중생심의 실체로 불성(佛性)이다. 밝고 깨끗하며 불변하고 고요하며, 참되기 때문에 '진여(眞如)'라고 한다. 실재의 측면에서 파악되는 마음인 '심진여(心眞如)'는 오직 하나의 실재, 일체의 사물과 현상을 총체적으로 포괄하는 본체를 가리킨다. 이것이 마음의 본체이고 그 마음은 시작도 끝도 없고 어떤 구분도 변화도 없다.[66)]

원효는 수양이나 교육의 방법에서 '지관(知觀)'을 중시한다. 지식의 문제와 연관되는 지(知)는 인식 주관에 표상된 내용을 객관적 실재로 잘못 안 것이 진여의 빛을 받아 지멸되고, 인식 주관의 그릇된 이념이 정지된 것을 말한다. 세계관이나 관찰, 관점으로 대비해 볼 수 있는 관(觀)은 생명의 현상에 따라 모든 존재의 실상을 여실하게 관찰하여 밝고 바르게 앎을 의미한다. 지의 수행방법으로는 몸과 마음을 조절하는 조신법(調身法)과 조심법(調心法)이 있고 관의 수행방법에는 법상관(法相觀), 대비관(大悲觀), 서원관(誓願觀), 정진관(精進觀) 등 다양하게 세분된다.[67)]

---

66) 이홍우, 『대승기신론 통석』(서울: 김영사, 2006) 참고.
67) 이문원, 『한국의 교육사상가』(서울: 문음사, 2002), 16-19쪽.

원효의 위대성은 당시 사회 상류 계층의 신앙이자 지도 이념이던 불교를 서민 대중에게 널리 보급시킨, '교육적 대중화'에 있다. 그는 무애가(無碍歌)를 지어 서민을 교화시켰다. 무애는 어떤 장애나 조건에도 거리낌 없이 자유로운 것을 말한다. 따라서 모든 생사가 곧 열반(涅槃)이요, '사람은 한번 나면 죽는다'는 사실을 깨달아 부처를 알고 부처로 나아갈 것을 염원해야 한다. 원효는 서민들과 어울리면서 스스로 파계를 하고 소성거사라고 일컬었다. 이때 광대들이 큰 바가지를 들고 춤추고 노는 것을 보고 무애가를 지어 부르면서, 방방곡곡을 돌아다니며 서민들을 교화했다고 전한다.[68]

설총(薛聰)은 원효와 요석 공주 사이에 난 사람이다. 불교와 유학을 두루 섭렵하고, 국학의 박사로서 유학의 경서를 우리말로 읽는 새로운 방법과 독특한 표기법인 이두(吏讀)를 개발하여 학문 발전에 획기적인 공헌을 하였다. 뿐만 아니라, 특히 신문왕에게 지어올린 『화왕계(花王戒)』는 군왕(君王) 교육의 새로운 면모를 보여 주었다. 화왕계는 아래 사람인 신하가 윗사람인 제왕에게 교훈적 내용을 담아 표현한 것으로, 최고 통치자가 지켜야할 도리와 계율을 풍자 형식으로 서술하였다. 여기에서 특기할 교육적 사항은, 군왕이 신하의 충간(忠諫)을 듣고 진실로 자신의 잘못을 시인하고 사과하는 의사소통의 차원이다. 이는 유학의 근본정신을 재천명하고 동시에 군왕은 백성을 사랑하여 올바른 정사를 펼칠 수 있도록 정교일치(政敎一致)의 교육을 강조한 것이다.[69]

---

68) 김승동 편저, 『불교 · 인도사상사전』(부산: 부산대출판부, 2001); 태경·조기영, 『알기쉬운 불교용어 산책』(서울: 양사재, 2011) 참고.
69) 이문원, 앞의 책, 26-27쪽.

4. 고려시대의 교육

고려시대는 상당기간 동안 유학과 불교가 큰 마찰 없이 공존하였다. 국가에서는 불교를 장려하여 과거시험에도 승과를 두었다. 불교는 국가에서 장려하기도 했지만 백성들의 의식을 지배하고 있었고, 유학은 제도적인 교육을 이끌고 있었다. 즉 고려인들은 불교의 정신으로 일상적인 생활을 가다듬으면서도 정치적으로는 유학의 이념을 따랐다. 그리하여 서민들의 일상생활 속에는 불교의 영향이 지대했던 반면, 정치적 지도자를 양성하려고 했던 제도교육에서는 유학이 지배하였다. 특히 안향에 의해 전래된 주자학은 고려 말 유학 발흥의 기운을 타고 새로운 정치철학, 교육철학으로 등장하였다.

1) 교육제도

고려의 학교제도는 관학(官學)으로는 중앙에 국자감(國子監)과 학당(學堂)이 있었고, 지방에 향교(鄕校)가 있었다. 그리고 사학(私學)으로는 중앙에 십이도(十二徒)와 지방에 서당(書堂)이 있었다.

(1) 관학

국자감은 고려의 최고 교육기관으로 성종 11년(992)에 창건되었다. 당의 국자감 제도를 본뜬 것으로 인재양성과 관리등용에 대비하였다. 일종의 종합대학으로 문묘를 설치하고, 6학으로 조직·편성하였는데, 국자학, 태학, 사문학은 모두 경학을 전공하고, 율학, 서학, 산학은 잡학으로서 모두 해당 관청의 기술학을 익혔다. 신분에 따라 교육하였는데, 잡학은 서민의 자제도 입학이 허가되었다.

최고교육기관인 국자감의 발달 과정을 간략하게 살펴보면 다음과 같다.[70]

태조 13년(933) 겨울에 왕이 서경[평양]에 거동하여 학교를 창설하고 박사관(博士官)을 두었는데, 수재(秀才)인 정악(廷顎)을 서학박사(書學博士)로 삼고, 별도로 학원(學院)을 창설하여 육부(六部)의 생도를 모아서 가르치게 하였다. 이때 채백(綵帛)을 내려 권장하고 창곡(倉穀) 1백 석을 내려 주었다. 이후, 성종 2년(983)에 박사 임성로가 송나라로부터 와서 문선왕묘도(文宣王廟圖) 1포, 제기도(祭器圖) 1권, 72현찬기(七十二賢贊記) 1권을 바쳤다. 성종 6년(987)에는 12목에 경학박사(經學博士)를 두었는데, 12목에 각각 1인을 보내어 가르칠만한 자식이 있는 자를 가르치고, 경전에 밝아 쓸 만한 재목은 목사나 수령이 중앙에 추천할 수 있게 하였다. 성종 9년(990)에 서경에 수서원(修書院)을 설치하였고 11년(992)에 상서(庠序)·학교(學校)에 명하여 문무재략(文武才略)이 있는 사람을 천거하게 하였다.

이런 과정을 거쳐 성종 11년 12월에 드디어 국자감(國子監)을 창설하였다. 유사(有司)에게 승지(勝地)를 가려서 서재(書齋)·학사(學舍)를 널리 경영하고, 전장(田庄)도 주어 학궁의 식량으로 충당하게 하였다. 현종 22년(1031) 윤 10월에 국자감시(國子監試)를 처음으로 설치하였다. 시(詩)와 부(賦)로 국자감 시험을 하는 법이 이때부터 비롯되었다. 선종 8년(1091) 9월에 72현의 상(像)을 국자감 벽 위에 그렸고, 10년 뒤인 숙종 6년

---

70) 『增補文獻備考』「學校考」.

(1101)에 선현을 국자감에 종사(從祀) 하였다. 그러나 국자감 운영에 대한 비난도 만만찮지 않았다. 숙종 7년(1102)에 재상 소태보 등이 건의하기를, "국학에서 선비를 기르는 데 비용이 적지 않게 들어 백성들의 원성을 들을만한 폐단이 되니, 이를 해체하십시오"라고 하였으나 받아들여지지 않았다. 예종 4년(1109)에는 국학에 칠재(七齋)를 두었고, 10년 후인 예종 14년(1119) 가을 7월에는 국학에 장학기금의 특성을 지닌 양현고(養賢庫)를 설립하여 선비를 양성하였다. 충렬왕 30년(1304) 5월에 성리학을 도입한 찬성사(贊成事) 안향(安珦)이 건의하여 섬학전(贍學錢)을 넉넉하게 하였고, 6월에 국학에 대성전(大成殿)이 건립되었다. 이 무렵에 국자감의 명칭이 성균관(成均館)으로 바뀐 듯하다. 10년 뒤인, 충숙왕 원년(1314) 6월에 찬성사 권보가 이진·한공 등과 함께 성균관에 모여 새로 구입한 서적을 고열(考閱)하고 경학(經學)을 시험하였다. 그리고 고려 말 공민왕 20년(1371) 12월에는 인재 등용과 관련하여 다음과 같은 정책이 하교되기도 했다. "문무(文武)의 쓰임은 한 쪽을 폐할 수 없으니 서울의 성균관으로부터 지방의 향교에 이르기까지 문무 두 학문을 개설하고 인재를 양성하여 등용할 것에 대비하라." 이후, 공양왕 원년(1389)에는 유학교수관(儒學敎授官)을 두기에 이르렀다.

국자감보다 낮은 단계의 학교인 각 지방의 향교의 설립 시기는 정확하지 않다. 여러 가지 정황으로 보아 예종 때 양현고를 설치하면서 교육 재정을 넉넉하게 할 무렵이나 인종 5년(1127년) 경에 각 지방에 설치한 것으로 짐작된다. 학당은 원종 12년(1271년)에 개경에 설치하였는데, 문묘가 없고, 학생을 강학하는 교육기능만 있었다.

(2) 사학

십이도(十二徒)는 개경에 설립된 12개의 사립 고등교육기관이다. 십이도는 문종 7년(1053년)에 최충이 사재로 학교를 짓고, 구경(九經), 삼사(三史)[71]와 제술을 가르친 데서 비롯된다. 이 시기에는 국자감과 향교가 교육적 기능을 제대로 하지 못했고, 아직 학당은 설립되지 않았다. 나머지 11개는 홍문공도, 국헌공도, 남산도, 서원도, 문충공도, 양신공도, 정경공도, 충평공도, 정헌공도, 서시랑도, 구산도이다. 이 중 최충의 문헌공도가 가장 성대하였다.

최충의 문하에는 과거에 응시하려는 자제들이 반드시 먼저 이 공도에 들어와 수학하였다. 매년 여름이면 승방을 빌어 여름 학업을 닦고, 공도 가운데 학문이 우수하면서 급제하고 관직에 나아가지 않는 자를 택하여 교도하였는데 그 학과가 구경과 삼사였다. 때로는 시를 짓고 술을 마시며 어린 아이와 어른이 좌우에 늘어 있되, 나아가고 물러섬에 예의가 있고 질서가 있어 칭송이 자자했다고 한다.

십이도의 수준은 국자감의 유학부와 같은 등급이었다. "향교와 학당 학생을 상고하여 십이도로 올리고 십이도를 상고하여 성균으로 올리자"라는 이색의 언급으로 볼 때, 향교보다는 수준이 높고, 성균으로 올린다는 말은 국학생만 과거에 응시하게 하기 위하여 사학 출신을 국학으로 편입한다는 의미이다. 이런 점에서 볼 때, 사학 12도는 국립대학으로서 국자감(성균관)에

71) 구경은 유학의 아홉 가지 경서를 말하는데, 사람마다 약간의 차이가 있다. 곡나율(谷那律)은 『시경』『서경』『역경』『예기』『악경』『춘추』『논어』『효경』『소학』을 들고 있으나 육덕명(陸德明)은 『시경』『서경』『역경』『예기』『주례』『의례』『춘추좌씨전』『춘추곡량전』『춘추공양전』을 들고 있다. 삼사는 앞에서 말한 것처럼, 『사기』『한서』『후한서』를 말한다.

버금가는 사립대학의 자격을 지니고 있었다.

서당에 관해서는 인종 2년(1124년) 송나라 사신으로 고려에 왔던 서긍이 쓴 『고려도경』에 잘 나타나 있는데, "마을 거리에는 경관과 서사가 두세 개씩 서로 마주보고 있으며, 민간의 미혼 자제가 무리로 모여 선생에게 경서를 배우고, 조금 성장하면 저희들끼리 벗을 택하여 절간으로 가서 공부한다. 아래로 서인이나 아주 어린 아이까지도 역시 마을의 선생에게 배운다"[72]라는 기록으로 보아, 전국 곳곳에서 서당이 매우 성행했음을 알 수 있다.

2) 과거제도와 교육

과거(科擧)는 '과목거용(科目擧用)'을 줄인 말로 관리 등용 시험이다. 과거제도는 고려 4대 광종 9년(958년)에 후주(後周) 사람이었던 한림학사(翰林學士) 쌍기(雙冀)의 건의로 실시하였다. 고려의 과거제도는 대체로 당(唐)의 제도를 따른 것이었다.[73]

과거의 방법은 매년 지방관이 지망자를 문묘(文廟)에서 시험한 후, 1~3명 정도 적당한 사를 선발하여 이를 중앙에 보냈는데, 이를 진사(進士)라고 한다. 그 수는 모두 약400명에 달하였는데, 중앙의 국자감에서는 또 이들을 시험하였다. 이것을 감시(監試)라고 한다. 감시에 급제하는 합격자는 특별히 정해진 수가 없었는데, 급제자는 갑을병(甲乙丙) 세 등급으로 나누었다. 진사의 시험은 제술업(製述業)과 명경업(明經業)의 두 가지 업으로 나누었고, 이 밖에도 잡업(雜業)이 있었다. 시(詩)·부(賦)·송

---

72) 『高麗圖經』
73) 이성무, 앞의 책; 한기언, 앞의 책, 2004 참고.

(頌) 등 시문(詩文)을 시험하는 제술업과 유학의 경전을 시험하는 명경업은 양대업이라고 하였는데 이는 문관 등용 시험이었고, 잡업은 의(醫)·복(卜)·풍수지리(風水地理)·율(律)·산(算) 등 기술 기능에 관한 기술관의 등용 시험이었다.

고려 초기 과거에 응시할 수 있는 자격은 향공(鄕貢)·토공(土貢)·국자감생 재관자(國子監生 在官者)가 있었다. 즉 중앙 귀족자제들과 지방의 호족 자제 혹은 향리의 자제들이 제술업·명경업·잡업에 응시할 수 있었다.

선종 때 진사 및 잡업 시험을 3년에 1회 행하는 것으로 정하고, 숙종 때부터 격년 1회로 개정하였는데, 실제로는 매년 또는 격년, 수년에 한 번씩 과거가 실시되고 있었다. 이는 과거제가 철저하게 이행되지 못하고 그때그때 형편에 따라 실시했음을 보여준다.

특이한 사항은 고려 말기 공민왕 때 목은 이색이 무과(武科) 설치를 건의 했으나 시행되지 않았다. 과거를 주관하는 관리의 장을 지공거(知貢擧)라고 하는데, 처음 과거제도를 도입할 것을 건의했던 쌍기가 이 자리에 최초로 임명되었고, 이후에 문관 1인을 임명하였다. 지공거 아래 동지공거(同知貢擧)가 있고, 기타 시험관은 학사(學士)라고 하였다. 지공거와 동지공거는 시험을 채점하는 권리를 지니고 있어 매우 중요한 자리이다. 과거급제자에게는 홍패(紅牌)를 수여하고 일정한 전답이 지급되며 왕이 친히 인견하여 술과 음식 및 의복을 하사하였다. 뿐만 아니라 형제 셋이 과거에 급제한 경우, 부모에게 일정한 직과 곡식을 지급하여 표창하는 특전도 있었다.

과거는 국가의 관리를 선발하는 제도일 뿐만 아니라 교육제도와 연계되어 있었는데, 과거 시험의 내용이 바로 학교, 즉 국자감의 교육과정이었다. 이런 측면에서는 교육의 발달을 촉진시키기도 했으나, 시험에 의한 관리 등용 제도가 정착되어 가면서 교육이 출세를 위한 수단이 되었고, 부작용이 드러나기도 하였다.

3) 고려의 교육사상가

고려시대는 유학과 불교가 비교적 자유롭게 공존하면서 발전되었으므로 뛰어난 유학자와 고승들이 많이 나왔다.

유학계통에서는 최충(崔沖)이 큰 활약을 하였는데, 앞에서도 언급했지만, 그는 사학 십이도의 선구자로 해동공자(海東孔子)라고 불렸다. 특히 문헌공도(文獻公徒)를 설립하여 교육하였고, 교육의 본질을 유학이 추구하는 성인(聖人)의 도로 삼았다. 최충은 송악산 아래에 사학 십이도를 열었는데, 많은 생도들이 모였다고 한다. 이에 하나의 학당으로는 그들을 모두 수용할 수 없어 아홉 개의 학반을 편성하였다. 이것이 이른 바 구재(九齋)이다.[74] 구재학당의 학생들은 진퇴(進退)하는 의리와 장유(長幼)의 질서가 뚜렸했다고 한다. 이는 최충의 교육 방침이 학문 추구에만 머문 것이 아니고, 언행이 일치하는 교육을 실천한 것으로 볼 수 있다. 즉 예교(禮敎) 질서의 외형적 강조에만 머무르지 않고, 후진 양성에서 이를 실천하는 유교 정신을 강조하였다.[75]

그 후 중국의 원나라에서 주자학(성리학)을 도입한 회헌(晦軒) 안향(安珦)에 의해 유학의 새로운 학풍이 싹트기 시작했다.

---

74) 구재의 명칭은 낙성(樂聖), 대중(大中), 성명(誠明), 경업(敬業), 조도(造道), 솔성(率性), 진덕(進德), 대화(大和), 대빙(待聘) 등인데, 앞에서 말한 구경(九經)과 삼사(三史)를 주로 가르쳤다고 한다.

75) 이문원, 앞의 책, 47쪽.

<그림3-1> 최충

안향은 교육의 목적을 인재양성에 두고, 국학의 재건을 위하여 일종의 장학기금인 섬학전을 설치하였다.

안향이 주자학을 전래하여 학문을 장려하고 인재를 양성하려고 했던 배경과 과정을 좀더 자세하게 서술하면 다음과 같다. 안향이 활동하던 시기의 고려는 장기간의 무신집권에 의한 정치적 불안정과 몽고의 침탈에 의한 국가 주권 상실의 위협으로 인하여, 국내외적으로 심각한 위기에 처한 상황이었다. 게다가 고려의 건국이념으로 볼 수 있는 불교사상도 부패하여 흉흉한 민심을 바로 잡아 주지 못하고 미신과 무속이 성행하고 있었다. 안향은 18세(1260년)에 과거에 급제하여 관직에 몸을 담게 되는데, 이 당시 고려는 90여년이라는 장기간의 무신집권체제가 막을 내리고(1258년), 몽고와는 강화가 체결되어 전란도 종식된 시점(1259년)으로, 고려사에서 새로운 시대의 개막을 맞이하는 시기였다.[76] 이때 국가의 신흥관료 등용정책에 부응하여 안향은 관직에 등용되고, 뛰어난 문장력을 인정받아 왕의 교지나 외교문서를 작성하는 등 국사에서 중요한 업무를 담당하면서 빠르게 승진하였다.

교육자로서 안향의 관료생활은 36세(1279년)에 국자사업(國

76) 김병구, 『회헌 안향 선생의 생애와 사적』(부산: 경성대출판부, 1993) 참고.

子司業)에 임명 되면서 전환기를 맞게 된다.[77] 안향은 학문의 진흥과 교육을 담당하는 직무를 맡게 되면서, 그의 유학적 소양과 문제의식 그리고 인생의 지향도 새롭게 전개하였다. 안향은 "학문[儒學]을 일으키고 인재를 양성하는 일을 자신의 임무로 삼는다"라고 하여 자신의 인생 목표를 유학의 부흥에 두었다. 그 후 47세(1289년)가 되던 해에 고려유학제거(高麗儒學提擧)에 임명되어 국가의 유학진흥과 교육부문의 명예수장이 되었다. 이를 계기로 같은 해 충렬왕의 원나라 행차에 수행하여 원나라의 수도(지금의 북경)에서 주자의 글을 접하게 되는데, 이때 주자의 사상을 마음속 깊이 찬동하게 되어 주자를 유학의 정통 학맥으로 인정하였다. 그리하여 전체 수행기간이 5개월 밖에 되지 않는 짧은 일정 속에서도 손수 주자의 책을 기록하고 공자와 주자의 초상화를 모사하여 이듬해(1290년) 봄에 귀국하였다. 이것이 우리나라에 주자학이 본격적으로 전래되는 계기이다.

안향은 56세(1298년)때, 집현전태학사(集賢殿太學士)·수문전태학사(修文殿太學士) 등 교육관련 관직을 맡으면서 본격적으로 유학진흥과 교육사업을 담당하게 된다. 그리고 59세(1301년)에는 자신의 사저를 국학의 문묘로 조정에 헌납하고, 봉급과 토지 및 노비 100명마저 국학의 진흥을 위하여 헌납하였다. 이어서 61세(1303년)에는 교육사업을 일으키는데 더욱 힘을 기울여, 국학에 섬학전(贍學錢)을 설치하고 양현고를 충당하였다. 이때 그는 "재상의 직책은 인재를 교육하는 것보다 시급한 것이 없다"라는 유학적 소양을 갖춘 고급관료로서의 소명의식을 강조하여 섬학전 설치를 주장한다. 아울러 양현고의 일부 자금

77) 『陽村集』『晦軒先生實紀』卷3.

으로 국학박사를 중국 강남에 파견하여, 유학관련 서적, 특히 주자신서(朱子新書)와 예의식에 소용되는 물품을 구입함으로써 유학교육의 발판을 마련한다. 안향이 62세(1304년) 되던 해에 대성전이 준공되는 등 국학시설이 완비되어 국학이 새로이 개설되고, 안향은 이산(李㦃)·이진(李瑱) 등을 시켜서 성리학 교육을 체계적으로 시행한다. 안향이 남긴 글은 아주 적은 데, 거의 유일하고도 핵심적인 문장이라고 할 수 있는 「국자학의 여러 학생에게 일러주는 글[諭國子諸生]」을 보면, 그의 학문 성향을 구체적으로 파악할 수 있다.

> 성인(聖人)의 도(道)는 일상생활의 윤리에 불과하다. 자식은 마땅히 효도하고, 신하는 마땅히 충성하며, 예로 집안을 바로잡고, 신의로 벗을 사귀며, 자신을 수양할 때는 반드시 경(敬)으로 해야 하고, 사업을 일으켜 세우는 데는 반드시 성(誠)으로서 해야만 한다. 저 불교는 부모를 버리고 출가하여 인륜을 무시하고 의리에 역행하니, 일종의 오랑캐 무리이다. 근래에 전란의 여파로 학교가 파괴되어 유학을 배우려는 학자는 배울 바를 모르고, 배우고자 하는 사람은 불경을 즐겨 읽어서 그 아득하고 공허한 교리를 신봉하니 나는 이를 매우 슬퍼한다. 내 일찍이 중국에서 주자의 저술을 보니, 성인의 도를 밝히고 선불교를 배척한 주자의 공로는 공자와 짝할 만하다. 공자의 도를 배우려고 하면 먼저 주자를 배우는 것보다 더 나은 것이 없으니, 여러 학생은 주자의 새로운 서적을 돌려가면서 읽고 배우기를 힘써서 소홀하지 말라.[78]

이와 같이 안향은 유학 특히 성리학의 핵심을 압축적으로 설명하고, 불교와 당시 사상계에 대해 비판하였으며, 공자이후 유학의 도통을 주자로 확정하고 주자학의 연구를 권면하였다.[79]

---

78) 『陽村集』「晦軒先生實紀」卷1.

충렬왕 30년(1304) 5월에 찬성사(贊成事) 안향이 국학을 보조하기 위해 섬학전(贍學錢)을 넉넉하게 할 것을 건의한 이야기는 유명하다. 안향은 학교가 날로 쇠퇴함을 근심하여 양부(兩府)에 다음과 같이 문제를 제기하였다.

"재상의 직책은 인재를 교육하는 것보다 우선 할 것이 없는데, 지금 양현고가 바닥이 나서 훌륭한 인재를 기를 자본이 없습니다. 청컨대 여러 관료신하들에게 은(銀)이나 포(布)를 관료의 등급에 따라 차등 있게 내도록 하여 섬학의 자본으로 삼으십시오." 그러자 왕도 내고(內庫)의 재물을 내어서 도왔다. 그런데 밀직(密直) 고세(高世)가 자신은 무인(武人)이라고 하면서 돈 내기를 즐겨하지 않자, 안향이 이렇게 꾸짖었다. "공자의 도는 그 모범이 만세에 드리웠다. 신하가 임금에게 충성하고, 자식이 부모에게 효도하는 것, 이런 훌륭한 인륜이 누구의 가르침인가? 만약에 '나는 무인인데 생도를 기르는 데 구태여 돈을 낼 필요가 있느냐'라고 말한다면, 이는 공자를 무시하는 짓이다. 그게 옳은 행동인가?" 고세가 이 말을 듣고 부끄러워하며 바로 돈을 내었다. 또한 안향은 남은 재물을 박사 김문정에게 주고 그를 중국에 보내어 선성(先聖)과 70자상(七十子像)을 그려오고, 제기(祭器)·악기(樂器)·육경(六經)·제자(諸子)·사(史) 등을 구해 오게 하였다. 그리고 이산·이진 등을 천거하여 경사교수사(經史敎授使)를 삼았다. 그렇게 하자, 국학의 7재와 사학 12도의 학생이 경을 가지고 수업하는 자가 수백을 헤아렸다.[80]

이후, 고려 말의 목은(牧隱) 이색(李穡)은 앞에서도 언급한

---

79) 윤원현, 「회헌 안향의 행적과 사상에 대한 비판적 검토」, 한국동서철학회, 『동서철학연구』 제35호, 2005. 참고.

80) 『增補文獻備考』「學校考」.

것처럼, 문무를 겸비한 인재를 강조하여 과거제도에서 무과를 둘 것을 주장하였다. 이색의 교육론은 그의 유학 진흥책에 잘 나타나 있다.[81] 이색은 "유교를 숭상하고 중히 여기는 일에 마음을 다해야 한다. 국학의 풍속 교화의 근본이고 인재는 정치와 교육의 근본이다. 인재를 양성하지 않으면 근본이 굳지 못하고 국학을 진흥하지 않으면 근원이 맑지 않게 된다"라고 하여, 성인의 돌 숭모하고 학교의 퇴폐를 막아야 한다고 주장하였다. 이것이 유학자뿐만 아니라 서민에게도 복이 된다는 것이다.

이색은 당시 학풍이 과거 시험에만 매달려 진정한 인격교육이나 도덕 윤리교육을 소홀히 하는 것을 통탄하였다. 그는 성균관 대사성으로 재직할 때 성균관의 학생 수를 대폭 증원하고 시설 확충, 도서 구비 등 유학 진흥에 크게 기여하였다. 교수방법도 경술(經術)에 유능한 선비가 교과를 담임하게 하는 등 '전문성 있는 교육'을 강조하였다. 즉 여러 교관들이 제각기 능숙한 경전을 분담하여 교수하고, 강론이 끝나면 매일 의심나는 부분이나 논의할 부분을 상호 토론하여 궁극적인 의미를 밝히도록 하는 방법을 진행하였다. 이러한 그의 노력은 고려 시대 정주학 계통의 성리학이 발흥하는 계기가 되었다.

또한 포은(圃隱) 정몽주(鄭夢周)는 성리학을 깊이 연구하여 철학의 기초를 주자학에 두었으며, 교육이념도 주자학에 충실하여 우리나라 성리학의 비조가 되었다. 그의 교육사상은 성리학을 도입한 안향과 비슷하였다. 즉 "유학자의 도리는 모두 일용생활에 있고, 인격을 함양하려면 수양이 필요하다. 수양의 근본은 일상생활의 지극한 이치에 있다"라고 하였다. 정몽주는 이런 학문의 이치를 실현하고 인재를 양성하기 위해, 수도 개

81) 이문원, 앞의 책, 66-67쪽.

경의 오부(五部)에 학당을 확충하고, 지방에는 향교를 활성화하여 유학을 진흥하려고 했다.

정몽주가 제시한 교육내용은 경서였다. 사서의 경우, 『대학』과 『중용』을 통하여, 도를 밝히는 '명도(明道)'와 도를 전하는 '전도(傳道)'의 요지를 얻고, 『논어』와 『맹자』를 통해, 마음을 보존하고 닦아나가는 '조존함양(操存涵養)'의 요지와 체험을 확충하는 방법을 얻는다. 오경의 경우에는 『주역』을 통하여, 선천과 후천은 서로 체용(體用)의 관계임을 알고, 『서경』을 통해서는 정신을 집중하는 것이 제왕전수(帝王傳受)의 방법임을 이해한다. 그리고 『시경』을 통해서는 민간의 정서와 만물의 법칙을 이해하고, 『춘추』를 통해 도의와 의리의 명분을 알게 하였다.[82] 이 가운데서 『대학』과 『중용』은 가장 중요한 교과로 간주되었고, 이후, 조선 성리학의 학풍에 큰 영향을 미쳤다.

한편 불교계에서는 보조(普照) 지눌(知訥: 1158~1210)이 선(禪) 철학을 완성하여 빛나는 업적을 남겼다. 지눌은 고려 20대 신종과 21대 희종 때 사람으로 속성(俗性)은 정(鄭)이요, 호는 목우자(牧牛子)이다. 8세에 사굴산파(闍堀山派) 종휘(宗暉)에게 출가하여 1182년 승과에 급제하였다.

<그림3-2> 지눌

82) 이문원, 앞의 책, 74-75쪽.

지눌은 그의 「권수정혜결사문勸修定慧結社文」에서, 먼저 불법의 근본처를 설파하여, "일심을 어둡게 하여 끝없는 번뇌를 일으키는 것은 중생이요, 일심을 깨쳐 끝없는 묘용을 일으키는 것은 모두가 부처이다. 어둡고 깨닫는 것이 비록 다르긴 하지만 모두가 한 마음[일심一心]으로 말미암은 것이니, 곧 마음을 떠나서 부처를 구하는 것은 옳지 않다"고 하였다. 그리하여 동료들과 명리(名利)를 버리고 산림에 운둔하여 늘 습정(習定)과 균혜(均慧)에 힘쓸 것을 언약하였다.

또한 지눌은 「수심결修心訣」[마음 닦는 비결]에서, "먼저 개괄적으로 삼계[욕계, 색계, 무색계]의 유혹을 면하려면 부처를 구해야 한다. 부처를 구하려면 부처는 곧 마음이니 마음 밖에 따로 있는 것이 아님을 깨달아야 한다. 색신은 생멸하나 진심은 끊기고 변하는 것 없이 길이 슬기롭다. 자기의 마음을 보지 않고, 마음 이외에 부처가 있고 본성 이외에 법이 있다고 생각하면, 비록 진겁(塵劫)을 다하도록 온갖 고초를 겪더라도 되지 않는다. 마음 밖에서 부처를 이룰 수 없으니, 과거 현재 미래할 것 없이 도를 닦는 데 밖에서 구하지 말라. 심성은 본래 물듦이 없어서 스스로 원성(圓成)하는 것이므로 망령된 인연을 떨쳐 버리면 곧 그것이 여여불(如如佛)이다"라고 하였다. 그러므로 고통과 윤회를 벗어나는 길은 일체 중생이 여래(如來)의 지혜덕상(智慧德相)이 원래 갖추어 있음을 깨치는데 있다.

이처럼 지눌은 당시 승려들이 불교의 수련보다는 명리를 추구하는 데 빠져 있는 것을 보고 참된 구도의 자세를 지닐 것을 역설하였다. 그리하여 불교의 진리인 선(禪)과 교(敎)가 둘이 아님을 주장하여, 선교일치를 주장하였다. 특히 교육의 본질을 불교에서의 돈오(頓悟)인 자각에 두었다. 돈오(頓悟)는 '단박 깨달음'이다. 무엇을 단박에 깨달아야 하는가? 그 깨달음의 상태는 어떠한가?

보통 사람들이 해맬 때는 망상에 사로 잡혀 자기 본성이 참된 부처인 줄 알지 못한다. 자기의 슬기로움이 참 부처인 줄 알지 못한다. 그러기에 늘 마음 밖에서 부처를 찾아 헛되이 헤맨다. 그러다가 어느 날 갑자기 선지식(善知識)에 들어가는 길을 지시함에 한 줄기 빛을 따라 자기 본성을 깨우칠 때, 본성에는 원래 번뇌가 없고 지성이 스스로 갖추어져 있다. 이것은 부처와 다름없다. 바로 이런 사실을 깨우치는 것을 '돈오'라고 한다.

다시 말하면, 자기 본성을 돌이켜보아, 이것이 곧 번뇌가 없고, 그것이 곧 부처라는 깨달음을 돈오라고 한다. 이것은 다른 사람이 '너의 마음이 본래 부처이고 본래 번뇌가 없는 것이다.'라고 가르쳐 주어, 그것을 이론적으로 따져 결론에 도달하는 방법이 아니라, 스스로의 마음을 회광(廻光)하여 보아 진정 고정불변하는 객체로서의 번뇌가 있지 않다는 것을 깨닫는 것이다. 따라서 돈오는 일념(一念)을 돌이켜 반조하는 회광반조(廻光返照)에서 얻어지는 것이다.[83)]

돈오는 자신의 참 자아, 즉 허망한 꿈과 같은 미혹으로 인해 인지하지 못했던 자신의 참 마음을 홀연히 발견하게 됨을 의미한다. 미망에서 깨달음으로의 변화, 꿈에서 깨어남이 즉석에서 일어나기 때문에 '돈오', 즉 갑작스러운 깨침이라 부르는 것이다. 따라서 돈오는 점진적인 과정이 아니라 갑자기 일어나는 하나의 정신적 혁명과도 같다.[84)] 그런데 인간은 습기(習氣)를 지니고 있다. 습기는 인간의 어리석음으로 인해 발생하는

---

83) 송석구, 『한국의 유불사상』(서울: 사사연, 1985), 168쪽.
84) 길희성, 「지눌 선 사상의 구조」, 김형효외, 『지눌의 사상과 그 현대적 의미』(성남: 한국정신문화연구원, 1996) 90~91쪽.

가지가지의 허깨비와 같은 것들로 생각된다. 이런 습기는 하루 아침에 벗기기 힘들다. 그러기에 지속적인 수련과 수양이 요구된다. 비유하자면, 저 산에 금이 가득 묻혀 있는 줄은 알지만, 저 산의 모든 것이 금이 아니고, 금을 캐내기 위해서는 그에 필요한 수단이 있어야 하는 것과 같다. 즉 깨달은 이후의 닦음은 필수적이다. 즉 인간이 이치로 깨달았다 할지라도 그것의 실천을 통하여 '됨'이 중요하다.

이렇게 볼 때, 점수(漸修)는 깨달음 없이 이루어지지 않는다. 깨달음을 밑받침으로 하여 점차적으로 닦음이 진정한 점수이다. 깨달음이 없는 점수는 일시적인 점수이지 영원한 부처의 세계로 들어가는 수행이 아니다. 완전한 부처의 세계에 들어갈 때 증오(證悟)가 된다. 돈오에 습기가 있다면 해오(解悟)에 해당한다. 깨달은 후의 수행인 점수는 어떻게 하는가? 다시 말해 수양의 방법론, 교육의 구체적 단계는 어떻게 이루어지는가?

그것은 정(定)과 혜(慧)라는 두 문밖에 없다. 지눌은 본래의 마음을 '공적영지(空寂靈知)'라고 하였다. 공적은 정이고, 영지는 혜이다. 일심이 공적하려면 정을 닦아야 하고, 영지를 발하려면 혜를 닦아야 한다. 그렇다고 정과 혜, 공적과 영지가 본래 둘이 있는 것이 아니다. 이 둘은 모두 하나의 자성(自性) 위에 체용(體用)의 두 의미로 나누어 본 것일 뿐이다. 결국 정과 혜의 균형 있는 닦음이 중요하다.

이러한 정혜는 두 가지로 구분된다.[85] 자성정혜(自性定慧)와 수상정혜(隨相定慧)가 그것이다. 수상정혜의 정은 수행자가 그 때그때 직면하는 상(相)과 사(事)로서의 번뇌에 꾸준히 대처해 나가는 삼매(三昧; samādhi)이며, 혜는 제법 하나하나에 대하여

---

85) 송석구, 앞의 책 참고.

미혹됨이 없이 그 공(空)을 관(觀)하는 반야(般若; prajnā)를 말한다. 이런 수상정혜의 닦음이 점수의 최상은 아니다.

자성정혜는 자신의 본성 안에 이미 내재하고 있는 정혜를 의미한다. 이는 진심의 체(體)가 지니는 두 측면인 적(寂)과 지(知), 정과 혜를 가리킨다. 그러므로 자성정혜를 닦는다는 것은 이미 우리의 심성 속에 내재한 것을 닦는 것이므로 '닦음 아닌 닦음'이다. 이런 역설적 닦음이야말로 진정한 닦음인 '무념수(無念修)'이다. 그러므로 자성정혜란 일반적 의미의 닦음에 의해서 얻어지는 결과라기보다는 돈오에 의해 이미 자신의 현실로서 자각되는 정혜이다. 지눌은 닦음 아닌 닦음으로서 자성정혜의 자유로운 닦음을 돈오 이후 가장 바람직한 수행으로 보았다.

그런데 지눌의 점수론은 정혜쌍수로 끝나지 않는다. 점수는 자리(自利)를 위해서 뿐 아니라 타리(他利), 즉 모든 중생의 복리를 위해서도 필요함을 역설한다. 따라서 돈오 후 점수는 두 면을 지닌다. 즉 인식과 실천의 괴리를 극복하는 정혜의 닦음과 보살행의 실천이다.

5. 조선시대의 교육

조선시대는, 안향이 주자학을 전래하여 유학을 보급하고 발달시킨 이후, 유학을 국가 교육의 이데올로기로 확립하면서 유학 중심의 교육이 지배하였다. 초·중기에는 성리학에 입각한 도덕 윤리를 교육철학으로 하였고, 후기에는 실용적인 사고가 교육사상으로 대두하였다. 성리학은 선량한 마음인 타고난 본성을 잘 기르는 존양(存養)과 도리를 궁구하여 지식을 확실하게 연마하는 궁리(窮理)를 중시하였다. 따라서 유학 교육의 목적은 윤리도덕에 중점을 두어 착한 사람을 양성하는데 있었고, 그 궁극적 목적은 성현(聖賢)의 자리에 도달하는 것이었다. 교육방법은 성현이 하던 일을 본받는데 있었고, 교육내용은 『소학(小學)』과 『논어(論語)』, 『맹자(孟子)』, 『대학(大學)』, 『중용(中庸)』의 사서(四書) 및 오경(五經)을 중심으로 했다. 특히 우리글인 훈민정음(訓民正音)이 제정·공포되면서부터는 서민교육이 서서히 확대되기 시작하였다.

1) 교육제도

(1) 관학

조선시대 국가의 최고 교육기관은 성균관(成均館)이다. 성균관에는 여러 가지 부속건물이 있는데, 특히 문묘(文廟)와 명륜당(明倫堂)을 중심으로 제사와 교육 기능을 겸비하였다. 교육의 목적은 고급 관리를 배출하는 일이었고, 입학 자격은 과거 시험의 소과에 합격한 생원(生員)과 진사(進士)를 원칙으로 하였다.

왕족의 자제들을 교육시키기 위해 세종 11년에 종학宗學을 설립하였다. 성균관보다 약간 낮은 단계의 관학으로 사부학당[四學]을 서울에 설치하였고, 지방에는 향교를 설치하여 인재를 양성하였다. 지금의 실업 교육에 해당하는 잡과 교육도 있었는데, 각기 소속된 관아에서 자체적으로 교육을 담당하였다.

국가 최고 교육기관인 성균관은 국학, 태학, 국자감, 반궁(泮宮), 현관(賢關) 등 다양한 명칭으로 쓰인다. 이중 반궁은 절반은 물이 흐르는 궁이라는 의미인데, 성균관 터는 반드시 물이 둘러 흐르는 곳을 택하는 것이 전례이다. 대개 동쪽에서 서쪽문 쪽으로 물이 흐르고 북쪽엔 물이 없으므로 반궁이라고 하였다. 현관은 『한서(漢書)』에 "대학은 어진 선비가 되는 관문이다"라는 말에서 붙인 이름이다. 주요 시설로는 가장 중요한 건물인 문묘와 명륜당을 비롯하여, 도서관에 해당하는 존경각, 선현들의 아버지를 모신 사당인 계성사(啓聖祠), 그 이외에도 서리청(書吏廳), 제기고(祭器庫), 포주(庖廚), 식당 등 성균관 운영에 필요한 제반 시설이 갖추어져 있다.

태학인 성균관이 발달한 내력을 보면 다음과 같다.86)

태조 6년(1397) 봄 3월에 태학을 경영하기 시작하였는데, 서울의 동북쪽 모퉁이에 터를 정하고 여흥 부원군 민제(閔霽)에게 명하여 관장하게 하였다. 태조 7년(1398) 가을 7월에 성균관의 문묘를 낙성하였는데, 문묘에 종향(從享)한 제현(諸賢)은 한결같이 중국의 제도를 따랐고, 동국의 제유(諸儒) 종사(從祀)는 고려의 제도에 의거하였다. 성균관에는 지관사(知館事) 이하의 관원을 두었고, 학전(學田)을 두어 자성(粢盛)을 이바지하고 생도를 먹이며 조세와 요역을 면제하여 쇄소(灑掃)와 사

---

86) 『增補文獻備考』「學校考」.

령(使令)에 응하게 하였다. 임금이 문선왕[공자]를 친히 제사지내고자 하여 좨주(祭主) 민안인(閔安仁)에게 전례를 밝게 익히게 하고 악기(樂器)를 수리하도록 명하였다. 또한 명륜당을 문묘 북쪽에 건립하였다. 그리고 성균관 제조(成均館 提調) 정도전·권근에게 4품 이하와 유사를 모아서 경사(經史)를 강습하게 하였다. 이처럼 조선시대는 고려시대와 달리 초기부터 성균관의 규모를 갖추고 국가 인재 양성에 매우 적극적이었다.

한편 사부학당[사학]은 성균관과 교육의 방침과 내용 및 교수법은 거의 비슷하지만 문묘가 없고 규모면에서 작았다.

태조는 즉위 후 임금의 덕을 전국 방방곡곡에 퍼트리려고 향교를 세우고 학생을 모아 경서를 가르쳤는데, 주·부·군·현에 모두 향교를 세우고 학문을 장려하였다. 임진왜란 전까지 향교는 매우 번창했으나 병란이 자주 일어나 국가의 재정이 궁핍해 지면서 쇠퇴하게 되었다. 이에 교육기관으로서 기능은 상실하고 문묘제사를 지내는 형식적 기관으로 전락하게 되었다.

<그림3-3> 경주향교 대성전

그렇다고 하더라도 향교는 교육기관으로서의 역할뿐만 아니라 민간에 도덕적·예의적 향풍을 수립하는 책임도 부여되어 있었다. 즉 교육자를 중심으로 지방의 문화를 지도하고 향상시키는 일로 이는 향교 교관의 임무였다. 예를 들면, 특별강습을

행한다든가, 향음례(鄕飮禮)나 향사례(鄕射禮), 양노례(養老禮) 등 나이 많고 덕행 있는 사람을 모시고 술과 음식을 대접하며 예를 배움으로써 지역 사회를 교화하는 데 중요한 역할을 하였다. 향음례의 절차와 대강을 살펴보면 다음과 같다.[87)]

* 향음주의(鄕飮酒儀)

- 매년 10월에 주현(州縣)에서 좋은 날을 골라서 주인이 나이가 많고 덕행이 높은 사람을 손님으로 맞이한다.
- 그날에 주인이 학당 문밖에서 손님을 맞이하는데, 의식을 돕는 자가 예절을 갖추어 들어오면, 여러 손님이 따라 들어와 마루 위로 오른다.
- 손님이 두 번 절하면 주인이 답하여 절하고 여러 손님이 다 같이 두 번 절하면 예를 행하고 자리에 앉는다.
- 풍악을 울리고 주인이 손님에게 술을 올리면 손님이 주인에게 답하여 잔을 올린다. 술잔을 다섯 차례 돌리고 난 뒤에 손님과 주인이 모두 일어선다.
- 여러 사람이 추앙하고 복종하는 사람 중에서 사정(司正)을 뽑아 다음과 같은 계(戒)를 읽는다.

"우러러 생각하건대, 국가에서 예법에 따라 예교(禮敎)를 숭상하여 이제 향음례를 거행하니 오직 음식을 먹고 마시기 위한 자리만은 아니다. 어른과 어린 아이는 각각 서로 권하고 힘써서 나라에 충성하고 부모에게 효도하며 안으로 집안에 화목하고 밖으로 향당에 친밀하며 서로 일러주고 서로 가르쳐서

---

87) 『增補文獻備考』「學校考」.

혹시라도 잘못된 허물로 인생을 치욕스럽게 함이 없게 하라.”

– 자리에 있던 사람이 모두 처음처럼 두 번 절하고, 손님이 내려서 나오면 여러 손님이 따라서 나오고, 주인이 문밖에서 전송하기를 보통 예식과 같이 한다.

(2) 사학

조선시대에는 관료제도가 발달하면서, 교육의 수요가 더욱 증가하여 사학도 발달되고 번창하였다. 대표적인 사학으로는 서원(書院)과 서당(書堂)이 있다.

서원은 조선 초부터 시작된 새로운 교육 기관이다. 서원은 선현을 존숭하고 교육하려는 두 가지 목적을 지니고 있었다. 즉 학덕이 높은 선현을 제사하고 그 학덕을 본받고 계승한다는 윤리적 측면과 그 학통을 따라 교육한다는 교육적 측면을 지니고 있었다. 퇴계 이황은 서원의 장점을 다음과 같이 말하였다.

> 왕궁 수도에서 전국 각 군에 이르기까지 학교가 없는 곳이 없다. 그런데 서원에서 무엇을 얻을 수 있기에, 중국에서는 서원을 저와 같이 숭상하였는가? 은거하여 뜻을 구하는 선비와 도를 강론하고 닦는 사람들의 특징은 세상에서의 경쟁을 싫어하여 책을 붙들고 한적한 들과 고요한 물가에 숨어 살면서 선왕의 도를 칭송하고 그 덕을 쌓고 그 어진 행동 익히기를 생각하고, 이것을 즐거움으로 여기기 때문에 서원에 나가는 것이다. 국학이나 향교는 서울이나 성곽 안에 있고 학령으로 인한 구속이나 다른 물건에 대한 욕망에 거리낌이 있으니, 서원의 교육과 비교해 볼 때, 공적과 효과가 같다고 할 수 없다. 선비의 배움은 이런 교육환경을 지닌 서원에서 힘

을 얻을 뿐만 아니라 국가가 어진 선비를 얻는 것도 반드시 서원에서 하게 된다면 서원교육은 관학보다 나을 것이다.[88]

서원은 이름난 학자 관료를 숭배하고 청년·자제들을 모아 학문과 덕행을 연마하는 수도장이었다. 그러기에 위치가 한적하여 수양하기에 좋고, 학칙과 학령에 의한 구속이 없어 관학과는 다른 교육적 측면이 있었다. 즉 개인으로서 참된 학문 연구를 할 수 있을 뿐만 아니라 국가적 차원에서도 훌륭한 인재를 양성할 수 있다고 판단하였다.[89]

조선에는 원래 서원이 없었으나 중종 37년(1542)에 주세붕이 풍기군수가 되어 주자학을 도입한 안향을 모시는 백운동서원을 창건하였다. 이에 선비들이 학문하는 마음을 항상 품고 수습하는 곳으로 삼았다. 퇴계 이황이 주세붕을 이어서 군수가 되자 현판을 내리고 책과 토지와 노비를 지원해줄 것을 조정에 요청했다. 명종이 이를 허락하여 백운동서원에 소수서원이란 현판을 내려 주었다. 이후 조선에서는 점차 서원이 성하였는데, 특히 예안의 도산서원과 해주의 소현서원이 두각을 나타냈고, 나중에는 대부분의 주현에서 서원을 쉽게 볼 수 있었다.

<그림3-4> 도산서원

88) 이만규, 앞의 책, 185~1856, 재인용
89) 『增補文獻備考』「學校考」.

그러나 이런 서원에 대한 지원 정책은, 향교의 학생들이 서원이 지닌 분위기를 알고서 공부의 장소를 옮겨가게 되면서 향교가 쇠퇴하는 원인이 되었다. 뿐만 아니라, 특별한 규제가 적다보니 서원에서 모여서 놀고먹기를 일삼는 일이 잦아지게 되고, 군역의 도피처가 되기도 하였다. 자중에는 서원에서 모시는 선현들의 사상적 이념에 따라 당쟁의 원인을 제공하는 등 폐해가 적지 않았다. 이에 고종 8년(1871)에 흥선대원군 이하응은 679개나 되던 서원을 47개만 남기고 모두 헐어 버렸다.

서당은 범계급적인 초등 수준의 교육기관으로 규모와 수준, 성격이 매우 다양하였다. 대개의 경우, 사학과 향교에 입학할 수 있는 수준의 교육을 하였고, 서민의 문자 교육과 마을의 도덕적 기풍 진작 등 교화기능을 지니고 있었다.

<그림3-5> 서당 · 김홍도

설립 종류별로 구분해 보면, 훈장 자신이 자기의 생계나 교육적 취미 상 스스로 설립한 '훈장 자영 서당'과 마을에서 집안이 넉넉한 사람이 자기 집안의 자식 교육을 위하여 훈장을 초빙하여 가르치는 '유지독영 서당', 몇 사람이 자제 교육을 위해 모여서 조합을 만들고 훈장을 초빙하는 '유지조합 서당', 한 마을의 구성원 전체가 조합을 만들고 훈장을 초빙하여 마

을 아이들을 가르치는 '마을조합 서당'이 있었다.

서당은 대개 훈장과 접장, 학동으로 구성되는데, 훈장의 실력은 천차만별이었다. 접장은 훈장이 모든 학생을 다 가르칠 수 없을 때, 연령과 학력이 우수한 학동 중에서 훈장을 대신할 만한 이를 세우는 것이다. 접장은 자신이 훈장에게 배우는 동시에 자기보다 뒤떨어지는 학동을 가르치고 지도 한다.

서당에서 배우는 학과목은 천자문이나 동몽선습, 통감, 소학, 사서, 삼경, 사기 등이 보통이었고, 『춘추』나 『예기』, 『근사록』과 같은 경전을 읽힌 곳은 드물었다. 글을 짓는 수준도 오언, 혹은 칠언 절구 수준이었고 작문 공부를 하지 않은 곳도 많았다. 또한 글씨를 익히는 습자 연습도 필수적으로 이수했다.

이처럼 서당은 초등 단계의 교육을 실시한 곳으로 도덕 윤리 교육과 문자 계몽 교육, 지역민 교육의 차원에서 중요한 역할을 하였다. 동시에 사학이나 향교와 같은 상급학교 진학 준비 교육의 기능도 있었다. 즉 대중적 차원의 학문적 기초를 교육을 통해 보급하는데 기여했다고 판단된다.

서당의 교수법은 '주입식을 타파하고, 연구력을 배양하며, 엄격한 규정을 지키게 하고, 끈기 있는 노력을 다하게 하고, 긴장된 심신을 가다듬게 한다'는 점에서 간명하고 치밀하며 엄밀한 가치가 있었다.[90] 예컨대 '갱신고(更辛苦)'의 경우, 아이들을 가르칠 때 먼저 법을 정하여 교육방법의 합리적 차원을 제시한다. "글은 짧고 간단한 아이들 수준에서 알만한 것을 주고, 반드시 스스로 풀게 하되 급히 풀게 하지 말며, 제대로 이해하지 못하여 맞지 않으면 다시 풀게 하고, 또다시 이해하지 못하여 맞지 않으면 다시 풀게 한다. 두 번 세 번 이해하고 풀

90) 이만규, 앞의 책, 참고.

면 통하지 않는 아이가 없다. 이와 같이 하여 차차 익혀 가면 글을 이해하고 푸는 방법을 알게 된다. 글을 이해하고 풀어나갈 때 반드시 글의 양을 줄여야 하는데, 다섯 줄 정도를 감당할 수 있다면 세 줄 만에 그치고, 점차로 열 줄 이상으로 나아가게 한다. 내일 배울 것은 먼저 살피게 하고, 아이들 수준에 맞는 글을 정하여 통달한 후에 나와서 교육을 받게 하고, 배우기를 싫어하거나 생각하지 않는 아이는 물리치고 꾸짖고 벌하여 반드시 스스로 힘쓰게 한다. 이렇게 하면 어리석고 미련하여 할 수 없는 자는 할 수 없겠지만, 일반적으로 입학한 지 십수년 내에 경서를 통달하지 못하는 아이는 없을 것이다."

'순승척(循繩尺)'의 경우에도 유사한 교육방법적 차원을 보여준다. "반드시 정통하게 외운 후에 가르치고, 통하지 못했으면 물리치고 다시 읽게 하여 다음 날까지 알 게 하고, 다시 제대로 통하지 않은 아이는 반드시 벌하고 미봉책을 쓰지 말아야 한다. 해석까지 외우게 하되 반드시 돌아 앉아 외우게 하며, 배울 때에는 꼭 꿇어앉아 자세를 반듯하게 하고, 글자를 또박또박 짚어가게 하고, 하루 읽는 횟수를 정하고 한 번에 읽는 편수를 정하여 어기는 아이는 벌을 준다. 예를 들어 20편을 읽겠다고 스스로 규정해 놓은 경우, 20편을 못 읽어도 안 되고, 20편을 넘어도 안 된다. 왜냐하면 한번 정한 한도를 넘으면 못 읽는 일도 있어 스스로의 약속을 깨는 결과를 가져오기 때문이다."[91]

2) 과거제도와 학교교육

조선 시대의 과거제도는 고려의 과거제도를 이어서 발전시

91) 『峿堂集』「發蒙正軌」.

켰다. 조선시대 과거에는 문과(文科), 무과(武科), 잡과(雜科)와 문과의 예비시험으로 생원(生員) · 진사시(進士試)가 있었다. 이 중 무과는 조선시대에 새로이 실시된 과거였다. 문·무과와 생원·진사시는 양반들이 많이 보는 시험이었고, 잡과는 중인들이 많이 보았다. 그러나 조선 후기에 와서는 무과가 남발되어 일반 낭인들뿐만 아니라 천인들까지도 많이 응시하였다. 조선시대의 과거 시험은 법제상으로는 천인이 아니면 결격사유가 없는 이상 누구나 과거에 응시할 수 있는 것으로 되어 있었다. 그러나 실제로 신분상 아무런 차별이 없었다고 말하기는 어렵다.[92] 문과나 생원 · 진사시의 경우, 다음에 속하는 자는 응시에 제한을 받았다. '죄를 범하여 영원히 임용할 수 없게 된 자, 소송 기한을 일부러 질질 끌어 어기는 자, 관리가 형벌을 남용하여 피의자를 죽게 한 경우, 공물을 대납한 자, 국가 재정을 횡령한 관리의 아들, 두 번 시집갔거나 행실이 좋지 못한 부녀자의 아들과 손자, 서얼의 자손, 등이 그에 속했다. 향시의 경우, 각 지방별로 치르는 시험이다 보니, '그 도에 살고 있지 않은 자나 현직 관리'에게는 응시 자격이 제한되었다.[93]

시험은 초시, 복시, 전시의 3회로 나누어서 행하여졌는데, 정기적으로 보는 식년시와 경사가 있을 때 보는 특별시가 있었다. 생진과[생원 · 진사시]는 소과라고도 하는데, 합격자는 성균관에 입학할 수 있는 자격과 하급문관에 등용될 수 있었고, 문과의 응시자격을 부여하였다. 문과는 고급문관의 등용 자격시험으로 대과라고 하며, 오늘날의 고등고시와 비슷하다. 무과는 용호방이라고도 하며, 소과와 대과의 구분이 없이 단일과이다.

92) 이성무, 앞의 책, 참고.
93) 『經國大典』「禮典」.

잡과는 기술직의 관리 등용 자격시험으로, 잡직에 근무하는 중인 계급의 자제를 대상으로 응시케 하였다.

시험문제는 시관들이 이른 새벽에 한 자리에 모여서 상의하여 출제하였다. 이미 출제되었던 문제나 명나라에 저촉되는 글, 집권자를 비방하는 문제를 냈을 때는 시관을 인책·유배하였다. 또한 과거 시험 답을 쓰는 데에 일정한 양식이 있는데 그것에 어긋나면 합격할 수 없었다. 예를 들면, 생원·진사시의 답안은 반드시 정자체인 해서(楷書)로 작성해야 하고, 노장사상이나 불교, 또는 순자(荀子), 음양서(陰陽書) 등 이단의 학설을 인용 말아야 한다. 또한 붕당(朋黨)을 언급해서도 안 되고, 국왕이나 역대왕의 이름을 범해서도 안 되며, 신기하고 기괴한 문자를 쓰지 말아야 했다. 특히 책문(策問)에서는 먼저 시제(試題)를 베껴 쓰고 초·중·종장의 첫 머리에 '신이 엎드려 해독해 보건데[臣伏讀]'라는 세 글자를 써야만 한다. 그리고 출제된 문제와 자획이 다르거나 한 자라도 빠뜨리면 안 된다. 이렇게 하여 시험에 합격할 경우, 생원·진사는 입격(入格)이라고 하고, 잡과는 출신(出身)이라고 하며, 문·무과는 급제(及第) 또는 출신(出身)이라고 하였다.

과거제도는 국왕이 모든 백성들에게 응시자격을 주어 유능한 관리를 뽑아 쓰기 위한 제도적 장치로 다음과 같은 몇 가지 특성을 지니고 있다.

첫째, 과거는 전제 왕권 확립을 위한 수단으로 운영된 제도이다. 즉 군현제라는 정치체제에서 왕이 모든 지역을 직접 다스릴 수는 없었다. 특히 지방에 관료를 파견하여 직접 통치하는 중앙집권적인 통치방식을 취해야 했다. 이 때문에 관료들이 필요하였다. 과거는 바로 국왕이 이러한 관료들을 선발하는 국가시험 제도였다.

둘째, 과거제도는 능력주의에 바탕을 둔 개방적 선발 방법이다. 관료나 관리를 선발하는 데는 두 가지 큰 기준이 있다. 혈통과 능력, 혈통주의는 기득권층의 특권을 보장해주는 폐쇄적인 관리 선발 방법이었다면 능력주의는 능력 있는 신료를 확보하는 개방적인 관리 선발 방법이었다. 신분사회에서의 음서제나 과전제 등을 개혁하고, 능력 있는 새로운 관료들을 선발함으로써 국가의 발전을 꾀하였다.

셋째, 과거제도는 문치주의(文治主義)와 관련이 깊다. 즉 문신이 국가의 정치를 주도하는 문치주의를 기초로 형성되었다. 특히 문과, 무과, 잡과 중 문과가 가장 중시되었다. 그러므로 문과에는 예비시험인 생원·진사시가 특별히 있었고, 이른바 관학인 성균관, 향교, 사학은 이 문과를 준비하기 위한 교육기관이었다.

넷째, 과거제도는 신분사회의 제약을 반영하고 있었다. 노비나 천인은 과거에 응시할 수 없었다. 서자도 마찬가지였다. 일반 백성들은 과거에 응시할 수 있었으나 실제적인 경제적 여건이나 교육환경 등의 제약 때문에 오랜 동안 걸리는 과거 시험 준비에 불리하였다. 그러므로 사실 양반을 끊임없이 재생산하는 계급 질서 유지의 수단으로 기능하였다.

교육은 앞에서 본질을 논의할 때 언급한 것처럼, 본질적 가치와 수단적 기능, 교육 목적의 내재설과 외재설이 늘 함께 한다. 교육은 그 자체가 목적이기도 하지만 수단이기도 하다. 과거제의 경우 수단적 가치로서 인재선발이라는 목표를 지향한다. 이것은 유학 자체의 이상이자 목적인 성인군자의 양성에 비해 수단적 가치에 치중해 있다. 그러나 유학은 치자(治者; 관료)가 바로 군자라는 인간상을 전제로 성립하는 학문이다. 따라서 교육의 목적과 수단은 명확하게 분리될 수 없다.

총체적으로 볼 때, 과거제도는 다음과 같은 교육양식을 지향했다고 판단된다.

첫째, 국가의 교육은 기본적으로 '과거'를 통해 인재를 양성하기 위한 수단적·외재적 가치에 무게 중심을 두고 설정되었다.

둘째, 과거의 종류에 따라 과목을 규정함으로써 교육의 내용을 제한하여 전공 영역의 발달을 지향했다.

셋째, 한계는 있지만 형식적으로라도 응시자격을 개방하고 능력에 따라 인재 선발할 수 있도록 했다.

넷째, 과거제도 자체가 유학을 중심으로 설정되어 한국교육의 형식적·제도적 발전이 유학교육에 치중하고 있다.

과거로 인재를 선발하는 제도를 개인적 차원과 사회적 차원으로 나누어 보면 다음과 같이 이해할 수도 있다.[94] 개인적으로는 공개경쟁을 통해 입신양명하는 통로이다. 사회적으로는 사회에 본보기를 제시하고 사회의 각 부문과 영역에서 이 본보기를 따르도록 하는 작업이기도 했다. 즉 유교 경전에 파묻혀 있는 관념적 이상형이 아닌, 실존하는 모범적 인간형을 선보이고 이에 따르도록 하는 사회교육적 성격을 지녔던 것이다.

3) 교육 법규

조선시대는 교육 기관이 발달하면서 다양한 교육 법규가 나타났다. 조선조 통치의 기본 법전인 『경국대전』「예전(禮典)」에는 여러 부류의 과거시험 규정을 비롯하여 교육과 관련한 다양한 규정을 마련하고 있다.[95]

94) 김경용, 과거제도와 한국 근대교육의 재인식』(서울:교육과학사, 2003), 310쪽.

95) 『經國大典』「禮典」.

또한 최고 교육기관인 성균관에서는 학령(學令)을 마련하여 학생들의 일과, 성적, 벌칙 등을 규정하였다. 이외에 대부분의 교육기관은 '학령'을 기준으로 각 교육 기관의 규모와 상황에 맞게 응용한 것으로 보인다. 학령은 다음과 같이 규정하고 있다.

> 매월 초하루 날에 유생들은 관대를 갖추고 문묘의 뜰에 나아가 알성하여 사배례(四拜禮)를 행한다.
> 매일 공부할 때에, 학관(學官)이 명륜당에 가지런히 앉으면 유생이 읍례 행하기를 청한다. 북을 한번 울리면 유생들이 차례로 뜰에 들어와서 읍례를 행하고, 마치면 각각 재[기숙사]의 앞으로 나아가서 서로 마주 보고 읍하고 재로 들어간다.
> 다음에는 유생이 학관 앞에 나아가서, 읽은 책 중에서 추첨하여 강독을 시험하는 일강(日講) 행하기를 청하고, 상재·하재에서 각각 1인씩을 뽑아 읽은 글을 강한다. 통(通)한 자는 세초(歲初)에 획수를 통틀어 고찰하고 과거를 보는 식년에 강서(講書)한 획수를 합계하며, 통하지 못한 자는 벌을 주어 초달(楚撻)한다.
> 북을 두 번 울리면 유생들은 읽은 책을 가지고 각각 사장(師長)에게 간다. 먼저 이전에 배운 내용 중 어렵고 의심스러운 것을 묻고 토론하며 분변한 뒤에 새로운 내용을 배운다. 많이 배우기만을 힘쓰지 말고 정밀하게 연구하는 것이 중요하며, 혹시라도 책을 대함에 흐리멍텅하거나 꾸벅꾸벅 졸아서 가르침을 받는데 유의하지 않는 자는 벌한다.
> 유생들의 독서는 먼저 의리(義理)를 밝히고 만변(萬變)에 통달해야 한다. 모름지기 장구(章句)에 빠져들어 글 자체에 갇혀서는 안 된다. 항상 사서(四書)·오경(五經) 및 제사(諸史) 등의 글을 읽으며, 노자(老子)·장자(莊子)·불경과 같은 잡류(雜類)와 백가자집(百家子集) 등의 책을 끼고 다녀서는 안 되며, 어기는 자는 벌한다.
> 매월 실시하는 제술(製述)은 초순에는 의의(疑義) 혹은 논(論)으로 하고, 중순에는 부(賦)·표(表), 혹은 송(頌)·명(銘)

·잠(箴)으로 하며, 하순에는 대책(對策), 혹은 기(記)로 한다. 그 체제는 모름지기 간결하고 엄격하며, 정밀하고 절실하게 말을 전달하는 것을 요할 뿐이요, 험벽하고 기괴함을 일삼지 말아야 한다. 만일 당시의 문체를 변경하고 부미(浮靡)한 것을 주창하여 인도한 자는 퇴출하고 글씨를 쓴 것이 바르지 못하면 또 벌한다.

유생들이 강경(講經)·구두(句讀)가 자세하고 분명하며 의론이 정통하고 활달하여 한 책의 강령과 뜻을 모두 포괄하여 종횡으로 여러 책을 넘나들면서 융회 관통하여 완전하다는 경지에 이르면 '대통(大通)'이라 한다. 비록 완전히 다하는 경지에 이르지 못하였어도 구두가 자세하고 밝으며 의논이 정통하고 활달하여 한 책의 강령과 의미를 모두 포괄하여 융회 관통한 것을 '통(通)'이라고 한다. 비록 융회 관통함에 이르지는 못하였더라도 구두가 자세하고 밝으며 해석한 뜻이 정통하고 활달하여 위와 연결되고 아래와 접하여 능히 한 장의 큰 뜻을 얻는 것은 '약통(略通)'이라 한다. 구두가 자세하고 명백하며 해석한 뜻을 분명히 깨달아서 한 장의 큰 뜻을 얻었지만 의논이 다하지 못함이 있으면 '조통(粗通)'이라 한다. 이것 이하는 벌한다.

유생들이 성현을 논하는 것을 숭상하지 아니하고 혹은 형이상학적인 이야기를 좋아하여 이전의 현인들을 헐뜯고 조정의 정사를 비방하며, 혹은 재물이나 이익, 뇌물을 상의하고 주색(酒色)을 이야기하며 혹은 때에 따르고 세(勢)에 아부하여 벼슬에 나아가기를 꾀하는 자는 벌한다.

유생들이 죄를 지어서 오륜을 범하거나 혹은 예절을 잃어 행실이 어그러져 몸과 명예를 더럽힌 자가 있으면 유생들이 통지하고 의논하여 북을 울리며 성토하고, 심한 자는 종신토록 태학에 함께 참여하지 못하게 한다.

유생들이 혹 재주를 믿고 스스로 교만하거나 권세를 믿고 스스로 귀하다고 하거나 부를 믿고 스스로 자랑하면서 젊은이가 어른을 능멸하고 아랫사람이 윗사람을 능멸한 자와 혹은 호걸스럽고 사치스런 것을 숭상하여 복식이 남들과 어긋나거나 혹은 교묘한 말과 어여쁜 얼굴색으로 사람들을 기쁘게 하려고 힘쓰는 자는 내치되, 힘써 배우고 행실을 고치면 바로 중지한다.
유생들 가운데 나그네처럼 들락날락하며 국고만 허비하면서 수업도 안 하고 제술도 안 하며 글 읽기를 좋아하지 않는 자와 길을 가면서 말을 타고 다닌 자는 아울러 엄금하여 위반한 자를 벌한다.
매월 초 8일과 23일은 유생들이 의복 세탁을 청하여 알리면 허락한다. 그날은 모름지기 예전에 배운 것을 익히고 활쏘기와 바둑·장기·사냥·낚시 등 여러 가지 놀이는 못하게 하며, 어기는 자는 벌한다.
유생들은 길에서 사장(師長)을 만나면 몸을 보이고 길의 왼쪽에 서서 예를 갖춘다. 사장(師長)이 말을 타고 지나가는 데 유생들이 몸을 숨기거나 얼굴을 가리고 예를 행하기 꺼려하는 자는 벌한다.
매일 날이 밝기 전에 북이 한 번 울이면 유생은 자리에서 일어나고 밝아질 무렵 북이 두 번 울리면 의관을 정제하고 단정히 앉아서 글을 읽는다. 북을 세 번 울리면 차례로 식당에 나아가서 동쪽 서쪽으로 마주 향하여 앉아서 식사를 한 후 차례로 나온다. 차례를 지키지 않거나 떠드는 자는 벌한다.
유생으로 조행(操行)이 뛰어나고 재예(才藝)가 출중하며 시무에 통달한 자가 있으면, 한두 사람을 매년 세초에 유생과 같이 의논하여 천거해서 학관에게 알리고 뽑아 쓰게 한다.[96]

이외에도 다음과 같은 교육 관련 법규가 유명하다. 소학을 교육의 기초로 하여, 생원시 등에 소학을 시험과목으로 부과하자는 규칙으로 권근이 주장한 「권학사목」이 있고, 사학 교사를 관학에 채용하는 것과 아동을 강제로 관학에 옮기는 일이 없도록 규정한 법규인 「향학사목」이 있다. 이외에도 과목에 대한

96) 『增補文獻備考』「學校考」

진급과 학습할 과목 순서를 정해 놓은 것으로 학과를 9개로 편성한 「구재학규」도 있고, 신입생, 결석생, 서루, 학과, 자격 등에 관한 규칙인 「학교절목」, 학업이나 출결 상황 등 성적을 점수로 평가하는 「제강절목」과 「원점절목」이 있다. 서울 이외의 학교에서 교사의 채용, 교과목 입학, 성적고사, 상벌 등에 관한 학규인 「경외학교절목」도 있다. 특히, 율곡 이이가 제시한 것으로는 교사와 학생에 관한 인사문제를 규정한 「학교사목」과 학생 수양에 관한 상세하고 구체적인 훈규인 「학교모범」도 있다.

4) 조선 초·중기 성리학적 교육사상의 흐름

조선시대는 유학의 황금시대인 만큼 유명한 교육사상가들이 많이 배출되었다. 대부분이 성리학(주자학)을 신봉한 교육사상가들이었다. 성리학은 11~12세기 중국에서 발달한 유학으로 소강절(邵康節, 1011~1077)·주렴계(周濂溪, 1017~1073)·장횡거(張橫渠, 1020~1077)·정명도(程明道, 1032~1085)·정이천(程伊川, 1033~1107) 등, 이른 바 북송오자北宋五子의 사상을 주자(朱子, 1130~1200)가 종합적으로 집대성한 학문 체계이다. 이를 공자와 맹자의 원시유학에 대해 신유학(新儒學; neo-confucianism)이라고도 한다. 조선은 바로 이 성리학, 신유학을 국학으로 삼아 건국한 나라였다. 이때, 결정적으로 활동한 학자가 정도전과 권근이었다. 그 후 조광조, 이언적, 서경덕, 조식, 이황, 이이 등 한국 유학의 거목들이 쏟아져 나왔다.

조선 초·중기, 특히 임진왜란 이전의 조선 유학은 사회적 상황이나 사상가에 따라 나름대로의 특징을 지니고 있다. 조선 초기의 경우, 유학 이념은 혁명론(革命論)과 강상론(綱常論)으로 대별할 수 있고, 16세기 이후에는 도학(道學)과 리기학(理氣學), 예학(禮學) 등 강조점에 따라 색다른 유학의 면모를 보인다.97) 혁명론은 조선 왕조의 건국을 정당화하기 위해 제왕(帝王)에게 부여한 천명天命을 변혁한다는 의미를 지니며, 강상론은 인간의 성품에 부여된 천명에 따라 올바른 삶의 기준과 실천을 제시하는 작업이다. 이런 대립과 홰의 과정이 다양한 변형을 보이며 조선사상상의 흐름을 이루었고, 교육으로 직결되었다.

앞에서도 언급했지만, 유학의 목표는 간단히 표현하면, 수기치인(修己治人)이다. 즉 수신제가치국평천하(修身齊家治國平天下)를 실현하기 위한 교육적 장치이다. 먼저 자기 몸을 닦고 타인을 다스린다는 과정으로 볼 때, 교육은 수기인 동시에 치인이다. 이중에서도 수기가 본질을 차지한다. 그러기에 유학을 한 마디로 요약할 때 '위기지학(爲己之學)'이라고 한다. '자기를 위하는 학문' 이는 다른 사람에게 보이기 위한 가식적이고 허례허식적인 학문이 아니라 자신의 진실한 삶을 위하여 내면적 주체의식을 기르는 참 공부를 말한다. 그렇다고 유학은 자신만을 수양하는 작업에 그친 것이 아니다. 그것은 철저하게 타자에게로 다가가기 위한 인간의 자기 구제 장치였다. 타자에게 다가갈 때, 즉 타인에 대한 이해와 관심, 배려의 차원으로 승화할 때, 수기와 치인은 자연스럽게 연결된다. 여기에서 유학은 위기지학에 터하여 성기성물(成己成物)이나 내성외왕(內聖外王)의 단계로 나아가 학문적 완성을 꾀한다.98)

특히 유학은 인간의 '본성이 착하다'는 맹자(孟子)의 가정 아래, 착한 마음을 가다듬어 타고난 그대로 유지하려는 존심양성

97) 금장태, 『한국유학사의 이해』(서울: 민족문화사, 1994) 참고.
98) 신창호, 앞의 책, 『수기,유가 교육철학의 핵심』 참고.

(存心養性)을 중시하였다. 이것이 수기의 기본 바탕이기 때문이다. 그리고 이 수기를 근본으로 하여 세상의 이치와 우주의 근본 원리, 하늘과 인간의 관계 등을 깨우치기 위하여 배우고 생각하는 궁리窮理에 열중했다. 요약하면 유학은 존양(存養)과 궁리(窮理), 두 가지 목표를 지니고 있었다. 이 목표는 결국 성현(聖賢)을 본받아 힘쓰는 작업이었다. 그러므로 성리학은 성현을 본받아 배우고 수양하는 체계적 학문으로 이해할 수 있다. 성인(聖人)은 인간 본래의 성품을 다하는 사람이요, 자기를 완전히 실현하는 사람이다. 유학의 교육이념은 바로 이를 실현하는 기준이었다.

조선조는 이와 같은 성리학을 지도 이념으로 삼았으므로 교육도 이런 관점에서 이루어졌다고 볼 수 있다. 조선조 건국의 사상적 주역으로 볼 수 있는 정도전과 권근의 사유를 보면 좀 더 명확한 관점을 인식할 수 있다.

정도전은 『조선경국전(朝鮮徑國典)』과 『경제문감(經濟文鑑)』 등의 저술을 통해 유학 이념에 기반을 둔 사회제도의 구성을 제시하면서 다른 한편으로는 『심기리편(心氣理篇)』과 『불씨잡변(佛氏雜辨)』 등의 저술을 통해 불교적 전통질서를 개혁할 수 있는 비판적 이론을 제시하여 유학의 정당성을 확립하였다. 사상적으로 성리학에 기초하면서 사회적으로는 도학(道學)의 경세론을 분명하게 제시한 것이다.[99] 즉 고려 말 조선초의 사상적 패러다임의 전환 속에서 새로운 사유를 성숙시킨 것으로 새로운 왕조의 우주론적·인식론적 기저를 구축하였다.[100] 특히 정도전은 "학교는 교화의 근본이다. 인륜을 밝히고 인재를 양성해야 한다. 뿐만 아니라 정치를 잘하고 못하는 것도 학교의 교

99) 금장태, 앞의 책, 『한국유학사의 이해』 참고.
100) 김용옥, 『삼봉 정도전의 건국철학』(서울: 통나무, 2004) 참고.

육이 잘 이루어지느냐 아니냐에 달려 있다"라고 하여, 교육이 인륜을 밝히고 인재를 양성하는 데 있고 정치 또한 교육에 달려 있음을 분명하게 제시하였다.

권근의 경우, 고려 말 조선 초의 유불사상교체기에서 경학(經學)이라는 유학의 본체적 문제를 다루었다. 조선 교육학의 기초라고 볼 수 있는 『입학도설(入學圖說)』과 체용론적(體用論的) 구조와 천인상응론(天人相應論)의 관점을 잘 보여주는 『오경천견록(五經淺見錄)』은 성리학의 이념체계를 기초로 조선사상사의 선구가 되었다. 특히 "인재는 국가의 생명을 좌지우지하는 것이다. 성현의 가르침은 인재를 양성하는 가장 중요한 기준이다. 인간의 착한 본성을 잘 보존하고 확충하여 성현의 가르침으로 잘 배양하여 훌륭한 덕을 이루어야 한다. 인재가 융성하여야 왕의 교화가 아름답게 되고 세상의 도를 옳게 만들 수 있다"라고 하여, 유학의 교육이념을 충실하게 주창하였다.

조선 건국의 사상적 기반이 된 두 선각의 교육적 사유는 크게 보면, '인재 양성'에 집중되어 있다. 그것은 바로 유학의 성현과 같은 훌륭한 리더십(leadership)을 지닌 존재의 교육을 의미한다. 이후 조선 유학은 이들의 사유를 바탕으로 상황에 따라 자신의 학설을 확충해나간 교육의 역사로 볼 수 있다.

유학이 우리나라에 들어오면서부터 교육의 목적에는 두 가지 유형이 나타나기 시작했다. 하나는 성인·군자(聖人·君子)를 목표로 하는 '이상주의적 도덕파(理想主義的 道德派)'라고 할 수 있고, 다른 하나는 경학(經學)을 배워서 과거에 응시하여 관리로 등용되는 것을 유일의 목표로 삼는 '현실주의적 관료파(現實主義的 官僚派)'라고 하겠다. 조선조는 이와 같은 두 갈래의 교육 목적에 대해 처음에는 교육의 현실과 이상을 조화시키려고 노력했다. 그러나 중기 이후부터는 관료파의 과거교육이 지나칠 정도로 성하여 자체 반성이 일어나기도 했다.101)

앞에서 살펴본 것처럼 수기치인이라는 측면에서 볼 때, 유학은 교육의 과정을 최우선에 놓을 수밖에 없다. 유학의 주요 경전인 『소학』과 『대학』의 관계를 보아도 그렇고 유학의 이론 체계, 교학 방법을 보아도 교육은 가장 중요한 것이었다. 따라서 유학은 숙명적으로 교육학이 될 수밖에 없으며 모든 유학사상은 궁극적으로는 교육철학이고, 또 모든 유학자는 교육학자였던 것이다.102)

(1) 정도전

정도전(鄭道傳, 號는 三峰; 1342~1398)은 고려 불교를 누르고 조선 성리학을 부각시킨 결정적인 인물이다. 즉 『불씨잡변』을 통해 고려 말 척불론(斥佛論)의 집대성을 이루었다. 그러나 정도전 사상의 핵심은 역시 『심기리(心氣理)』와 『심문천답(心問天答)』에 있다.103) 심기리편은 유・불・도 삼교가 서로 논란하는 형식을 취하여 결론적으로 유교가 불・도보다 합리적이고 민생세무(民生世務)에 유익하다는 것을 분명히 하기 위해 미리 목적의식을 갖고 그에 부합하는 방향으로 유도된 글이다. 심(心)을 불교를 대표하는 개념이고 기(氣)는 도교를 대표하는 개념이다. 여기에서는 먼저, 심난기(心難氣)와 기난심(氣難心) 두 편을 써서 불교와 도교가 서로 공박하게 함으로써 서로의 약점을 드러나게 하였다. 다음으로 리유심기편(理諭心氣篇)을

---

101) 손인수, 앞의 책, 『교육사 교육철학 연구』 참고.

102) 정순목, 「한국 유학과 인간교육의 문제」, 윤사순 외, 『孔子사상의 발견』 (서울: 민음사, 1992) 참고.

103) 김충렬, 앞의 책, 『고려유학사』 참고.

<그림3-6> 정도전

써서 불·도 이교(二敎)의 그릇을 바르게 보완할 수 있는 정도(正道)로서 유학을 표출하고 있다.

또한 『심문천답』에서는 착한 삶이 복을 받고, 악한 사람이 화를 입는다는 복선화악(福善禍惡)의 이치가 일시적으로는 맞지 않는 경우가 있지만, 궁극적으로는 맞는 것이므로 꾸준히 선을 행하여 복을 기다려야 한다는 철학적 내용을 담고 있다. 이것의 기본 논리는 유학의 리기론적(理氣論的) 천인감응설(天人感應說)을 밑바탕에 깔고 있어, 하늘과 인간은 기가 상응하여 인간이 죄악을 저지를 때에는 하늘의 기를 손상하여 하늘이 떳떳한 도리를 잃고 복선화악의 법칙도 일시적으로 어그러지는 수가 있지만, 천리가 다시 안정되면 하늘이 다시금 떳떳한 도리를 되찾아 인간을 지배하게 된다는 것이다. 즉 인간 사회를 주재하는 천리(天理)의 우위성을 인정하여 불교의 숙명론적인 인과응보설을 비판한 것이다.[104)]

정도전의 사상은 어떠한 경우에도 인간의 삶을 바람직한 방향으로 바꾸어내기 위한 실천적 관심이 중심 또는 근저에 놓이는 형태로 형성되어 있다.[105)] 이는 진정한 유학자의 탄생을

104) 한영우, 『정도전사상의 연구』(서울: 서울대출판부, 1997), 33쪽.

고대한다. 진정한 유학자[眞儒]에 의한 사(士)·관(官)일치 사상이 뒷받침되기 위해서는 사의 양성과 사의 엄정한 선발이 문제되지 않을 수 없다. 인간은 태어나면서 사가 되는 것은 아니요 후천적인 수양과 교화에 의해 진유의 인격이 형성되기 때문이다. 여기에서 교육과 입관(入官)제도의 확립이 요청되는 것이다. 이처럼 교육과 관직에 나아가는 일이 유기적으로 연결되어야 한다는 생각이 정도전의 기본 철학이었다.[106)]

정도전은 주대(周代)의 교육 및 관료선발제도를 가장 훌륭한 것으로 인식했다. 능력과 자질이 뛰어난 자를 사(士)로 선발하여 수준 높은 리더십 교육을 받은 다음 관리로 나가게 했던 것이다. 관리를 양성하는 고등교육을 위해서는 학교가 설치되어야 한다. 정도전의 교육에 대한 생각은 앞에서도 지적했듯이 다시 강조하면 다음과 같다.

> 학교는 교화의 근본이다. 인륜을 밝히고 인재를 양성해야 한다. …… 뿐만 아니라 정치를 잘하고 못하는 것도 학교의 교육이 잘 이루어지느냐 아니냐에 달려 있다.[107)]

정도전은 교육에서 주대와 마찬가지로 서민 이상 신분의 교육참여의 기회를 넓히고 인재양성을 위한 학교라는 제도의 확립을 강력히 희망하였다. 따라서 정도전은 수령의 임무 중에서 학교의 진흥을 중요한 임무의 하나로 설정하였다.[108)] 이는 교육과 관리 선발, 즉 인재 양성과 인재 등용이 유기적으로 연관

---

105) 유초하, 「정도전의 사회 윤리사상」, 한국공자학회 편, 『정도전 사상 연구』(서울: 유림문화사, 1993) 87쪽.

106) 한영우, 앞의 책, 『정도전사상의 연구』, 125쪽.

107) 『三峰集』.

108) 『經濟文鑑』.

되는 작업으로 조선 건국과 더불어 교육의 중요성을 설파한 것으로 이해된다. 이른바 '교육입국(敎育立國)'의 선포에 다름 아니다.

역사적으로 볼 때, 교육은 문자 지식의 보급과 더불어 급속히 확산되었다. 조선 건국을 주도했던 정도전도 이를 정확히 간파했다. 그러기에 학업에 뜻을 둔 사람은 누구나 독서하고 자습할 수 있도록 활자의 주조와 서책의 출간을 강조하였다.[109)]

사(士)가 된 사람은 비록 향학심이 있어도 책을 구할 수가 없으니 이를 어찌할 것인가. 우리나라는 서적이 귀하여 학자들이 모두 독서가 넓지 못한 것을 한탄해 왔다. 나도 또한 이를 오래 전부터 걱정하여 왔다. 그래서 서적포를 설치하고 활자를 주조하여 경사자집(經史子集)에서 의학(醫學)이나 병률(兵律)에 이르기까지 인출(印出)하지 않는 것이 없게 하여 학문에 뜻을 둔 사람은 누구든지 독서할 수 있게 함으로써 만세지탄(晩歲之歎)을 면해 보고 싶은 생각이 간절하였다.[110)]

서적의 보급은 교육을 진흥할 수 있는 중요한 수단이다. 정도전은 국가의 건설과정에서 국가의 기반이 될 인재양성을 위한 다양한 방안으로 스스로 공부할 수 있는 서적의 발간과 보급을 고민하였던 것 같다. 이것은 이후 조선 사회의 서적 발간의 기초가 되고 교육을 진흥하는 데 결정적으로 기여했다고 판단된다.

---

109) 한영우, 앞의 책, 『정도전사상의 연구』, 128쪽.
110) 『三峰集』

(2) 권근

권근(權近, 號는 陽村; 1352~1409)은 조선 유학의 터전을 닦았고, 학문 연구, 특히 성리학적 유학의 신기원을 열어놓은 선구적인 학자이다. 그의 유학은 오경(五經)과 사서(四書)를 나란히 중시하여 유학 일반을 골고루 연구할 수 있는 원통박대(圓通博大)한 터전을 열어놓았다. 또한 학문 취향은 분석과 종합을 겸하여 정심(精深)하면서도 웅혼(雄渾)한 설계를 꾀하였다. 특히 선현들의 기성학설에 구애받지 않고 스스로 깨달아 얻음을 귀히 여겨 창조적이고 발전적인 학풍을 세웠다.[111] 권근은 무엇보다 순수 성리학의 연구라는 관점에서 볼 때, 여말 선초를 대표한다. 이는 정도전이 정치와 관련된 시각에서 성리학을 연구함으로써 성리학의 관학화에 힘을 기울인 것과는 좋은 대조를 이룬다.[112]

앞에서도 언급한 것처럼, 권근은 "인재는 국가의 생명을 좌지우지하는 것이다. 성현의 가르침은 인재를 양성하는 가장 중요한 기준이다"라고 하였다. 이는 국가의 번영이 인재의 양성에 있으며, 성현의 가르침인 교육을 하루도 중단할 수 없음을 암시한다. 이때의 교육은 물론 유학, 성리학에 기초한 것이다. 유학을 전제로 하는 교육은 인간의 행동규범을 밝히는 데 목적이 있다. 특히 권근은 가깝고 작은 것을 먼저하고 멀고 큰 것을 나중에 하여 어린 시절에는 청소나 응대에 익숙하게 하고 어른이 되어서는 예의나 염치에 힘쓰며, 몸·마음·일·물건·인사에 당하여 자신의 임무를 다할 수 있도록 하는 데 교육의 요지를 두었다.[113] 이는 성리학이 제시하는 교육의 대강(大綱)을 잘 정

111) 김충렬, 앞의 책, 『고려유학사』; 금장태, 『한국유학사의 이해』 참고.
112) 황의동, 『한국의 유학사상』(서울: 서광사, 1992) 참고.
113) 이만규, 앞의 책 참고.

리한 사유의 표본이다. 권근의 교육적 주장은 이러하다.

> 성현의 가르침에는 차례가 있다. 먼저 가깝고 작은 것을 전하고 뒤에 멀고 큰 것에 미친다. 어릴 때에는 일상생활에서 청소나 응대를 잘하는 것을 익히고 어른이 되면서 예의나 염치에 힘쓰고, 안으로는 부모·형제를 섬기고 밖으로는 사회의 어른을 섬긴다. 올바로 정리된 훌륭한 글을 익히고 몸과 마름 일과 물건을 제대로 경험하여, 부모와 자식, 임금과 신하, 부부, 아이와 어른 등 저마다 맡은 임무를 다하지 않을 때, 인륜을 제대로 가르치고 풍속을 아름답게 할 수 있도록 성인의 가르침을 훈육해야 한다.[114]

이런 자신의 생각을 실천하기 위해, 권근은 '인륜(人倫)'에 대해서 기술한 저작인 『소학』을 높이 평가하고, 학문하려는 사람이 제일 먼저 읽어야 한다고 강조했다. 뿐만 아니라 정치를 할 때 민중 교화가 가장 중요하다는 사실을 깨닫고 인재를 배양하는 학교를 세우는 일의 중요성을 새삼 강조하였다. 학교 설립의 목적은 당연히 인륜을 밝히는 데 있다. 그러기에 정치가는 중앙에서 지방에 이르기까지 인륜을 두텁게 하고 풍속을 아름답게 이루기 위해 학교를 세워야 한다고 주장했다.[115]

특히 그의 『입학도설』은 『논어』와 『맹자』에 대해서는 짤막한 대지(大旨)만을 밝히고, 『중용』과 『대학』에 관해 주로 탐구하고 있다. 여기에서 주장한 성(誠)과 경(敬)은 이후 조선 유학에서 수양론의 핵심이 되었을 뿐 아니라 사람됨의 표준으로 여겨졌다.[116] 이는 유학 교육의 기본 내용을 일러준 주요한 공헌이었다. 또한 도식과 그림으로 유학교육을 알기 쉽게 풀이한

114) 『陽村集』
115) 한기언, 『한국사상과 교육』(서울: 일조각, 1973), 209~220쪽.
116) 김충렬, 앞의 책, 『고려유학사』 참고.

점은 교육방법, 교수방법상 수작으로 평가된다. 40종에 이르는 도표는 요점을 요약 제시하고, 내용을 분석하고, 류별을 명시하고, 체계를 정연히 하고, 복잡한 것을 간명하게 만들고, 상상을 실제화하고, 형상을 실물로 드러냈으며, 수량을 직감적으로 파악할 수 있게 하였다.[117)]

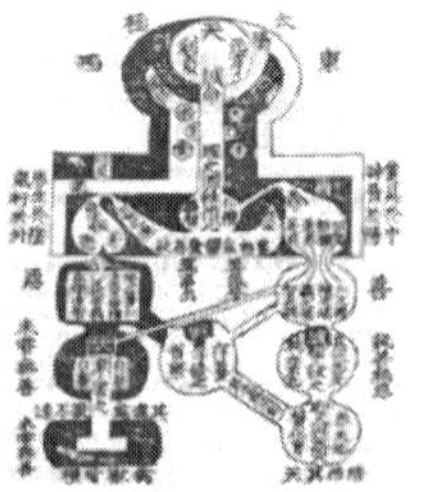

<그림3-7> 입학도설<천명도 삽입>

이러한 『입학도설』의 교육적 사유는 이후에 전개되는 유학교육의 기초가 되고 인간의 심성과 수양에 대한 연구를 활발하게 하는 계기가 되었다고 판단한다. 더구나 유학의 교육철학을 체계적인 도설로 정리했다는 점에서 조선교육사상사의 선구로 자리매김하는 데 손색이 없다고 할 수 있다.

(3) 조광조

조광조(趙光祖, 號는 靜菴; 1482~1519)는 한국 도학(道學) 사상의 태두로서 정몽주 이래 조선 성리학에서 주요한 위치를 차지한다. 성리학이 천리(天理)·인성(人性)·의리(義理) 등을 이론적으로 추구하는 주지주의적(主知主義的) 색채가 짙은 데 비하여 도학(道學)은 그 원리의 실현에 주력하는 실천주의적

117) 이만규, 앞의 책 참고.

(實踐主義的) 색채가 짙다. 따라서 같은 지식 추구를 할지라도 성리학이라고 표현할 때는 비교적 객관지(客觀知)의 추구정신이 두드러지는 데 비해, 도학이라고 명명할 때는 좀더 행위를 위한 주체적 실천지(實踐知), 즉 의리(義理)를 추구하는 정신이 강조된다. 그리고 같은 실천궁행(實踐躬行)이라하더라도 도학의 경우가 성리학이라고 할 때보다 철저한 수기치인을 꾀한다. 한마디로 말하면, 의리(義理)와 대의(大義)의 실현에 의해 유학 전래의 도통을 발전시키려는 '성리학적 실천유학'이 도학이다.

조광조는 『소학』을 인재를 기르는 근본으로 보았고, 이 정신을 바탕으로 중국 고대의 정치이상을 재현해 보려고 했다.[118] 이에 도덕수행론이 필연적으로 동반한다. 인간존재를 인의예지(仁義禮智)라 규정했을 때, 그것은 생의 정신과 자연적 실현을 의미하는 것이 아니라 자연에 대한 형이상학적 사색을 기반으로 인간이 지향해야 할 이념으로 세워진 것이다. 그러므로 인간은 마땅히 그것의 실현을 위해 노력해야만 한다. 게다가 현실적으로는 오히려 정념이나 욕망이 강하고도 위험스럽게 발동하는 까닭에 수행은 치밀하지 않으면 안 된다. 이것이 인간의 교육 행위이다.

조광조의 수행론은 매우 '심학(心學)'적이다. 그는 우리들이 일상생활에서 지켜야 할 행위 규범을 논하기보다는, '행위 이전에 우리의 심성을 어떻게 잘 다스려야 하는가'의 문제를 매우 중요시 한다. 왜냐하면 인간 존재를 인(仁)으로 규정하고 인간됨을 무너뜨리는 요인을 정념이나 욕망에 두었을 때, 이 모두는 '일심내재(一心內在)'의 사항에 속하는 것이기 때문이다. 이렇게 하여 그의 수행론은 마음의 행로를 열어주는 것을 기본으로 한

118) 최완기, 『한국 성리학의 이해』(서울: 느티나무, 1991) 참고.

다.[119] 교육 또한 일상생활의 자연스런 운영을 위해 닫힌 마음을 여는 행위라고 볼 때, 소학 공부를 기본 실천력으로 삼아 행한 그의 교화는 매우 의의 있는 교육적 행위였다.

조광조는 이상적 정치론으로 지치(至治)의 신념을 내비쳤다. 지치는 국가의 기강과 정치의 근본 원리를 천인합일(天人合一), 즉 자연[하늘]과 인간의 이치를 하나로 통일하는 사유를 이어 임금과 백성의 도리를 하나로 통일하는 작업이다. 그것은 임금의 마음을 바로 잡는데서 출발한다. 다시 말하면 임금이 자신의 마음을 밝힘으로써 군자와 소인을 분별해야 한다. 공정한 의리를 추구하는 군자와 사사로운 이익을 추구하는 소인을 분별하여 군자를 존중하고 소인을 물리쳐야 백성을 위한 정치를 베풀 수 있다는 주장이다.[120]

따라서 조광조 교육철학의 정점에는 이러한 지치주의(至治主義)가 자리한다. 교육은 임금의 마음을 바로 잡아 백성을 올바르게 다스리는데, 무게 중심이 있다. 동시에 임금을 보좌하여 나라를 다스리는 관료들의 리더십을 기르는 일이 교육이다. 그것이 바로 도학의 실천을 담보한다.

조광조는 교육의 목적을 성인의 도를 배워 나라를 다스릴 인재 양성으로 보고, 다음과 같이 강조하였다.

> 학문은 단순히 자구(字句)나 문장(文章)만이 아니라 사물의 이치를 알고 마땅하게 처리할 줄 아는 것이다. 조정에 있으면 임금을 바르게 하고 지방에 있으면 교화를 베풀어 가는 곳마다 학문으로 하지 않는 것이 없어야 한다. …… 학자가 뜻을 세울 때에는 스스로 성인이 될 것을 기약하는 일이 지

---

119) 김기현, 「조광조의 지치주의」, 윤사순・고익진 편, 『한국의 사상』 (서울: 열음사, 1990) 참고.

120) 금장태, 앞의 책, 『한국유학사의 이해』, 38～39쪽.

> 나친 것은 아니다. …… 학문은 시기에 맞게 힘써야 하니 기개가 쇠약해지면 진척이 없게 된다. …… 학문은 조금이라도 잡된 것이 섞여서는 안 되는 것이니, 잡된 것이 섞이지 않으면 일처리가 모두 성현들의 도리에 맞게 된다. …… 학문은 고요한 가운데 이루어져야 하는데 학문이 견고확실(堅固確實)하지 못하면서 벼슬길에 바빠서 겨를이 없으면, 사물은 무궁한데 마음은 불안하여 일을 당하여 잘못하게 된다.[121]

조광조는 이처럼 사물의 이치를 바르게 인식하고, 자신의 처지에서 직무를 제대로 수행할 것을 강조하였다. 다시 말하면, 세상의 법칙과 인간의 질서인 성인의 도를 깨우칠 수 있는 인재 양성을 희구하였던 것이다. 그리하여 뜻을 고상히 세우고, 힘써 학문을 연마하여 순수하고 견고확실한 인간이 될 것을 소망하였다.[122] 이 또한 유학에 기반을 둔 도학의 정신이요 지치주의적 태도로 볼 수 있다.

(4) 이언적

이언적(李彦迪, 號는 晦齋; 1491～1553)은 우리나라 리(理) 철학의 선구자이다. 이언적은 리(理)를 곧 태극(太極)으로 보면서, 이 리를 체용(體用) 양면으로 나누어 본다. 즉 태극의 본체는 비록 지극히 미묘하지만, 그 작용은 지극히 넓고 커서 있지 아니함이 없다. 그러나 그 태극이 사람에게 붙어서 날마다 쓰이면 지극히 가깝고 지극히 실한 것이다. 태극은 그 본체 상에서는 미묘한 것이어서 사실상 우리와는 먼 거리에 있는 것처럼 보이지만, 그 쓰임에 있어서는 지극히 넓고 커서 언제 어디서든지 있지 아니한 곳이 없다. 이는 리의 보편성을 의미하는

121) 『靜菴集』.
122) 이만규, 앞의 책 참고.

데, 이 리가 사람이라는 대상과 관련을 맺게 되면, 우리의 일상적 도리가 지극히 가깝고 실한 것이 된다.

이런 관점에서 이언적은 도(道)란 어떤 고원한 무엇이 아니요 인간이 다만 일상생활 속에서 마땅히 지켜야 할 도리이다. 그것은 부자·형제·부부간에 지켜져야 할 규범은 물론 우주내 온갖 사물들이 제각기 자기실현을 통해 완성되는 사물의 존재 형식까지 포함한다. 이 도를 실현하는 주체는 인간이다. 그런데 인간이 도를 행하는 주체라고 했을 때 그의 행위를 지배하는 것은 마음이다. 따라서 먼저 마음을 다스리지 않으면 안 된다.[123] 이 수양론이 바로 교육 이론이다.

이런 사유는 그의 「오잠(五箴)」이나 「입잠(立箴)」 「양심잠(養心箴)」과 「경신잠(敬身箴)」 「자신잠(自新箴)」 등에 잘 나타나 있다.[124] 이언적은 「오잠」에서 "하늘을 두려워하며 마음을 배양하며, 몸을 공경하며 허물을 고치며 의지를 돈독히 하자" 라고 스스로 다짐하였다. 또한 「입잠」에서는 "한결같이 성인을 본받아 경솔함을 고치고 나태함을 경계하며 진실함을 쌓고 지속적으로 노력하여 성인의 경지에 들어가기를 서약한다."라고 스스로 약속하였다. 이 때 입(立), 자신을 확립하는 부분은 이언적의 교육론에서 기초를 이루며, 공자의 삼십이립(三十而立)과 통한다.

> 입(立)이란 어떤 것인가? 마음은 안정되고, 진리는 깨우쳐졌고, 마음에 충실하고, 밖으로는 바르고 방정하고 의젓하여 편협하게 기울어지지 않고, 인(仁)에 거주하고 의를 행하며 부귀에 바지지 않고 빈천하다고 마음을 바꾸지 않으니 천하

123) 김기현, 「이언적의 성리철학」, 윤사순·고익진 편, 『한국의 사상』(서울: 열음사, 1990) 참고.

124) 금장태, 앞의 책, 『한국유학사의 이해』 참고.

의 만물이 나를 휘어 꺾지 못한다. 이것을 입(立)이라고 한다.[125)]

이언적은 자기 확립의 방법으로 경(敬)에 집중한다. 즉 수신의 정신적 좌표를 경에 두었다. 그의 경의 이론적 구극처는 내 마음의 허령(虛靈)한 이치인 '마음에 있는 이치[在心之理]'로서의 인극(人極)과 대자연을 관통하는 궁극적인 씨앗인 '사물에 있는 이치[在物之理]'로서의 태극이 혼연일체가 되는 데 있다.[126)] 이것이 그를 '리(理)' 철학자로 규정하게 하는 계기이기도 하다. 요컨대, 이언적에게서 인간의 길은 일상의 도리에 불과하므로, 존심(存心)의 공부도 생활 속에서 처사(處事)의 합리에 그 목적이 있다. 따라서 우리의 공부는 내면뿐만 아니라 외면에 나아가서도 행해지지 않으면 안 된다.

내 몸은 아주 귀중하여 만물에 비할 바가 아니니 이를 알고도 몸을 공경하지 않을 수 있겠는가. 경(敬)은 어떻게 하는가. 몸을 바르게 하는 것이다. 용모를 장엄하게 하고 의관을 단정히 하며, 보는 것, 듣는 것, 말하는 것, 동작하는 것을 법도에 맞게 해야 한다. 출처(出處)와 진퇴(進退)엔 반드시 의리에 맞게 결행한다. 부귀나 빈전에 마음을 움직이지 않고 의연히 공정하게 처하여 오직 도(道)에만 따른다.[127)]

여기에서 경(敬)이란 우리의 행위를 보편적 리(理), 즉 도(道)에 맞추는 것을 의미한다. 그의 수양, 교육태도는 58세 때 유배지에서 지은 「자신잠(自新箴)」에서 "하늘 아래 땅 위에서 털끝만큼도 속이는 일이 없어서, 하나의 생각이 정성스럽게 되

125) 『晦齋集』「立箴」.
126) 김형효, 『회재 이언적의 형이상학』(서울: 고려원, 1985) 참고.
127) 『晦齋集』「敬身箴」.

면, 어떤 일에든 종사하여 직책을 다할 수 있으리라. 사사로운 욕심을 극복해서 예법에 맞게 되면, 하늘을 우러르고 땅을 굽어보아 부끄러움이 없으리라."고 서약하고 있다. 이는 유학자로서의 실천적 교육 태도를 잘 보여준다.

(5) 서경덕

서경덕(徐敬德, 號는 花潭; 1489~1546)은 조선조 유학자 중에서도 좀 독특한 위치를 점하고 있다. 우주 만물의 궁극적 근원을 기(氣)로 보아 기일원론(氣一元論)의 철학을 열었다. "천지 만물이 아직 생성・변화되기 이전의 우주원형을 태허(太虛)라 한다. 그것은 맑고 형상이 없으며, 얼마나 큰 지 바깥이 없으며, 그 먼저 됨이 시작이 없다. 태허는 만유의 궁극적 실체인 기의 원형으로서 빈 것이지만, 없는 것이 아니라 오히려 전 우주공간을 빈틈없이 꽉 채우고 있는 것이다."[128] 따라서 태허는 비어 있으면서도 비어 있는 것이 아니며, 소리도 없고 냄새도 없어 없는 것 같지만 사실은 실재하는 것이어서 '허즉기(虛卽氣)'라고 하였다.

이와 같은 기(氣)는 소멸하지 않는다. 화담은 그것을 다음과 같이 설명한다.

> 나는 죽음, 삶, 영혼이란 다만 기의 뭉침과 흩어짐 뿐이라고 생각한다. 모이고 흩어짐은 있어도, 있고 없음은 없다. 그것은 기의 본질이 그런 것이다. 기의 담일청허湛一淸虛한 것은 더 이상의 바깥이 없는 허공을 꽉 채우고 있다. 그러다가 크게 뭉친 것은 천지가 되고 작게 뭉친 것은 만물이 된다. 그래서 뭉쳤다 흩어졌다하는 것은 크거나 작은 차별이 있기 때

128) 『花潭集』.

> 문이다. 한 포기의 플, 한 그루의 나무 같은 미미한 것일지라도 그 기는 마침내 흩어지지 아니하거늘, 하물며 그 흩어짐을 보면 모두 없어짐에 돌아가는 것 같다. 이 경지는 모두 생각해 낼 수 없는 것이다.[129)]

이 세계는 단지 기(氣)가 모였다 흩어지는 것에 불과하다. 기가 모이면 태어남이요 흩어지면 그것이 죽음이다. 따라서 생사는 하나이면서 둘이요 둘이면서 하나이다. 이와 같이 화담은 "기의 작용은 천차만별의 차이가 있을지라도 그 기는 영원·불멸한다"고 하여 기의 항존성을 주장하였다.[130)] 이러한 철학에 바탕을 둔 서경덕은 교육 목적을 격물(格物)과 궁리(窮理)를 실천하는 데 두었다.[131)] 그는 사색의 생활화를 통하여 이를 달성하려고 했다. 화담에게는 자연 세계가 학문의 대상이며 이 자연은 사색을 통하여 연구 달성되어야 하는 그 무엇이었다. 이런 태도는 과거(科擧) 등을 목적으로 하는 경전과 강독 및 문장 기송(記誦)의 술(術)만을 내세우는 교육을 반대하는 관점이다. 서경덕이 학문을 인식하는 태도는 아래와 같다.

> 18세에 『대학』을 읽다가 "앎에 이르는 것은 사물의 이치를 캐물어 들어가는 데 있다[致知在格物]"라는 구절에 이르렀다. 이 말을 보고 탄식하면서 "학문을 하는 데 사물의 이치를 연구하는 것을 먼저 하지 않으면 책을 읽은들 무슨 소용이 있겠는가?"라고 하였다.[132)]

서경덕에 의하면, 교육은 오로지 궁리와 격물로써 핵심으로

---

129) 『花潭集』.
130) 황의동, 앞의 책, 참고.
131) 이만규, 앞의 책, 참고.
132) 『花潭集』.

전개하는 작업이다. 그러기에 서경덕은 교육 방법으로 자학자득(自學自得)을 중시하고 의심을 일으키고 의심을 깨뜨리는 것을 학문의 방법으로 삼았다.[133] 따라서 만물을 하나씩 연구하여 한 사물에 대한 의문이 밝혀진 뒤에야 다른 사물을 연구하였다. 이런 교육적 사고는 다음과 같은 그의 언급에서 확인된다.

> 의리가 문자 상에 드러나는 것은 옛 사람들도 핵심으로 여기지는 않았다. 중요한 것은 깨닫는 데 있다. …… 천지 만물의 이름을 모두 벽에 붙이고 날마다 궁리하면서 공부하되, 한 사물을 제대로 통한 다음에 또 한 사물을 연구하였다.[134]

요컨대 서경덕은 격물(格物)과 궁리(窮理)의 실천에 교육의 목적을 두고, 스스로 배우고 깨닫는 방법을 중시하였다. 동시에 의심나는 것에 대해서는 하나씩 연구하여 의문을 밝히는 점차적이고 자연스런 방식을 채용하였다.

(6) 조식

조식(曺植, 號는 南冥; 1501～1570)은 퇴계 이황과 같은 해에 태어났으나 정치일선에 나가지 않았다. 그러나 산림처사로서 국가의 치란(治亂)을 걱정하지 않은 일이 없었다.[135] 남명은 "고상한 선비로서 벼슬에 나가지 않았다고 해서 세상일을 남의 일처럼 방관해서는 안 된다" "학자는 세무에 통하지 않으면 안 된다. 세상의 일이란 한 집안의 일과 같다. 내가 하지 않으면 누군가 하겠지 하고 세상일을 내버려 두면 결국 자기 자신을 그르치게 된다. 어려운 것은 세상 속에 살면서 세상일

---

133) 손인수, 『한국교육사상사 Ⅲ』(서울: 문음사, 1991) 참고.
134) 『花潭集』.
135) 김충렬, 「조식의 선비사상」, 윤사순·고익진 편. 앞의 책, 참고.

에 어떻게 응변하느냐이다"[136]라고 하였다.

이런 태도는 실천적 지성인으로서 학문 이외에 사회에 져야 할 책임도 있음을 보여 준다. 이를 기초로 조식은 "내 집에 경(敬)과 의(義)라는 두 글자가 있음은 하늘에 해와 달이 있는 것과 같다. 이 이치는 만고에 걸쳐 변하지 않을 것이며, 성현의 천언만어도 그 귀착되는 요결은 경(敬)과 의(義)의 뜻에서 벗어나지 않는다."[137] 따라서 한결같은 마음으로 수양하여 조금도 게을리 하는 일이 없었다. 이것이 남명의 경(敬)·의(義)의 반궁실천(反躬實踐)인 행동철학이다.[138]

여기에서 조식의 교육 목적이 경(敬)과 의(義) 두 글자에 집중되어 있음을 알 수 있다. 즉 '지경거의(持敬居義)'는 그의 생활신조요 교육이념이기도 한 것이다. 이와 같은 그의 교육 목적은 제자들을 가르치며 훈계하는 대목에서 구체적으로 드러난다.

> 지금의 학자들은 가까운 것은 버리고 높고 먼 곳만을 향하고 있다. 학문을 하는 것은 부모를 섬기고 형을 공경하며 어른을 받들고 어린 아이를 사랑하는 데 있다. 이런 노력은 하지 않고 당장 필요하지도 않은 천성(天性)과 천명(天命) 등 심오한 것들만 궁리하고 있다. 이는 사람의 삶에서 중요한 일은 하지 않고 하늘의 이치만을 구하는 것이니 실제로 마음에 얻는 것은 없다. 그러니 철저하게 경계하여야 한다.[139]

조식은 교육의 중심을 인간의 삶을 아름답게 살아갈 수 있는 인사(人事)에 두었다. 천리(天理)를 인식하고 통하는 작업은

136) 『南冥集』.
137) 『南冥集』.
138) 최해갑, 『남명철학과 교학사상』(서울: 교육출판사, 1995) 참고.
139) 『南冥集』.

나중의 문제이다. 인사를 배우지 않고 천리를 말하며, 스스로 도를 닦지 않고 지식만을 넓히려 하는 일은 곧 문자만을 일삼는 학문일 뿐이다. 조식은 현실적인 삶을 실천할 수 없는 형이상학적 처세를 경계했다. 이는 하학이상달(下學而上達), 즉 구체적이고 비근한 사실로부터 출발하는 것을 기초로 삼고 높은 진리에 도달하는 것은 다음 문제로 제기한 것과 마찬가지이다. 당시 시대 상황은 과거에 얽매어 문장의 장구나 외우는 성향이 짙었다. 조식은 그와 달리 실사(實事)적인 경세치용에 교육의 목적을 두었다.

이처럼 조식은 일상생활에서 늘 삼가는 실천적 태도를 지향했다. 사악함을 멀리하여 성(誠)을 보존하는 마음가짐으로 안으로 경(敬)에 힘쓰고 밖으로 의(義)에 의한 행동을 실천했던 것이다. 그러니 경(敬)과 의(義) 두 글자를 최후의 유언으로 남길 정도였다. 그는 경과 의를 한 몸에 집약하는 자아를 형성하기에 이르러, 그것으로 평생의 학문과 수양, 교육의 기본철학으로 삼았다. 이를 실천할 교육 방법으로는 자해자득(自解自得), 성경(誠敬), 박문약례(博文約禮), 윤상(倫常) 실천, 개성과 자질을 신장시키는 데 두었다.[140]

> 나는 제자들에게 성현의 저술에 대해 각성할 기회를 준다. 눈만 뜨면 스스로 하늘과 땅과 해와 달을 볼 수 있기 때문에 학생들을 위하여 경서를 다시 이야기하고 설명할 필요는 없다. …… 그리고 제자들의 자질에 기초하여 가르친다. …… 질문에 대해서는 의미를 해부하여 완전히 이해하여 스스로 표현할 수 있도록 한다.[141]

---

140) 손인수, 앞의 책, 『한국교육사상사 Ⅲ』 참고.
141) 『南冥集』.

조식은 평생을 벼슬에 나아가지 않았으면서도 제자 교육에는 이처럼 철저하였다. 요컨대 일상 삶의 구체적 실천을 통해 성인의 경지를 염원하였다. 이 과정에서 학생들이 스스로 해명하고 깨달을 수 있는 분위기를 조성하였고, 개인의 자질을 존중하는 개성교육을 실시하였으며, 의혹을 해명하는데 심혈을 기울였다.

(7) 이황

이황(李滉, 號는 退溪; 1501~1570)은 우리에게 너무나 익숙한 영남학파의 거두이다. 이황에 의하면, 선한 본성을 실현시키는 조건이 곧 경(敬)이다. 즉 본성의 실현을 중요시하는 그 정도로 경을 중요시한다. 경은 의식을 집중시켜 마음의 흐트러짐이 없는 주일무적(主一無適)의 상태로 매사에 조심하는 것이다. 따라서 경(敬)이 없고서는 올바른 행위 뿐 아니라 학문도 이루어지지 않는다. 지(知)와 행(行), 내(內)와 외(外)에 일관되는 기본 조건이 경(敬)이다. 그의 경 중시는 그의 철학을 '경(敬)'의 학문이라고 일컬어도 무방할 정도이다. 이황에게서 경은 인간의 본성을 드러내주는 조건이므로 그의 경 중시는 곧 인간 본연의 회복에 대한 의지를 의미하는 것이기도 하다.[142)]

따라서 경(敬)은 이황의 교학이념으로 자리한다. 이황은 경을 주로 삼고 근본으로 하였다. 즉 경을 인격 실현의 지도이념으로 삼았을 뿐 아니라 교학(教學) 정신의 중심개념으로 하였던 것이다. 이황에 의한 경은 도덕적 자아의 구현을 위한 통일 개념이기도 하였다.[143)]

---

142) 윤사순, 「이퇴계의 심성론」, 윤사순·고익진 편, 『한국의 사상』(서울: 열음사, 1990) 참고.

143) 정순목, 『퇴계의 교육철학』(서울: 지식산업사, 1986) 참고.

경(敬)은 다양한 모습으로 인식된다. "오로지 하나를 주체적으로 실현하고 다른 곳으로 나아감이 없음[주일무적(主一無適)]" "가지런하고 엄숙한 모습[정제엄숙(整齊嚴肅)]" "항상 마음을 깨어 있게 하는 법[상성성법(常惺惺法)]" 등 깨달음과 성찰을 통해 자기를 다스려 가는 방법이다. 이황은 바로 이러한 의미의 경을 자신의 교학의 핵심적 지위에 두었다.

경을 실천하는 교육은 먼저 배우고 가르침에 대한 유학의 태도로부터 시작된다. "쓸데없이 문장을 외우고 여러 가지를 많이 아는 것은 오히려 해가 된다."[144] 이에 따라 이황도 "배우는 일은 반드시 성현의 말과 행동을 본받아 잘 익히고 실천한 뒤에 학문에 나아가는 공이 함양된다"라고 했다. 그러므로 빨리 이루어지기를 서둘거나 입으로만 지껄이려 들어서는 안 된다. 이렇게 해서야 비록 글을 천 편 외우고 머리가 희도록 경전을 말한들 무슨 소용이 있겠는가?[145]

마음[心]은 한 몸의 주재이고 경(敬)은 그 한 마음을 주재하는 만사의 근본이다. 그러므로 경에 힘쓰는 방법을 아는 일이 성학(聖學)의 처음이자 끝이다.[146] 따라서 학문을 하는 뜻은 의리를 밝혀서 그 몸을 닦은 뒤에 미루어 사람에게까지 미치려 함이요, 한갓 널리 보고 억지로 기억함에 힘써 문장으로 이름이나 날리고 녹봉으로 이익을 취하는 것은 아니다. 이에 마음을 주재하는 경敬의 구체적인 공부로 정좌법(靜坐法)을 원한다. 정좌한 뒤에라야 몸과 마음이 거두어지고 도리가 비로소 한 곳으로 모이게 된다는 것이다.[147]

---

144) 『近思錄』.
145) 『退溪全書』.
146) 『聖學十圖』
147) 정순목, 앞의 책, 『퇴계의 교육철학』 참고.

다음으로 인격교육의 실천이념으로서 경(敬)을 보자. 이황에 의하면 진정한 지식은 곧 실천지(實踐知)이기 때문에 궁리와 실천을 통하여 몸소 체인체득(體認體得)하는 행위의 원리와 주체가 경이라는 것이다. 그러나 이황은 마음공부로서의 경을 출세간적인 방법이나 명상을 통해 구하려고 하지는 않았다. 그는 일상생활의 평범한 삶 속에서 지경(持敬)을 이룰 수 있다고 보았다. 다시 말하면 모든 삶의 현실 가운데서 인격교육은 가능하다고 보았던 것이다. 이에 "아침저녁으로 한결같이 나날이 계속하고, 기(氣)가 청명할 때 이를 자세하게 완미하고 평상시에 체험하고 북돋우라"[148]고 하였다.

이와 같은 경의 삶을 누리는 일은 생각하는 일과 배우는 일을 겸하는 일이며, 움직임과 고요함을 일관시키는 일이며, 마음과 행동을 합치시키는 일이고, 마음의 나타남과 감춤을 하나로 하는 길이다.[149] 즉 경(敬)은 사(思)와 학(學), 동(動)과 정(靜), 내(內)와 외(外), 현(顯)과 미(微)를 종합 통일하는 원리이다.[150] 경의 길은 사람됨의 알맹이기 때문에 이는 가장 바른 교육의 길이 된다. 이황은 진지(眞知)와 실천(實踐)이라는 수레의 두 바퀴를 경(敬)의 축으로 밀고 나아가게 하였다. 이런 경은 앎과 됨을 하나로 묶는 교육 실천 이념의 축이다. 따라서 이황의 유학교육은 '경(敬)의 교육학'으로 이해할 수 있다.

(8) 이이

이이(李珥, 號는 栗谷; 1536~1584)는 이황이 경을 강조한 데 비해 상대적으로 성실(誠實)을 중시했다. 즉 성(誠)을 교육사상

---

148) 『聖學十圖』.
149) 『聖學十圖』.
150) 정순목, 앞의 책, 『퇴계의 교육철학』 참고.

의 핵심에 두었다. “배우는 자는 반드시 성심(誠心)으로 도에 향하게 하고 세속의 잡된 일로써 자기의 뜻을 흔들리지 않게 되어야만 학문의기초가 이루어졌다고 할 수 있다.”[151] 이는 배움이 성실로부터 싹틈을 얘기하고 있다. 또 『성학집요(聖學輯要)』에서 다음과 같이 말한다.

> 증자의 학문은 성실하고 독실한 것뿐이다. …… 그러므로 배움이란 성실을 귀한 것으로 여긴다. …… 증자는 말하기를 “나는 날마다 나 자신을 세 가지로 반성하는데, 남을 위해 일을 도모하는 데 마음을 다하지 않는가[忠], 벗들과 사귀는 데 믿음이 없지 않은가[信], 스승으로부터 가르쳐 받은 것을 익히지 않았는가[傳] …… 자기에게 다하는 것을 충(忠)이라 하고, 진실하게 하는 것을 신(信)이라 한다. 전(傳)은 스승에게 가르침을 받는 것이고 습(習)은 몸에 익히는 것이다. 증자는 이 세 가지로써 말마다 그 자신을 반성하여 이런 일이 있으면 고치고 없으면 더욱 힘썼는데, 그가 스스로 자기를 다스리는 성(誠)이 이와 같으니 정말 학문을 하는 바탕을 얻었다고 할 수 있다. 그리고 이 세 가지의 순서로는 충(忠)·신(信)을 전습(傳習)의 근본으로 삼는다.[152]

이로 볼 때, 이이의 교육사상을 꿰뚫고 있는 것은 성실(誠實)이다.[153] 글자 자체에서도 성(誠)은 ‘말을 이룬다[言+成]’라는 의미가 배어 있다. 그리고 성실이라는 말은 그 뜻이 깊고 넓으나, 한 마디로 참이요 거짓이 없는 것을 말한다. 나를 속이지 않는 동시에 남을 속이지 않는 것이다. 그것은 진실로 자신에 대하여 충실한 동시에 남에 대하여 정성을 다할 것을 요청한

151) 『擊蒙要訣』.
152) 『聖學輯要』.
153) 손인수, 『율곡의 교육사상』(서울: 박영사, 1987) 참고.

다. 자기충실과 타자에 배려라는 관점에서 개인과 공동체의 조화를 꾀한다.

성실(誠實)은 성인들의 기본적인 삶의 자세이다. 이이는 모든 유학자들이 내세우는 이른바 성인(聖人)을 모델로 자신의 교육을 입론하였다. "처음 배우는 사람은 뜻을 세워 반드시 성인이 될 것을 기약하라"[154] "무엇보다도 먼저 뜻을 크게 가지고 성인을 표준으로 하여 털끝만큼이라도 그에 미치지 못하면 나의 일은 끝나는 것이 아니다"[155] "옛날 성실하게 삶을 영위했던 성인의 위업을 깊이 깨닫고 그 업적이 계속 이어지도록 노력하라"[156] 등 자신을 채찍질하고 교육을 논의하는 전반적인 선언의 서두에서 성인을 모범적으로 내세우고 있다,

성인은 성(誠)이라는 진실함의 체현자이다. 성인을 모델로 할 때, 인간은 성(誠)을 떠나서 참다운 존재와 학문을 이룩할 수 없다. 인간적 태도란 결국 인간이 인간답게 살려고 애쓰는 성(誠), 성실함 그 자체인 것이다. 그러기에 『중용』에서는 "성은 하늘의 도이고 성실하려고 노력하는 것은 인간의 사명"이라고 언급하였다.

이이에 의하면 한 마음이 진실로 참되면 모든 일이 다 참된 것이니 성은 사람으로서 사람 구실을 할 수 있는 사람의 도이다. 이이에게 실리(實理; 天道)·실심(實心; 人道)라는 것도 다른 것이 아니고 성(誠)일 따름이다. 성은 천도이고 성을 온전히 하는 것이 인도이다. 사실 성(誠)은 인간이 노력해서 달성할 수 있는 극처가 아니다. 성(誠)은 언제나 무위(無爲)로 존재한다. 그것은 인간의 자기 노력을 통하여 실현된다. 여기에서

154) 『擊蒙要訣』.
155) 「自警文」
156) 「學校模範」

교육은 수기(修己)라는 자기 노력을 통해 진실함의 경지로 나아가는 데 기여한다.

이런 측면에서 이이는 사람됨의 길과 인간 교육의 방법론을 구체적으로 가르쳐 주었다. 그것을 이름하여 '성(誠)의 교육학'이라 할 수 있겠다.

이와 같은 조선 초·중기의 유학 교육은 유학의 중점이 시대 상황에 따라 바뀌어온 교육 체계라고 볼 수 있다. 요컨대 조선 초·중기의 유학교육사상은 수기치인(修己治人)이라는 유학의 기본체계를 철저하게 계승하면서도, 사상가의 현실 인식에 따라 리(理), 기(氣), 성(誠), 경(敬), 의(義) 등의 유학 교육의 주요한 개념이 생활 실천과 결부되어 전개되었다. 이를 <표 3－1>로 정리하면 아래와 같다.

<표3 - 1> 조선 초·중기 유학교육사상의 주요 흐름과 특징

<table>
<tr><th>시 기</th><th>주요
교육사상가</th><th>교육적 강조점</th><th>사상적 특징</th><th>교육학적 공통성</th></tr>
<tr><td>14세기
말
-
15세기
초</td><td>정도전
권근</td><td>배불적 교육사상

성리학 이론의
보급</td><td>건국이념·정치사상
경학經學·철학성哲學性</td><td rowspan="5">성인聖人의 도道;
수기치인修己治人
⇩
일상日常의 조화調和와
화해和諧
삶과 근사近思의 교육
궁리窮理
실천實踐
경敬
⇩
실학實學
[자기실현 · 타자배려 ;
인재양성]</td></tr>
<tr><td>15세기
말</td><td>조광조</td><td>도학道學·
지치주의至治主義</td><td>실천성</td></tr>
<tr><td>16세기
초</td><td>이언적
서경적</td><td>리理의 교육학
기氣의 교육학</td><td>실천성
자연주의적 실천성</td></tr>
<tr><td>16세기
중엽</td><td>조식
이황</td><td>경敬·의義의
교육학
경敬의 교육학</td><td>의리적 실천성
내면적 조화</td></tr>
<tr><td>16세기
중·후반</td><td>이이</td><td>성誠의 교육학</td><td>사회적 조화</td></tr>
</table>

5) 조선 후기 실학적 교육사상의 흐름

임진왜란을 기점으로 조선 후기에 들어서면, 기존의 유학에 대한 반성이 일어나면서 새로운 학풍이 대두하였다. 조선 후기 유학은 흔히 실학이라고 하는데, 실학자들은 조선 전기의 성리학자들의 사고에만 머물지 않고 교육의 기회균등을 주장하고, 인간의 개인차를 인정하며, 능력에 의한 교육을 주장하였다. 또한 공교육의 필요성과 단계적인 학제를 주장하고, 중국 중심의 사대주의적 학풍을 비판하면서 교육과정의 개혁을 주장하였다.

조선 후기 유학은 제도개혁에 치중하는 경세치용학파로 유형원과 이익이 있고, 상공업 및 생산기술에 관한 연구와 그 혁신에 치중하는 이용후생학파로 박지원과 박제가를 들 수 있으며, 경서와 금석 등의 고증에 치중하는 실사구시학파로 김정희를 들 수 있다. 유형원은 신분과 직업의 세습제 철폐를 주장하며, 능력주의를 중시하였고, 이익은 지행합일을 소중히 여기는 실천주의를 강조하였다. 박지원은 민족의 주체성과 인간의 존엄성을 강조하였고, 실학의 완성자라 불리는 정약용은 자기 수양을 통해 능력을 닦고 이것을 천하 국가를 위하여 실천궁행할 수 있는 사람을 양성하고자 하였다.

이와 같이 조선 후기 유학인 실학의 교육이념은 실제 행해지지는 못했다하더라도, 우리나라 교육의 근대화와 교육 개혁, 민족 주체 의식의 보급 등 이후의 교육에 일정한 영향을 미쳤다.

(1) 유형원

유형원(柳馨遠, 號는 磻溪; 1622~1673)은 조선 후기 유학의 실학적 경향을 열어 놓은 교육사상가이다. 그는 당시 민중들의 피폐한 삶을 목격하고 사회 제도의 문제점을 심각하게 고민하였다. 유형원은 기본적으로 유학의 도를 사회에 구현하려는 점에서는 당대의 학자들과 동일하다. 그러나 유학의 내용에 밝은 인간을 양성하기 위한 교육을 실시하되 능력에 의한 교육을 주장하고, 교육기관 사이의 계열화를 주장하는 학제 개혁안을 제시한다는 차원에서 혁신적이다.

유형원은 학문의 목적을 유학의 도를 밝히고 현명한 사람을 기르는 데 두었다. 이전의 유학자들이 유학의 본질적인 차원, 즉 성인·군자라는 이상적 인간상에 교육의 궁극 목적을 둔 데 비해, 유형원은 당시 과거 시험 준비 차원에서 이루어지던 교육을 바로 잡기 위하여 개혁을 시도하였다. 다시 말하면, 유학이 사회를 발전시키는 사상적 기초로 작용하지 못하고 오히려 사회를 정체 시키는 요인으로 전락한 것에 대해 심각한 위기의식을 느꼈다. 따라서 그는 유학의 근본원리를 탐구하여 그 본질을 밝히고 이를 실천에 옮길 수 있는 인재 양성을 간절히 바랐던 것이다.

이런 차원에서 유형원은 제도의 개혁을 모색하면서, 능력에 따른 교육기회의 확대를 주장하였다. 그는 '세상에 태어나면서부터 귀한 사람이 정해진 것은 아니다'라고 하면서, 신분 차별이 심한 사회 현실을 개탄하였다. 우리의 풍속이 지나치게 문벌을 숭상하여 선비들조차도 양반과 품류를 따져서 향적에 가입시키는 실정을 비판하였다. 그의 이러한 정신은 교육관에도 그대로 반영되었다.

교육은 신분의 높낮이보다는 개개 인간이 지닌 능력이나 연령에 따라 실시되어야 한다. 아울러 학교는 사대부의 자제는 물론 평민의 자제들도 모두 입학하여 공부할 수 있어야 한다고 주장하였다. 이것은 과거라는 선발 제도보다는 학교를 통한 교육의 본질을 구현할 때, 훌륭한 인재도 길러질 수 있다는 의미이다. 이에 유형원은 과거제를 폐지하고 공거제(貢擧制)를 주장하였다. 공거제는 학교 교육을 통하여 나타난 개인의 덕행을 준거로 인재를 등용하려는 것이다.[157)]

또한 학교 교육을 강화하여 교육의 본질을 회복하려는 그의 노력은 학제의 계열화로 나타났다.

> 서울에는 태학(太學)을 세우고 또 중학(中學)과 사학(四學)을 세우며, 사학에는 내사(內舍)와 외사(外舍)가 있다. 여러 도의 감영(監營)에는 모두 영학(營學)을 두고 주현(州縣)에는 읍학(邑學)이 있고 읍학에도 내사와 외사가 있다. 태학은 선발된 선비들이 거처하는 곳이다. 중학은 사학에서 논의하여 올리는 선비를 받는다. 사학은 동·서·남·북 네 곳의 학교이다. 「대대례(大戴禮)」를 살펴보건대, 옛날에는 태학이 있었고, 동서남북의 학이 있었으며, 당나라의 제도에는 태학 이외에 또 사문학(四門學)이 있었다. 내사는 액내생(額內生)이 거처하는 곳이고, 외사는 증광생(增廣生)이 거처하는 곳이다. 증광생은 지금은 액외생(額外生)이라고도 한다. 내사는 안에 있어 동재(東齋), 서재(西齋)로 나눠 서고 외사는 밖에 있는데 또한 동재, 서재로 나눠 서는 데, 그 내외의 두 사는 동일한 담으로 둘러있으며 작은 담으로 막고 가운데 문을 통해 개방한다. 지금 외방의 향교에서는 양반은 동재에 거처하고 서민들은 서재에 거처하므로 서재가 비록 비어 있어도 양반이 즐겨 들어가지 아니하고 동재가 비록 비어 있어도 서민들이 들어갈 수 없으니, 아주 이치에 맞지 않는 일이다. 마땅히 하나로 하여 편의에 따라 들어가 거처할 것이요 결코 동서재실로 차등을 나눠 정하지 말아야 한다. 영학은 주현의 읍학에서 논의한 선비를 받는다.[158)]

---

157) 이문원, 앞이 책, 170-175쪽.

158) 『磻溪隨錄』.

즉 초등 교육기관으로 지방에는 향상(鄕庠), 서울에는 방상(坊庠)을 두고 지방에는 읍학(邑學)과 영학(營學)을 두어 태학에 입학할 수 있게 하였고, 서울의 경우, 사학(四學)과 중학(中學)을 거쳐 태학에 진학할 수 있게 학제를 개편하려고 하였다. 이런 측면에서 유형원은 유학에 충실하면서도 능력에 따라 인재를 선발하려는 개혁적 교육사상가로 지목할 수 있다.

(2) 이익

이익(李瀷, 號는 星湖; 1681～1763)은 일생을 초야에 묻혀 살면서 유형원의 학문을 더욱 발전시킨 사상가였다.[159] 그는 주자와 퇴계의 학문을 바탕으로 자기 사고를 전개했으나, 성리학의 사변성에 회의를 품고 실용성을 강조하는 학문에 관심을 기울였다. 특히 나라를 다스리는 데 어진 인재가 필요하다고 보고, 과거 시험이 아닌 학교교육을 통해 인재를 선발하려고 하였다. 그것은 다음과 같은 이익의 과거제 인식과 관련된다.

> 과거라는 것은 선비들이 자기 재능을 자랑하여 유사에게 뽑히기를 바라는 짓이다. 즉 그들이 배운 글을 외우고 짓는 등 말단적인 일일 뿐이다. 세상에 태어나 머리털이 마르기도 전에 과거에 대한 공부만 하고 있으므로 요행히 과거에 급제하여도 그들이 배운 것은 여전히 서투르고 거칠어 배운 것은 소용이 없고 소용되는 것은 배운 것이 아니다. 그러니 어찌 관청에 앉아서 법령을 내어 국가를 견고하게 하고 백성을 편하게 할 수 있겠는가? …옛날에는 인재를 등용하는 데 명목이 많았다. 만일 문장만으로 뽑는다면 시골에서 효도하고 공경하는 순박한 사람을 뽑을 수 없을 것이고, 오로지 덕행만으로 뽑는다면, 실무 능력도 있고 재능도 있는 사람이 나올

159) 이문원, 앞의 책, 181-185쪽.

수 없다. 그러므로 마땅히 다방면으로 등용할 수 있는 길을 열어 놓아야 한다.160)

이익의 교육 개혁은 이처럼 과거제 개편과 능력 본위의 인재 선발로 요약된다. 당시 폐단이 많던 과거제를 오년대비지제(五年大比之制)로 바꾸고 향거이선(鄕擧里選) 제도를 채용하여 인재선발 방법을 보완하려고 하였다. 오년대비지제의 핵심은 종전의 과거제가 3년에 한 번씩 실시하는 식년제인데 이를 폐지하고 5개년에 걸쳐 소정의 과별 시험을 실시하여 응시자의 학업 내용을 보다 착실하게 하여 인재를 가려내자는 것이다. 이는 "재능이 있는 사람이 태어나는 데는 귀한 가문이나 천한 가문의 차이가 없다"라는 이익의 인간관과 연결되어 있다. 따라서 이익은 인재등용에서 문벌 존중이나 신분적 제한을 풀고 모든 사람들에게 개방하는 일이 급선무로 보였다. 특히 노비에 대해 점진적으로 응시자격을 부여하자는 주장은 평등적인 시각의 정점을 보여준다.

그리고 향거이선 제도는 3년마다 인재를 천거하는 데, 향대부 이상은 각 1인씩을 추천하되 귀천을 가리지 않고 오직 어진 사람을 취하도록 하고, 또한 주와 군에서 각 1인씩을 추천하게 하되 주와 군내에 제한하지 않고 널리 도내에서 취하도록 하는 것이었다. 추천된 사람은 그 문적을 만들고 많은 사람으로부터 추천 받은 사람을 상위로 정하였다. 결국 이익은 과거제 개편과 추천제를 병행하는 능력 중심의 새로운 인재 선발 방법을 모색하였다.

또한 이익의 사상에서 교육과 관련하여 눈여겨 볼 것은, 자율과 자각에 의한 교육방법이다. 이익은 인간을 도덕 판단의

160) 『星湖全書』.

척도를 지닌 존재로 규정하면서 자율의지에 의해 행동한다고 보았다. 이는 인간 자신이 정밀하게 판단하여 진리에 도달한다는 의미이다. 이런 주체적 신념의 자율인 강조는 민족 주체성을 자각하는 방향으로 나아갔다. 이에 당시의 유학자들과는 달리 이익은 우리의 역사와 철학을 상징하는 『동국사』와 『퇴계집』을 교육내용으로 첨가하자고 주장하였다.

교육방법에서도 이익은 '자각'을 중시하였다. 즉 자신이 스스로 깨닫는 방법이 가장 좋고, 그 다음으로 분발하여 깨우치는 것이다. 그러기에 아이가 지각이 조금 열릴 때 깨닫는 바에 따라 격려하고 칭찬하면 바로 공부에 흥미를 갖게 되어 배움을 좋아하게 된다고 인식하고 아이들의 개성을 존중하였다.

요컨대 이익은 '인간은 평등하다'라는 인식 가운데 '개인의 특성을 발견하여 신장하는 것'을 교육의 핵심으로 본 듯하다. 다시 말하면 인간은 온갖 이치와 처리 방법을 갖춘 영명한 존재라는 관점에서 계발 교육을 강조하였다. 귀천의 차별 없이 인간에 대한 신뢰를 전제로 자발성에 의한 계발교육을 열었다고 볼 수 있다.

(3) 박지원

박지원(朴趾源, 號는 燕巖; 1737~1805)은 이른바 조선 후기 학풍 중 북학파(北學派)라고 불리는 사조의 중심인물이다.[161] 북학파는 청[중국]의 선진 문물을 과감히 수용하려는 일군의 학자들이다. 이들은 상공업 발전의 중요성을 통감하고 이용후생(利用厚生)의 사고를 중시하였다.

161) 이문원, 앞의 책, 224-227쪽.

<그림3-8> 박지원

박지원은 학문의 정신을 '선비'에 비유한다. 선비는 인간 삶의 근본을 터득하고 있는 존재이다. 이는 성현처럼 도를 밝힐 수 있는 능력을 지녀야 한다. 다시 말하면 인간과 사물에 대한 올바른 법칙과 질서체계를 담보할 수 있어야 한다. 이것은 배움을 통해 가능하다. 그런데 성현의 법을 배우는 데는 두 가지 종류가 있다. 하나는 형식 또는 외피를 배우는 일이고 다른 하나는 그 정신 또는 내용을 배우는 일이다. 형식만 배우고 그 속에 담겨 있는 정신을 배우지 못하면 그것은 참다운 배움이 아니다. 이런 정신과 내용을 배우는 일의 핵심은 바로 개인의 완성으로 지향하는 존덕성(尊德性)과 공동체의 완성을 고려하는 도문학(道問學)이었다. 이런 차원에서 박지원의 눈에 비친 교육은 개인적 완성뿐 만 아니라 사회적 완성의 과정이었다.

박지원의 교육에 대한 언급 중 획기적인 제안은 익히 알려진 '삼서불가독설(三書不可讀說)'이다. 이는 『천자문(千字文)』 『사략(史略)』 『통감절요(通鑑節要)』 등 세책이 아동용 교재로 적합하지 않으므로 읽어서는 안 된다는 주장이다. 천자문은 그 구성상 의미가 개념의 구성 원리에 맞지 않고, 사략과 통감절요는 내용이 비합리적이어서 교육적으로 의미가 없다는 것이다. 다시 말하면, 당시 아동용 교재로 많이 쓰였던 이런 책을 아이들에게 가르쳤을 때, 잘못하면 단순히 글자를 익히는 데로 떨어질 소지가 있다. 박지원의 비판은 이런 사태에 대한 경고이다.

박지원이 볼 때, 진정한 교육은 문자의 참뜻을 알고 삶의 질서와 운행을 인식하여 분별력과 종합력을 제대로 갖추는 일이다. 단순히 글을 배우는 것이 아니라 삶을 올바르게 이해하고 탐구하는 문제이다. 그러기에 삼서불가독설을 통해 엿볼 수 있듯이, 배움의 초기 단계에서 단순한 글자가 아니라 삶과 배움의 올바른 의미를 가르쳐 주어야 한다. 이것이 바로 존덕성에 해당한다. 박지원은 성현들의 가르침을 배우고 검토함으로써 삶과 배움의 참 의미에 접근할 수 있다고 판단하였다.

(4) 이덕무

이덕무(李德懋, 호는 雅亭: 1741~1793)는 박지원과 같은 북학파로서 교육에 대한 심도 있는 논의를 전개하였다.[162] 그가 지은 『사소절(士小節)』은 인간의 출생이전인 태교부터 유아기, 아동기, 성인기, 노년기, 죽음에 이르기까지 한 평생의 교육 내용을 구체적으로 담고 있다. 특히 아동 교육에 관한 그의 견해는 매우 각별하다. 이덕무는 말한다. "말은 태어난 후 길들이지 않으면 천리마가 될 수 없다. 소나무 묘목은 북돋아 주지 않으면 좋은 재목이 될 수 없다. 자식을 낳아 두고서 가르치지 않으면 내버리는 것과 다름없다." 이덕무는 동물이나 식물이 어릴 때부터 기르고 가꾸어서 제대로 형성되듯이 인간도 그런 과정을 거쳐야 한다고 역설한다. 이는 바로 교육의 기능과 역할에 대한 지적이다. 이런 인식에 기초하여 이덕무는 아이들의 특

162) 이문원, 앞의 책, 234-238쪽.

성과 교육의 양식은 다음과 같이 구체적으로 제시한다.

* 어린이들은 경솔하고 수선스럽고 들뜨고 천박한 버릇이 많다. 행실이 완전하지 못하고 일을 제대로 하지 못하는 것은 바로 이러한 특성 때문이다. 그러므로 『주역』에서 말하였다. “무지몽매한 아이들을 교육하여 바른 사람으로 만드는 것은 위대한 성인[聖人;교사]의 공적이다."
* 어린이들은 말을 급하게 하고 걸음을 허겁지겁 빨리 걷는다. 교사들은 이를 보는 대로 주의를 주어 바로 잡아 주어야 한다.
* 어린의 성품은 깨끗하고 새로운 것을 좋아하는 버릇이 있어, 스스로 그러한 것을 시험해 보려고 한다. 이는 사치하는 버릇에 빠지기 쉽다. 교사들은 이를 조절하여 검소하게 바로 잡아서 소박한 의복을 입게 해야 한다. 또한 헝클어진 머리와 때묻은 얼굴, 옷과 띠를 잘 정비하지 않는 경우가 있다. 이는 검소한 것이 아니라 용렬하고 천한 것에 가까워 칭찬할 것이 못된다. 교사는 이를 조절하여 깨끗하게 바로 잡아서 잘 씻고 정비하여 누추하게 되지 않게 해야 한다.
* 어린이들은 뛰놀기 좋아한다. 그러므로 열이 많아 물을 절제 없이 자꾸 마시고 상당수가 고질병을 이룬다. 이에 조용한 행동을 익히고 마시는 것을 조절하도록 교육해야 한다.
* 아이들은 거짓말을 해서 남을 놀라게 하고, 명치 끝을 짓누르고 발목 뼈를 후려치며, 바람을 일으키며 춤을 추고, 한발로 걷고, 곤두박질하고, 남의 얼굴에 먹칠을 하고, 종이를 말아 가지고 남의 콧구멍을 쑤시는 등 애꿎은 버릇이 많다. 교사는 이런 행동에 대해 적절한 교육을 해야 한다.
* 어린 아이들은 칼이나 송곳 같은 뾰족하고 날카로운 기구를 가지고 놀기를 좋아한다. 그러다 보니, 심한 경우에는 잘못해서 살에 상처를 내어 딱지가 앉게 만들고, 눈동자를 찔러 애꾸눈이 되게 하는 일도 있다. 교사는 항상 이를 조심시켜야 한다.
* 어린이는 말하는 것이 급하니 신중히 하도록 경계해야 한

다. 예컨대, 거지를 대하더라도 비렁뱅이라 부르지 말고, 애꾸눈을 대하여도 애꾸눈이라 부르지 말게 해야 한다. 또한 '참혹하다, 원통하다, 재수 없다' 등의 부정적인 말을 가볍게 입 밖으로 내지 말도록 교육하는 것이 좋다.

* 앉을 때 반드시 기대어 앉고, 오래 앉는 것을 견디어 내지 못하며, 무릎을 흔들고 손을 뒤척이고, 들떠서 항상 돌아다니려는 아이가 있다. 교사는 이런 기운을 바로 잡고 버릇을 고칠 수 있도록 교육해야 한다. 그렇지 않으면 성인이 되었을 때, 험상 굳고 패악한 행실을 하게 될 수도 있다.

* 어린이는 놀기를 좋아하고 구속받기를 꺼려서 항상 선생님이 교실에 없기를 바란다. 이는 착한 마음이 아니다. 선생님이 교실에 없는 것을 틈타서 친구들을 모아 콩 볶듯 시끄럽게 놀며 하지 않는 짓이 없다가, 문득 선생님의 큰 기침 소리가 들리면 창문 구멍으로 엿보며 가만가만 걷고 조용조용 이야기하여 굳이 책 읽는 체한다. 그렇다고 선생님이 속아 넘어가는가? 그러기에 『예기』에 말하였다. "그 마음을 훤히 들여다보는 것과 같다."라고. 어린이들은 하는 짓이 대개 이와 같다. 그러니 교사가 이런 행실을 고쳐 주지 않으면 불량아가 되고도 남음이 있으니 심각하게 교육해야 한다.

* 어린이는 책을 읽을 때, 마음이 몹시 조급하고 산만하여 스승이 가르치는 뜻을 듣기 싫어하는 경향이 있다. 그러다 보니 손가락으로 책장을 넘기려고만 한다. 심지어는 설명이 마지막 줄의 뜻에 이르기도 전에 빨리 책장을 넘겨서 그 뜻을 잘 이해하지 못하기도 하고, 또한 어려운 점을 묻는 일도 없이 가르치자마자 바삐 책을 덮어놓기도 한다. 또 선생님이 소리를 내어 같이 읽도록 인도할 때, 어린이는 다급하게 빨리 읽어서 그 소리가 선생님보다 앞서기도 한다. 이는 교육의 도리에 어긋난다. 가르치는 뜻을 잘 이해하지 못하여 마음이 안정되지 않으니 훌륭한 인재가 되기 어렵다. 교사는 이를 깊이 고려해야 한다.

* 어린 아이들의 버릇은 거의 다 '책읽기[지식 공부]'를 싫어하고 '일하기'를 꺼려한다. 그러면서도 '노는 일'은 권하지 않

아도 잘하고 가르치지 않아도 부지런하다. 장기·바둑·투전·윷놀이·돈치기 등을 훤히 다 알면 부모형제들과 친구들은 그 재주와 지혜를 칭찬하며 장려하고, 혹 잘하지 못하면 조롱하고 비웃으며 왕따 시키니, 어찌 이렇게 고질병이 되었는지 모를 일이다. 이런 노름은 모두 정신을 피폐화 하고, 의지와 기개를 더럽히며, 공부를 그만두게 하고, 바른 품행과 절도가 엷어지며, 경쟁을 조장하고, 간사함을 기른다. 심해지면 도박에 재산을 탕진하고 죄를 져 형벌을 받는 데까지 이른다. 그러므로 교사는 이를 엄중히 꾸짖어 금하고 종아리를 쳐야 한다.

* 어린이가 담배를 피우는 것은 아름다운 행실이 아니다. 담배는 골수를 스미고 혈기를 마르게 한다. 그 독한 진은 책을 더럽히고 재는 옷을 태운다. 담배통을 물고서 난잡하게 다투는 놀이를 하여 입술이 터지고 이가 부러지고 심지어는 골을 꿰고 목구멍을 찌르게 하니, 어찌 두렵지 아니한가? 선생님이 절실히 금하고 종아리를 때려도 몸을 숨기고 훔쳐 피워서 마침내는 잘못을 고치지 못하는 아이도 있다. 더욱 심각한 것은 부모형제나 친구들이 담배를 피우라고 권하는 사람도 있다. 담배를 피우는 일이 성행하는 것은 그리 아름다운 일이 아니다.[163)]

나아가 이덕무의 『사소절』에서는 성인기와 노년기의 죽음에 이르기까지 평생 교육의 내용을 담고 있다. 즉 아동을 가르치는 부모의 경우, 스스로 성품과 행실을 점검하고, 일상생활에서 모범을 보이도록 평생을 수행하면서 자기교육, 자기수양에 힘써야 한다. 요컨대, 아동은 학습자로서 부모와 주변의 어른으로부터 교훈을 따라 배우고 익히게 하고, 부모도 성현의 가르침을 준칙으로 평생동안 교양을 쌓으며 자기반성을 행하는 수련자로서, 교수와 학습을 겸했다.

163) 『士小節』「童規」.

(5) 박제가

박제가(朴齊家, 號는 楚亭; 1750~1805)는 홍대용·박지원 등의 학풍을 계승하여 이용후생을 핵심으로 하는 북학론을 정립하는 데 결정적 기여를 하였다. 북학론은 당시 선진적인 중국 문물과 제도를 섭취하고 실용성을 추구하려는 의식을 지니고 있었다. 그러기에 『북학의』 서문에서, "이용(利用)과 후생(厚生)은 한 가지라도 갖추어지지 않으면 위로 정덕(正德)을 해치는 폐단을 낳게 된다"고 하여 실학적 면모를 드러내었다. 또한 당시의 시대 상황을 다음과 같이 지적하며 벼슬아치들의 각성을 촉구하였다. "현재 백성들의 생활은 날이 갈수록 곤궁해지고, 국가의 재정은 날이 갈수록 고갈되고 있다. 이러한 상황임에도 불구하고 사대부가 팔짱을 낀 채 바라만 보고 구제하지 않을 것인가? 아니면 과거의 습속에 안주하여 편안히 안락을 누리면서 실정을 모른 체만 할 것인가?"

박제가가 교육에 대해 체계적으로 논의한 것은 찾아보기 힘들다. 그러나 그의 현실 인식과 비판 정신은 교육이 무엇을 지향해야 하는지 상징적 효과를 준다. 특히, 박제가는 인재등용의 문제를 제시하면서, 실제적이고 실용적인 능력 있는 존재의 선발을 직접적으로 언급하고 있다.[164)]

> 과거란 무엇인가? 인재를 뽑기 위한 것이다. 인재를 뽑는 이유는 무엇인가? 그들을 쓰기 위해서이다. 인재를 뽑을 때, 문장을 기준으로 하는 것은 그의 문장 솜씨를 이용하기 위한 목적에서이다. 이는 인재를 뽑을 때 활쏘기를 기준으로 하는 것이 그의 활솜씨를 이용하려는 것과 같은 이치이다.
>
> 그렇다면 오늘날의 과거는 무엇을 목적으로 하고 있는가? 앞

164) 『北學議』「科擧論」.

서 치른 과거에서 거두어들인 인재를 미처 기용하지도 않았는데, 뒤에 치른 과거를 통해 또 다시 급제자가 무더기로 배출되는 형편이다. 3년 만에 한 번씩 치르는 대비과((大比科) 외에도 반시(泮試), 절일제(節日製), 경과(慶科), 별시(別試), 도과(道科) 등등 여러 명목의 과거가 번잡하게 치러진다. 수십 년 동안 크고 작은 과거에서 배출된 인원이 국가에서 정한 관작의 정원수에 비해 10배는 된다. 정원수의 열배가 되는 인원을 결코 모두 기용할 수 없는 점을 감안하면 그 중의 9할은 쓸데없이 배출한 인원임이 분명하다. 그렇다면 인재를 기용한다는 과거 본연의 목적은 과연 어디에 있단 말인가?
현재 치르는 과거에서는 과거 시험에서 쓰는 문체의 기예를 통하여 인재를 시험하고 있다. 그런데 그 문장이란 것이 위로는 조정의 관각에서도 쓸 수 없고 임금의 자문에도 응용할 수가 없을 뿐만 아니라 아래로는 사실을 기록하거나 인간의 성정을 표현하는 데에도 불가능한 문체이다. 어린 아이 때부터 과거 문장을 공부하여 머리가 허옇게 된 때에 과거에 급제하게 되면 바로 그 날로 그 문장을 팽개쳐버린다. 한 평생의 정기와 알맹이를 과거 문장에 익히는 데 전부 소진하였으나 정작 국가에서는 그 재주를 쓸 곳이 없다.
무슨 목적이 있어서 선을 행했다면, 그 선행은 분명히 억지로 행한 위선이다. 무슨 목적이 없는 데도 선을 행했을 경우, 그 선헹이야말로 진정한 선행이라고 할 수 있다. 따라서 진정한 인재를 얻고자 한다면 반드시 뜻하지 않는 방법으로 불시에 그 인재를 시험해야 하며, 또 버림받은 많은 인재 가운데서 인재를 선발해야만 한다. 그런 다음에야 인재의 수가 많아져 얼마든지 골라 쓸 수 있을 것이다.
버림받은 많은 인재들은 스스로 선을 그어 과거시험과는 단절된 채 무언가를 할 것이다. 뜻하지 않는 방법으로 불시에 인재를 시험하지 않는다면, 다소 똑똑한 사람이라면 10여일에 한 달 정도만 과거에 쓰이는 문장을 공부해도 너끈히 합격할 수 있다. 따라서 과거제도를 잘 이용하는 자라면 그 제도를 이용해서는 중급 정도의 선비를 낚을 수가 있고, 법을 초월한 제도를 이용해서는 상급 정도의 선비를 얻을 수 있을 것이다. 국가에서는 과거 문장을 이용하여 인재를 뽑고 있으므로 이익과 녹봉이 이 과거 문장에 달려 있고 공명이 이 과거 문장에서 나오게 된다. 그러므로 이 세상에 태어난 사람은 이 과거를 통한 방법이 아니면 무슨 일을 할 도리가 없다.

(6) 김정희

김정희(金正喜, 號는 秋史; 1786~1856)는 학문의 기본, 혹은 근원처를 실사구시(實事求是)에 두고 있다. 실사구시는 '실제'와 '올바름'을 근본 축으로 하는 교육의 핵심이다. "실사구시설"의 첫 대목은 바로 교육의 길을 제시하는 것으로 시작한다.

> 『한서(漢書)』 「하문헌왕전(河間獻王傳)」에 다음과 같은 기록이 있다. "실제적인 일에서 올바름을 추구한다." 이 말은 학문의 핵심이 무엇인지 명확하게 지시한다. 만약 실제적이지 않은 일을 하면서 속이 텅 비고 엉성한 잔꾀만을 부린다거나, 올바름을 구하지 않고 잘못 들은 말로 자기주장만을 되풀이한다면, 그것은 성현의 도에 어긋나는 짓이다.[165)]

"실제적인 일에서 올바름을 추구한다"는 "실사구시(實事求是)"는 "옛 것을 좋아하여 배우고 닦아 실제적인 일에서 올바름을 추구한다"라는 "수학호고 실사구시(修學好古 實事求是)"에서 유래하였다. 따라서 실사구시(實事求是)는 수학호고(修學好古)가 전제되어 있다. 이것은 원래 청대 초기에 고증학을 표방하는 학자들이 공리공론을 일삼는 송·명대의 학문을 배격하여 내세운 표어이다. 이때 실사구시는 '공론을 피하고 착실한 증거를 찾는다'는 뜻으로, 문헌학적인 고증의 정밀함을 존

165) 『阮堂先生全集』 卷1.

중하고 객관주의·사실주의적 학문 태도를 지닌다는 의미이다.

김정희에 의하면, 실사구시는 궁극적으로 고대 '성현의 도'로 회귀한다. 공자에 의해 집대성되는 유학의 근본 뿌리가 담긴 세계를 갈망한다.[166)]

> 가만히 생각해 볼 때, 학문의 길이 요(堯)·순(舜)·우(禹)·탕(湯)·문(文)·무(武)·주공(周公)·공자에게로 돌아가는 것을 기본으로 삼는다면, 마땅히 실제적인 일에서 올바름을 구해야 할 것이요, 공허한 이론을 신봉하며 그릇된 곳으로 빠져서는 안 된다.[167)]

인용문을 볼 때, 김정희는 요순에서 공자에 이르기까지 유학의 기본 뼈대를 형성했던 학문이 실사구시이다. 이는 유학의 실질을 찾으려는 노력이다. 그러기에 궁극적 귀결처는 유학의 도통으로 불리는 지점이 된다. 그러기에 김정희는 성현의 도를 강조하며, '실사구시' 정신에 모든 역량을 집중시킬 것을 권고한다.

> 성현의 도는 몸소 실천하는 데 있지, 공허한 이론을 숭상하는 것이 아니다. 실제적인 일은 마땅히 구해야 한다. 그러나 공허한 사안은 근거할 것이 없어 아득하고 깜깜한 가운데서 무엇을 찾는 것 같고 드넓은 빈터에 내 던져진 것 같아, 옳고 그름을 판단할 수 없어서 본래의 뜻을 모두 잃어버리게 된다. 그러므로 학문을 하는 길은 반드시 한나라와 송나라의 경계를 나눌 것도 없고, 정현과 왕숙, 이정과 주희의 단점과 장점을 비교할 것도 없으며, 주희와 육구연, 설선과 왕수인

166) 신창호, 『유학자 추사, 실학교육을 탐구하다』(고양: 서현사, 2006), 참고.

167) 『阮堂先生全集』卷1.

의 문호를 다툴 필요는 없다. 중요한 것은 마음을 바로잡고 기를 맑게 하여, 널리 배우고 힘써 실행하는 일이다. 오로지 '실제적인 일에서 올바름을 구한다'는 이 한마디 말을 기본으로 하여 실천하는 것이 좋다.[168)]

김정희는 실사구시의 핵심을 성현의 도를 '몸소 실천하는 작업'이라고 단언한다. 그리고 그것이 공허한 이론이 아니라면, 어떤 학문은 옳고 어떤 학문은 그르다는 구분도 허물어 버린다. 기준은 오직 실사구시이다. 다시 강조하면, 그것은 마음을 바로잡는 작업이요, 기운을 맑고 고요하게 하는 일이며, 널리 배우고 힘써 실천하는 일이다. 즉 주체를 평정(平正)하여 고원(高遠)한 것에 애쓰지 않고, 절문근사(切問近思)하여 가치 판단 기준을 사실에서 구하며, 박학(博學)으로 사실에 부합하느냐의 여부를 고증하여 경험적이고 사실적인 실천궁행을 하는 작업이다.[169)]

원래 성현이 걸어갔던 길이자, 우리가 본받고 나아가야할 삶의 길은 다름 아닌, 도덕적 실천이다. 김정희에 의하면, 그것이 성리학이건 실학이건 고증학이건, 현대의 어떤 학문이건, 학문이 공허한 곳으로 빠지지 않고 실사구시하고 있다면, 그것은 교육의 표준이 된다. 실사구시의 입장에서 김정희의 교육적 사고를 다음과 같이 정리할 수 있다.

첫째, 공리공담이나 형이상학적 해석을 지양하고 옛 행적에서 착실한 진리 증거를 찾는다.

둘째, 스승으로부터 전수 받은 진리를 신뢰하며 정확한 주석을 통해 경전을 해석한다.

168) 『阮堂先生全集』卷1.

169) 이문원, 앞의 책, 267-269쪽.

셋째, 실제적 사실이나 일상에서 경전의 가르침을 적용한다.
넷째, 마음을 바로잡고 기운을 맑게 하여 널리 배우고 직접 실천한다.

(7) 정약용

정약용(丁若鏞, 號는 茶山, 혹은 與猶堂; 1762~1836)은 조선 후기 유학을 대표하는 지성이다. 고위 관료는 물론 오랜 유배 기간을 통해 다방면의 저술활동을 하며, 해박한 지식과 사회의 모순을 꿰뚫어 보는 냉철한 의식으로 여러 개혁안을 내놓았다. 널리 알려진 일표이서(一表二書), 즉 『경세유표(經世遺表)』 『목민심서(牧民心書)』 『흠흠신서(欽欽新書)』는 정약용의 정치·경제·산업·형법 등 인간의 삶과 관계되는 여러 가지 사안을 논의한 저서들이다.

정약용은 인간을 이해하는 방식에서 이전의 성리학자들과 다른 특징을 보인다. 그는 인간의 성(性)을 '내 마음이 좋아하는 것'이라고 하는 유명한 성기호설(性嗜好說)을 주장한다. 이는 성즉리(性卽理)라든가, 본연지성, 기질지성으로 나누어 보는 성리학적 인성론을 극복한 것이다. 성기호설은 '인간의 본성이란 기호, 즉 자연적 경향성이다'라는 주장이다. 즉 본성이란 생명의 자연스런 욕구, 충동, 본능의 영역을 가리킨다는 것이다. 어떤 사람의 성은 산수(山水)를 좋아하고 어떤 사람의 성은 서화(書畵)를 좋아한다고 할 때, 이는 모두가 그 사람이 좋아하는 기호를 성으로 본 것이다. 성자의 본뜻이 본래 이러하다.

인간이 좋아하는 기호, 좋아하는 경향성인 성은 선과 악이 동시에 존재한다. 성은 '좋아하는 것', 기호이기 때문에, 결정적이 아닌 개방적이며, 선으로 갈 수도 있고 악으로 갈 수도 있는 경향성이 된다. 다시 말하면, 성이란 선천적으로 결정된 주어진 것이 아니라, 후천적인 자신의 환경, 도덕에 따라 변하고 형성되는 가능태로 주어질 뿐이다. 성리학에서는 '천명지위성(天命之謂性)'이라고 하여, 인간의 성품을 하늘로부터 부여되는 고정된 것이라는 느낌이 강했다. 하지만 정약용은 여기에 유연성을 부여했다.

정약용의 성기호설은 천명지위성과 같은 인간 내면에 도덕적 실체가 선천적으로 부여되었다는 신념이나 리기론에 입각한 성리학적 인간관을 거부하고, 가능태로서 인간의 실천을 강조하는 인간관으로 변모시켰다. 인간의 성이 '선이냐 악이냐' 하는 차원이 아니고, 자신의 자주적 능력으로 자신의 삶을 순간순간 결정한다는 것이다. 이렇게 인간의 성품을 경향성인 기호로 본 결과, 정약용의 인성론은 인간의 지위 변화에 상당한 기여를 했다. 자주적 인간 능력을 전제할 경우, 인간의 선천적 차별을 정당화할 수 있고, 그 자주성이 갖는 인간에 대한 이해를 받아들일 경우, 교육과 윤리에 대한 이해 또한 매우 유연하게 받아들일 수 있는 기반이 된다.[170]

이러한 인간 이해에 기반하여 정약용은 교육에 대한 포괄적인 관심을 갖는다. 교육의 내용 측면에서. 그는 효(孝)·제(弟)·자(慈)를 중시하였고, 당시 풍미하던 사서삼경(四書三經)을 넘어 사서육경(四書六經), 이른 바 십경(十經)을 강조하며 경학을 중시하며 평생 경학 연구에 심혈을 기울였다. 뿐만 아니라, 『삼국사기』 『고려사』 『동국통감』 등 우리나라 역사서를 통해 현실을 읽고 백성을 다스리는 방법을 모색할 것을 주장하였으며, 기예(技藝)를 익혀 실제 삶에서 지혜와 생각과 궁리를 내어 삶에 실제성을 추구하였다. 특히 기예는 이론적인 측면에서

170) 김경태, 「다산 인성론의 교육적 의미」, 한양대 박사논문(1996) 55-59쪽.

농업·방직·군사·의술 등에 대해 논의하였고 실제로 화성(華城) 축성 계획서로 드러나기도 하였다.

정약용이 교육의 핵심 내용으로 내세운 효는 자식이 부모에게 행하는 가장 중요한 예이다. 다시 말하면, 아래 사람이 윗사람을 향해 실천하는 기본적인 예로 우리 생활의 핵심적 가치를 형성한다. 제는 공경을 총체적으로 일컫는 말로, 인간과 인간 사이에 형과 아우라는 상하-수평적 관계에서 행해지는 가장 중요한 예이다. 그리고 사랑은 부모가 자식에게, 윗사람이 아랫사람에게 베푸는 가장 성스러운 예이다.

효도와 공경과 사랑. 이 세 가지는 사람과 사람 사이에 이루어질 수 있는 삶의 길을 가장 압축된 모습으로 보여준다. 한 인간이 다른 한 인간에게 행할 수 있는 행동의 기본 패턴이다. 그것은 일방통행 하는 질서체계가 아니라 쌍무적 윤리관계이다.

이런 인식 아래 정약용은 "모든 사람이 부모에게 효도하고 어른을 공경하여 모실 때, 이 세상이 평화롭게 된다"라고 한 맹자(孟子)의 말을 인용하여, 다른 사람과의 관계를 이해했다. 그리고 인간 사이의 화목과 친애를 매우 중시하였다. 이처럼 정약용에게서 교육은 효도와 공경과 사랑이라는 범주를 넘어서지 않는다. 교육은 개인과 공동체의 조화를 추구한다. 다산의 다음과 같은 인식은 그것을 더욱 뒷받침하고 있다.

> 노인을 노인으로 대접하여 백성들이 효도 의식[孝]을 일으키고, 어른을 어른으로 모셔 공경 의식[弟]을 일으키며, 고아와 같은 외로운 이를 불쌍히 여겨 백성들이 등 돌리지 않게 하여, 한 가정이 사랑으로 화목하고 한 국가가 화평하도록 하는 것이다.[171]

---

171) 『大學公議』

정약용은 교육을 통해, 인간의 윤리가 단순하게 가족 내에서의 효·제·자에 멈추는 것이 아니라, 사회와 국가의 효·제·자의 윤리로 확장되어야 한다고 강조했다. 이것은 공맹(孔孟)이 지닌 유학을 더욱 실천적으로 고취하려는 의도이다. 그러기에 정약용의 유학을 공자와 맹자의 사상과 같은 원시유학으로 되돌리려는 수사학(洙泗學)이라고도 한다. 달리 말하면 '수기치인지학(修己治人之學)'이다.[172] 그것은 정약용에게서 우선되는 것이 실천적 교육임을 의미한다.

또한 정약용은 아동 교육에도 상당한 관심을 기울였다. 당시에 유행하던 주요 아동용 교재인 『천자문』을 어린아이들의 교재로 부적합하다고 보고, 2천자문인 『아학편(兒學編)』을 새롭게 편찬한다. 즉 아동에게 '어떠한 성질'의 단어를 '어떠한 방식'으로, '어떠한 순서'에 의해 가르칠 것인가 고민하였다.[173] 그 결과 『아학편』은 내용상 아동들에게 감각 경험을 통해 배움과 현상 세계를 일치시키려고 하였고, 교육 과정상 좀 더 체계적이고 과학적으로 정비하였다.

172) 이을호, 『다산학총론』(서울: 예문서원, 2000) 참고.
173) 정순우, 『다산 『아학편』 연구』, 윤사순 편, 『정약용』(서울: 고려대출판부, 1990) 참고.

6. 대한제국 및 애국계몽시기의 교육

19세기 후반 들어 조선 사회는 급격한 변화를 겪게 된다. 1876년 일본과 체결한 한일수호조규, 이른바 강화도 조약을 시작으로 당시 조선은 서양의 여러 나라들과 통상수호조약을 맺고 이른 바 개화기를 맞이하게 되었다. 이 시기 우리나라의 근대 교육은 크게 세 갈래로 나누어 전개된다. 하나는 정부 주도의 교육 개혁이고, 두 번째는 민족 선각자들에 의한 교육 구국 운동이며, 세 번째는 서양 선교사들에 의한 교육 운동의 전개이다.

1) 정부 주도의 교육 개혁

새로운 문화를 수용하기 위한 정부의 노력은 일본과 청나라에 수신사나 신사유람단, 영선사 들을 파견하는 방식으로 이루어졌다. 또한 동문학(同文學; 통변학교通辯學校, 1883)이나 육영공원(育英公院; Royal English School, 1886) 등을 통해 외국어와 새로운 문물과 지식을 가르쳤다. 동문학은 독일인 묄렌도르프가 통상아문(通商衙門)의 부속기관으로 설립하였다. 나이가 어리고 총명한 학생 40명을 뽑아 오전반과 오후반으로 나누고 영어와 일어, 서양식 필산(筆算; 쓰기와 셈하기)을 가르쳤다. 동문학은 학교라기보다는 일종의 통역관 양성소라고 보는 것이 옳을 것이다.

육영공원은 조미수호조약 체결 후 미국시찰을 마치고 돌아온 민영익의 건의에 의해 설립된 학교이다. 민영익은 서양문물의 탁월함을 고종에게 보고하는 동시에 현대식 학교의 설립을 제안하였다. 이에 고종은 미국 정부에 이런 학교를 세우고 가르칠 수 있는 교사 세 사람을 추천해 줄 것을 요청하였다. 그러나 양반자제들의 특권의식과 나태함, 관리들의 학교 공금 유용 등, 정부에 봉사할 유능한 인재의 양성이라는 소기의 목적을 달성하지 못하고 1894년 완전히 폐지되고 말았다.[174] 당시의 학교 설립과 교육 상황은 다음과 같은 기록에서 자세히 볼 수 있다.

> 우리[G. W. Gilmore, D. A. Bunker, H. B. Hulbert]는 1886년 봄에 소집되어 7월 4일에 한국에 도착하였다. 우리가 거주할 집은 새롭게 수리하여 단장되어 있었고, 학교 건물과 학생 기숙사도 준비 중에 있어, 장래가 밝아 보였다. 9월 말에 이르러 우리는 수업을 시작하였다. 학생들은 대부분 양반 귀족의 자제들이었고 국왕이 선택한 사람들이었다. 처음에 우리 반에는 35명의 학생이 있었는데, 영어를 아는 사람이 아무도 없었으므로 알파벳부터 시작해야 했다. 통역하는 사람이 셋이 있었는데, 우리 선생 세 사람에게 한 사람씩 배정되어 있었다.
> 국왕[고종]은 상당히 진보적 성향을 지니고 있었다. 급진적이지는 않았지만 국민이 따라 갈 수 있을 정도로 그들을 지도하여 좀 더 높은 수준으로 이끌어가는 것이 국가에 유익한 일이라고 생각하였다. 국왕은 유학과 보수적인 관료들에게 둘러 싸여 있었다. 그런데 이 나라[조선]는 국왕의 진보적 정책을 지지할 수 있는 사람이 절실히 요구되었다. 우리 학교는 바로 이러한 일을 할 것으로 기대되었다. 학생들이 서양 문화와 문명을 대표하는 사람들과 접촉하고, 개화사상을 터득하여 자유주의적인 인물이 되고 국왕을 지지하는 사람이 될 것으로 인식하였던 것이다.
> 영의정(領議政)의 아들이 우리 학교의 학생이었는데, 매우 영

174) 손인수, 『한국개화교육연구』(서울: 일지사, 1981) 참고.

리하고 능력도 뛰어났으나 좀 게을렀다. 영어 공부에 대한 신기함이 차츰 사라지자, 태만해지고 공부에 별 관심을 갖지 않게 되었다. 얼마 지나지 않아 국왕 앞에서 시험을 보게 되었다. 관리들은 이 고관의 자제가 불합격할까 걱정하였다. 그리고 일정한 페이지를 지정하여 시험 준비를 하고 국왕 앞에서 능숙하게 할 수 있도록 했다. 그러나 고관들에게 한 가지 걱정이 생겼다. 국왕이 시험을 교사에게 맡기고, 학생의 학습 상황과 성적을 교사가 국왕에게 직접 보고할 경우에 어떻게 할 것인가의 문제였다. 영의정의 아들은 이 사태를 알고, 여러 학생들과 예조의 관리를 우리 교사들에게 보내어, 자신은 영의정의 아들이므로 높은 점수를 줘야 한다고 탄원했다. 그러나 우리는 아버지의 벼슬과 아들의 점수와는 무관하므로 그가 시험을 치른대로 점수를 주어야 한다고 대답하였다.[175)]

그 후, 고종은 1895년 『교육입국조서』를 발표하여 덕을 기를 것[덕양(德養)]·몸을 기를 것[체양(體養)]·지식을 기를 것[지양(知養)]의 삼양(三養)에 힘쓸 것을 강력히 주장하였다. 즉 국민으로서 기본 교양 교육과 실제 생활에 필요한 실용 교육에 힘쓸 것을 강조하였다.

짐(朕;고종)이 생각해 볼 때, 태조께서 나라를 세우시고 그 왕위를 줄기차게 계승한 지, 이제 504년이 지났다. 이는 실로 이전 왕들의 교화와 은덕이 여러 사람에게 젖어든 것이요, 우리 백성이 충성하고 사랑을 다하였기에 가능한 일이었다. 그러므로 짐이 한량없이 큰 이 역사를 이어 나가고자 밤낮으로 걱정하는 것은 오직 이전 왕들이 남긴 교훈을 받들려

---

175) G. W. Gilmore. Korea from its Capital: With a Chapter on Missions(1892; Google scandate, 20071012)

는 것일 뿐이니, 백성들은 나의 마음을 알아 받들지어다. 그대들의 선조는 이전의 왕께서 길러준 어진 백성이었고, 그대들은 또 선조의 충성과 사랑을 잘 이었으니, 바로 짐이 기르는 어진 백성이다. 짐과 그대들이 함께 선조들의 교훈을 받들어 억만년 편안함을 마저 이어가야 할 것이다. 아! 내가 생각컨대, 가르치지 아니하면 나라를 부강하게 만드는 것이 매우 어렵다고 판단된다.

세계의 형세를 두루 살펴보건대, 부강하고 독립적인 모든 나라는 그 백성의 지식수준이 높다. 이렇게 지식수준이 높은 것은 교육의 힘으로 된 것이니, 교육은 실제로 국가를 보존하는 근본이다. 그러므로 짐이 군사(君師)의 자리에서 교육의 책임을 스스로 맡는다. 또 교육은 그 길이 있는 것이니, 먼저 비실용적인 것과 실용적인 것을 분별하여야 한다. 책읽기나 글쓰기에서 옛 사람의 찌꺼기나 주워 모아 시세의 흐름과 국면을 파악하지 못하는 자는 그 문장이 비록 훌륭할지라도 아무런 쓸모도 없는 한 서생(書生)에 지나지 않는다.

이제 짐이 교육의 강령을 보이니, 비실용적인 것은 물리치고 실용적인 것을 취하도록 하라.

첫째, 덕을 기르는 일이다[德養]. 이는 오륜(五倫)의 행실을 닦아 인간관계를 문란케 하지 말고 세상의 질서를 유지하며, 사회의 행복을 증진시키는 것이다.

둘째, 몸을 기르는 일이다[體養]. 이는 몸의 움직임을 떳떳이 하여 부지런히 힘쓰는 것을 주로 한다. 즉 게으른 행동을 하거나 편안한 것만을 추구하지 말고, 괴롭고 어려운 것을 피하지 말며, 신체를 튼튼하게 하여 건강하게 병 없는 즐거움을 누리도록 하는 것이다.

셋째, 지혜를 기르는 일이다[智養]. 이는 사물의 이치를 깨쳐 나의 지식을 완전하게 한다. 즉 타고난 재능을 다하여 궁리하여 좋은 것과 싫은 것, 옳은 것과 그른 것, 긴 것과 짧은 것을 따져 거기에만 머물지 않으며, 내 것과 남의 것의 구역을 세우지 말고 자세히 연구하여 널리 통하기를 힘써야 한다. 그러고는 한 몸의 이익만을 위해 일을 도모하지 말고 모

> 든 사람들을 위한 공중의 이익을 도모해야 한다.
> 이 세 가지가 교육의 기강이니라. 짐은 정부에 명하여 학교를 널리 세우고 인재를 양성하며 그대들 백성들의 학식을 증진함으로써 국가 중흥을 이룩하려고 한다. 그러니 백성들은 충성하고 애국하는 심성으로 그대의 덕(德)과 체(體)와 지(智)를 기를 지어다.
> 왕실의 안전은 백성들의 교육에 있고, 국가의 부강도 백성의 교육에 있다. 백성들이 수준 높은 경지에 도달하지 못하면, 어찌 짐이 나라를 제대로 다스렸다 할 수 있으랴! 정부가 어찌 감히 그 책임을 다하였다 할 수 있으며, 또 백성들은 어찌 감히 교육의 길에 마음을 다하고 협력하였다 할 수 있으랴!
> 부모는 이것으로써 그 자식을 추동시키고, 형은 이것으로써 그 아우를 권면하며, 벗은 이것으로써 친구의 도를 행하도록 하여, 분발하기 바란다. 나라의 어려움을 극복할 사람은 오직 백성들일 뿐이요, 나라의 모욕을 막을 이도 오직 백성들일 따름이다. 이는 백성들의 당연한 직분이다. 지식의 수준에 따라 그것이 어디에 쓰여야 하는지 고민하되, 잘못된 점이 있으면 오직 그대들의 교육이 밝지 못한 탓이라고 말할 지어다. 모든 백성이 서로 한 마음이 되도록 힘쓰라.
> 그대들 백성의 마음이 또한 짐의 마음이니, 힘쓸지어다. 만약 이와 같이 된다면, 짐은 선대왕들의 덕광(德光)을 사방에 날릴 것이요, 그대들 백성 역시 선조들의 어진 자식과 착한 손자가 될 수 있을 것이니, 힘쓸지어다.[176)]

『교육입국조서』는 국가 중흥의 염원을 담고 있는 개화 조선의 교육 헌장이었다. 조서의 내용은 현재 한국 교육의 원형적 형태를 이룰만한 의미심장한 언급을 하고 있다.

첫째, 가장 원론적인 것으로 "교육은 국가를 보존하는 근본이다"라는 인식이다. 흔히 교육을 '국가백년지대계(國家百年之

---

176) 『高宗實錄』

大計)'라고 한다. 즉 국가 정책 수립에서 100년 정도의 긴 안목을 가지고 계획을 하여 나라의 부강을 꾀하는 근본이 되는 정책이라는 의미이다. 고종은 어지러운 조선을 다시 부강한 국가로 끌어올리려는 기본 계획에서 교육입국(敎育立國)이라는 원칙을 천명하였다. 그것은 당시 세계정세를 파악해 볼 때, 이른 바 강대국으로 불리는 국가들은 모두 국민들의 지식수준이 높다는 것을 깨닫고, 그것이 교육으로 말미암아 성취되었다는 것을 파악한 데서 비롯되었다. 어쩌면 세계정세의 흐름에 발빠르게 대응한 것으로 판단된다.

둘째, 교육의 실용성을 중시하였다는 점이다. 허위의식에 빠진 교육으로는 격동하는 현실 사회를 헤쳐 나가기 힘들다는 깨달음을 얻었다. 아마 서구 과학의 실제적인 힘을 보고 현실적이고 실천적인 것의 교육의 중요성을 인식한 듯이 보인다. 물론 여기에는 당시 조선 사회의 주요한 정신적 기반인 성리학적 사유의 한계가 반영되기도 했을 것이다.

셋째, 교육의 강령을 구체적으로 세 가지로 제시했다. 덕과 체와 지. 이것을 페스탈로치를 비롯한 근대 서구 교육에서의 삼육론(三育論)에 비유하기도 한다. 그러나 그 내용의 실제를 재검토할 필요가 있다. 『교육입국조서』는 형식상 당시 조선에서 지속되었던 유학 경전 중심의 전통 교육을 지양하고 세계정세상 새롭게 전개되는 신교육의 물결을 타려고 한 것은 사실이다. 그러나 내용상 조선 전통의 교육을 포기한 것이 아니라 전통의 창조적 계승을 중심으로 하고 있다. 그 근거로 덕양(德養)의 중심에 유학의 핵심 윤리인 오륜(五倫)을 두고 있고, 체양(體養)의 내용 또한 단순한 신체 단련을 넘어 몸동작을 떳떳이 하여 부지런히 힘쓰는 유학에서의 수신(修身)을 핵심으로 하며, 지양(智養)의 내용도 사물의 이치를 깨쳐 지식의 완성을 꾀하는 유학의 격물치지(格物致知)를 주요하게 다루고 있다.

이렇게 볼 때, 교육의 강령 자체는 유학 교육의 탈피에 중점을 두기보다는 세계정세에 비추어 보아 강력한 국가를 건설하기 위한 기본적인 전제 조건으로 교육의 중요성을 다시 천명하면서 새로운 교육을 모색하는 기로에 있다고 볼 수 있다. 그 핵심이 백성의 지식수준을 끌어올려 국가 부강의 초석으로 삼는 일이다. 그것은 내용상 전통교육과 신교육의 조화라고 판단된다. 전통 교육은 덕양의 기준이고, 체양과 지양은 신교육의 교육과정을 도입하여 실용을 숭상하는 방식으로 진행해 나갔다. 이런 교육 과정은 전인적 애국인상을 교육을 통해 길어내야 할 인간으로 상정하였던 것이다.

이후, 대한 제국의 수립과 더불어 근대적 교육 법규가 제정·공포되면서 한국 근대 교육은 희망을 보이기 시작했다. 당시 근대교육을 주도하기 위한 핵심 기관으로서 한성사범학교의 교육요지를 담고 있는 「한성사범학교 규칙」을 보면 다음과 같다.

* 교육자에게 있어 정신의 단련과 덕조(德操)의 마려(磨勵)는 중요하므로 평소에 이를 권행(勸行)함.
* 교육자에게 있어 존왕애국(尊王愛國)의 지기(志氣)는 중요하므로, 평소에 충효(忠孝)의 대의(大義)를 밝히고 국민의 지조(志操)를 진기(振起)함.
* 교육자에게 있어 규칙을 지키고 질서를 보전하며 사표(師表)의 위의(威儀)를 갖추는 것은 중요하므로, 평소에 장상(長上)의 명령 및 훈회(訓誨)에 복종하고 기거(起居) 언동(言動)을 바르게 함.
* 신체의 건강은 성업(成業)의 기본이므로, 평소 위생(衛生)에 유의하고 체조에 힘써 건강을 증진시킴.
* 교육자에게 있어 교수법(教授法)은 중요한 것이므로, 소학교규칙(小學校規則)에 맞도록 힘써야 함.[177]

『교육입국조서』 발표 이후, 10여 년 간 학무아문을 중심으로 소학교, 한성사범학교, 외국어 학교, 중등학교, 성균관 개편, 의학교, 상공학교, 농학교, 선교계 학교 등을 설립하고, 교과서를 편찬하여 본격적인 근대 학교 교육을 시행하려고 하였다. 그러나 1905년 일제가 통감부를 설치한 후에, 교육 통제가 강화되고 일제 강점기가 시작되면서 정부 주도의 교육 개혁 노력은 빛을 잃게 되었다.

2) 민중과 민족 선각자들의 교육 구국 운동

민중과 민족 선각자들의 교육 운동은 근대를 지향하고 민족을 보전해야 한다는 의식 가운데 진행되었다. 다시 말하면 선진국들의 문물을 받아들여 근대화를 이루려는 개화사상과 우리 민족의 주체성과 정체성을 지속하려는 민족주의 정신을 지향하였다. 이에 사회단체 결성, 언론 기관 설립, 학회와 학교의 설립 등 다양한 측면에서 전개되었다. 이중에서도 학교의 설립은 교육 구국의 일꾼 양성에 주목적을 두고, 전전한 인격과 건강한 신체의 함양에 역점을 두었다. 그 결과, 민족의식을 고취하고 애국 사상을 함양한 애국 청년들을 중심으로 항일 운동의 근거지 역할을 하기도 하였다.

민중이 힘을 모아 세운 학교로는 최초의 근대식 학교인 원산학사(元山學舍, 1883)가 있다. 원산학사는 원산의 덕원읍민, 즉 지방 민중의 노력에 의해 설립된 학교이다. 원산은 부산·인천과 더불어 강화도 조약에 의해 개항되었다. 개항과 동시에 일본 상인들이 물밀 듯이 들어오자 민중들은 스스로의 권익을 어떻게 지켜야 할 것인지 고민할 수밖에 없었다. 이에 덕원 지

177) 『漢城師範學校規則』

역의 의식 있던 어른들이 온건개화파로서 덕원부사였던 정현석(鄭顯奭)에게 학교 설립을 요청하였다. 중요한 것은 덕원의 민중들이 학교 설립 기금을 모아 자제들에게 신지식 교육을 실시하려는 시도이다. 당시 조선이라는 신분 사회에서 민중의 교육적 자각에 의한 학교 설립은 교육사적으로 엄청난 사건이다. 학사에서는 문예반, 무예반 외국어반 등 다양한 교육과정을 두었는데, 문예반에서는 경전의 의미를 가르치고 무예반에서는 병서를 가르쳤다. 원산학사는 외국의 도전에 대응하기 위해 민중이 자발적으로 성금을 모았다는 점, 외국인이나 관 주도의 교육에 앞서 민중의 광범한 근대화의 의욕에서 설립되었다는 점에서 큰 의의가 있다.

이 시기에 활동한 민족 선각자들로 서재필, 윤치호, 유길준, 장지연, 박은식, 이동휘, 이기, 이용익, 오세창, 안창호, 최남선, 이승훈, 이상재, 남궁억 등 이루 헤아릴 수 없을 정도이다. 이들은 언론과 저서, 사회활동을 통하여 교육의 중요성을 일관되게 강조하였다. 특히 민족의 부국강병(富國强兵)과 자립자강(自立自强) 등 주체의식을 기르는데 온 힘을 쏟으려고 하였다. 이런 개화와 근대화, 민족의식을 고취하기 위해 세워진 사학은 흥화학교(興化學校, 1895), 을미의숙(乙未義塾, 1895), 중교의숙(中橋義塾, 1896), 낙연의숙(洛淵義塾, 1901), 우산학교(牛山學校, 1902), 보성학교(普成學校, 1905) 등이 있다. 특히 1907년에 안창호가 설립한 대성학교(大成學校)와 이승훈의 오산학교(五山學校)는 민족의식과 독립정신을 남달리 고취한 대표적인 학교이다. 특히 도산 안창호는 구한말의 풍전등화 같은 국운을 바라보면서 자아혁신(自我革新)과 개조(改造)를 통해서 민족을 혁신하고 개조하려고 하였다. 여기에서 급선무가 교육이라고 주장하였다.

> 나는 단언하오, 독립운동 기간일수록 더 교육에 힘써야 한다고. 죽고 살고 노예되고 독립(獨立)됨이 판정되는 것은 지력(知力)과 금력(金力)이오. 우리 청년이 하루 동안 학업(學業)을 폐하면 그 만큼 국가에 해(害)가 되는 것이오. 또 국민에게 좋은 지식(知識)과 사상(思想)을 주고 애국(愛國)의 정신을 격발하기 위해 서적을 많이 간행하여 이 시기에 적합한 특수한 교육도 하여야 하고 학교도 세우고 교과서도 편찬하여 해외에 있는 이들에게도 가급적 교육을 실시하여야 하오.[178)]

안창호는 이러한 교육의 중요성을 염두에 두고 대성학교의 교육방침을 네 가지로 설정하였다. 첫째, 건전한 인격의 함양, 둘째, 애국정신에 강한 민족운동자 양성, 셋째, 국민으로서 실력을 구비한 인재의 양성, 넷째, 강장(强壯)한 체력의 훈련이 그것이다.

이 교육방침을 실천하기 위해 무실역행(務實力行)과 주인정신(主人精神)을 강조하였다. 무실역행은 나 한 사람부터 성실한 사람이 되어야 민족중흥에 새로운 힘이 될 수 있다는 의미이다. 무실(務實)은 '실(實)을 힘쓰자'는 뜻으로 진실·성실·참·거짓이 없다는 말이다. 역행(力行)은 '행(行)을 힘쓰자'는 말이다. '힘써 행하라'는 말이 아니라 '행하기를 힘쓰자'는 의미이다. 공리공론(空理空論)이나 교조적 명분론을 버리고 실천궁행하자는 의미이다. 그리고 주인정신은 책임과 독립을 강조하는 주체적 정신이다. 우리 민족의 구성원 모두가 역사와 민족에 대해서 책임질 수 있다는 생각을 지닐 때 주인정신은 살아난다. 안창호는 바로 이런 무실역행과 주인정신을 교육을 통해 심어주려고 하였다.

또한 이승훈도 민족의 장래와 운명이 교육에 달려 있다고

178) 『島山全書』

보고 오산학교를 설립한다. 그는 오산학교의 설립정신을 다음과 같이 표현하며 그 간절함을 보여 주었다.

> 지금 나라가 기울어져 가는 데 우리가 그저 앉아 있을 수 없다. 이 아름다운 강산, 선인들이 지켜온 강토를 원수인 일본놈들에게 내어 맡긴다는 것이 정말 있어서는 안 된다. 총을 드는 사람, 칼을 드는 사람도 있어야 할 것이다. 그러나 그보다도 더 귀중한 일은 백성들이 깨어나는 일이다. 세상이 어떻게 돌아가는지를 모르고 있으니, 그들을 깨우치는 것이 제일 급선무이다. 우리는 우리를 누르는 자를 나무라기만 해서는 안 된다. 내가 못생겼으니 남의 업신여김을 받는 것이 아닌가. 옛 성현의 말씀에도 사람이 스스로를 업신여기면 남이 업신여긴다고 했다. 내가 오늘 이 학교를 세우는 것은 후진을 가르쳐 만분의 일이라도 나라에 도움이 되기를 원하기 때문이다. 한 마음으로 협력하여 나라를 남에게 빼앗기지 않는 백성이 되기를 부탁한다.[179]

이처럼 오산학교는 민족의 영광을 바라보는 민족정신을 고취하려고 하였다. 그러기에 자신의 덕과 지혜, 힘을 길러 나라에 봉사하려는 희생정신을 바탕으로 신학문을 닦아 국가의 기둥이 되려는 학생들이 모여들었다.

전체적으로 볼 때, 민중과 민족 선각자들의 교육 운동은 공통적으로 서구의 신문화를 받아들여 민족과 국가의 번영을 꾀하려는 의도를 지니고 있었다. 특히 1905년 일제가 침략하면서부터는 교육구국의 이념아래 민족의 주체의식과 독립을 내세우는 쪽으로 나아갔다. 요컨대, 민족의식을 고취하고 신지식을 계발하여 국권을 회복하는 데 온 힘을 기울였다고 볼 수 있다.

179) 『南岡 李昇薰』

3) 기독교 선교사들의 교육활동

개신교가 우리나라에 본격적으로 전래된 것은 고종 19년(1882) 미국을 비롯한 여러 나라와 수호조약을 체결한 이후부터이다. 1884년 당시 일본에서 선교하고 있던 감리교 선교사 매클레이(Macley)가 고종을 알현하고 교육과 의료사업 허락을 받고 난 후부터 교육 활동이 이루어졌다. 이후 알렌(Allen)은 1885년 광혜원을 세워 최초로 서양식 의료기술을 전파하였고, 아펜젤러(Appenzeller)는 1885년 배제학당을 설립하였다. 스크랜튼(Scranton)부인은 1886년 우리나라 최초의 여학교인 이화학당을 열었다. 이렇게 하여 1910년까지 선교사들이 설립한 학교는 800여개 교에 달한다.

개신교 선교사들은 그들의 교리인 "예수께서 모든 성과 촌에 두루 다니사 저희 회당에서 가르치시며 천국복음을 전파하시며 모든 병과 모든 약한 것을 고치시니라"[180)]라는 말씀에 따라 포교 사업을 시작하였다. 당시의 학교와 기독교 선교정책을 일러 주고 있는 재한장로교연합회공의회 선교정책(在韓長老教聯合公議會 宣教政策)을 보면, 그런 정책이 잘 나타나 있다.

1. 전도의 목표를 상류층보다 근로계급의 인도에 두는 것이 더 낫다.
2. 모성은 후대의 양육에 중요한 영향력을 미치므로 부녀자의 인도와 청소년의 교육을 특수 목적으로 한다.
3. 군 소재지에 초등학교를 설치함으로써 기독교 교육에 성과가 많을 것이니 선교부 소관학교에 재학하는 남학생을 교사로 양성하여 각 지방으로 파송한다.
4. 교육받은 교역자 배출도 우리 교육기관에서 실천해야 할

180) 『신약성서』 「마태복음」 9:35.

것이니 이점에 항상 관심을 두어야 한다.

5. 사람의 힘이 다할 때에 하느님의 말씀이 사람을 회개시킨다. 그러므로 모든 힘을 다하여 조속한 시일 내에 정확한 말로 성경을 번역하여 세상에 내어 놓는 것이 가장 중요하다.
6. 모든 문서사업에는 한자의 구속에서 벗어나고 순 한글을 사용하는 것이 우리의 목표가 되어야 한다.
7. 진취적인 교회는 자립하는 교회가 되어야 한다. 우리 교인 중에 남에게 의존하는 생활자의 수를 감소시킴을 목표로 하고 자립하는 교회와 헌금하는 교인 수를 증가시킨다.
8. 한국인 대중을 그리스도에게로 인도하는 일은 한국인 자신들이 하여야 한다. 그러므로 우리 자신들이 대중에게 전도하는 것보다 적은 수의 전도사를 철저하게 훈련시킨다.
9. 선교사 의사들의 사업이 좋은 성과를 얻으려면 개별적으로 환자를 병실이나 환자의 집에 오래 두고 시료(施療)하면서 전도하고, 의사가 본보기가 되어 환자가 마음으로 깊은 감격을 느낄 수 있는 기회를 가지게 할 것이다. 외래환자 진료소 사업은 비교적 성과가 적다.
10. 지방에서 와서 장기간 입원하였다가 퇴원한 환자들을 그들의 주소로 찾아가서 사후 상황을 계속하여 돌보아야 한다. 그들이 병원에서 받은 온정적 대우는 전도사가 접촉할 수 있는 기틀이 될 수 있기 때문이다.[181)]

특히, 병원을 설립하는 의료의 전파와 동시에 교육을 주요 포교의 수단으로 삼아 의료 행위를 통해 조선 사람을 불행에서 구하고, 교육을 통해서 계몽의 방법으로 서양의 근대문화를 소개했다. 그런 임무를 담당한 것이 바로 미션스쿨(Mission School)이었다. 선교사들의 교육활동은 서구의 근대적인 교육

181) L. G. Paik. *The History of Protestant Missions in Korea 1832-1910*(Seoul: Yonsei Univ. Press, 1970) 참고.

제도를 도입하고, 서구식 민주주의 이념에 입각한 교육의 기회 균등 사상을 보급하는데 기여하였다.

7. 일제 강점기 조선총독부 시기의 교육

일제가 조선 교육에 본격적으로 개입하기 시작한 것은 1904년 일본인 고문인 시데하라가 학정 참여관으로 부임하면서부터이다. 시데하라는 조선의 아동들이 사용할 교과서를 편찬하고, 일본인 교사를 채용하도록 하며, 각급 학교의 명칭을 변경토록 하는 등 조선 교육에 깊게 관련하였다. 특히 1906년 통감부가 설치되면서 일본은 조선을 완전한 식민지로 만들기 위한 갖가지 시책을 추진하였다. 학제를 전면적으로 개편하여 식민지화 교육을 도모하고, 조선인은 고등교육을 받을 수 없도록 고등교육기관 설립을 불허하였으며, 대신 실업학교를 두어 실업 기능인 양성에 주력하였다. 뿐만 아니라 동화 정책의 일환으로 일본어 교육을 강화하고 일본인 교원을 다수 배치하여 친일 교육을 실시하면서 학교 운영에도 관여하기 시작하였다.

1910년 한일합방을 공포하고 조선총독부를 두어 무단통치를 강행하면서, 1911년 제1차 조선교육령을 제시하였다. 조선교육령은 조선의 교육을 법에 의해 공식적으로 통제한 식민지 교육의 확립이었다. 그것은 조선인 교육은 충량한 국민 육성을 목적으로 한다는 법령이었다. 특히 한국인의 교육기간을 단축하고 초등교육에 치중하게 하고, 중등교육에서는 실업교육을 강화하는 등 우민화를 꾀하였다. 나아가 일본어 교육을 강화하고, 교과서 내용을 통제하며, 조선의 학생들을 감시하고, 민족운동의 온상인 사립학교를 탄압하였다.

1919년 3·1운동 이후, 약간의 변화가 있기는 했으나, 본질적으로는 여전히 민족 교육을 탄압하고 일제 식민지 교육을 강화하는 방향으로 전개 되었다.

1920~30년대 식민지 교육이 한참 무르익을 무렵의 일제 강점기 교육계의 인식을 보면 다음과 같다.

1. 5,000여년의 찬란한 문화는 종족이 하루아침에 이민족의 침입을 받아 문화, 종교, 언어, 습속이 파괴당하고 매몰되었는데 교육이 가장 심하다.
2. 한글과 한국의 역사는 한국인이 배우고자 하는 것인데 일본인들이 금지하고 대신 일본어와 일본의 역사를 가르친다.
3. 한국인 선생과 한글 서적은 모두 한국인이 요구하는 것인데 일본인들이 못하게 하고 일본인 선생과 일본 서적을 강요한다.
4. 배우는 권리는 한국인이 균등하게 누리고자 함인데, 일본인이 이를 제한하는 까닭에 태어나 배울 수 있는 학교가 없으며 배워도 직장을 구할 수 없으니 이를 통탄해 마지않는다.
5. 경성[서울]의 한글 신문인 조선일보(1928년 11월 25일자)에는 교육계의 큰 문제로 "일본인 교원 대신 한국인 교원 채용을 요구"라고 하였는데, 근래 조선 학생들의 사상 경향을 살펴보면 모두 열렬히 자국의 언어와 역사를 주장하는 데, 이것은 청년계의 향학열이 격발해서 민족적 자각의 소리가 고조되는 징조이다. 조선의 전통교육이 중국의 경(經)·사(史)·자(子)·집(集)을 근간으로 했으며, 자국의 문화에는 주의를 기울이지 않았기에 급기야는 비참한 결과를 가져왔다. 생각건대 이러한 과거는 깨끗이 잊어버리고 자국의 언어와 역사를 배우고 닦는데 급급하지 않을 수 없다.
6. 한국의 공립보통학교는 외국의 초급 소학교를 말하는 데, 소학에서 중학, 전문학교에 이르기까지 모두 일본인이 교장이고, 중요 직책, 직원, 교사도 역시 모두 일본인들이 점거, 50만 학생으로 하여금 머리를 조아리게 한다.[182)]

이러한 일제 식민지 교육은 근대 개화기 교육이 추구했던 교육 개혁들을 억압하면서, 조선의 문화적 전통을 급격히 단절시켜 민족 문화의 계속적인 발전을 괴하지 못하게 만들었다. 더욱이 서구 문화는 침략적 제국주의 문화로 왜곡되어 근대화의 기반을 형성하는 데 큰 타격을 주었다.

182) 『素昻先生文集』.

8. 해방 후 현대 교육

1945년 일제로부터 해방된 우리나라는 38선을 경계로 이북은 소련이 이남은 미국에 의해 다스려지게 되었다.

미 군정청의 학무국은 한국인 7명으로 구성된 자문기관으로 '한국교육위원회'를 조직하여 교육문제 전반에 대한 심의와 결정을 하였다. 특히 일제 잔재의 불식, 평화와 질서의 유지, 생활의 실제에 적합한 지식 기능의 연마를 중시하였다. 또한 학무국 산하에 조선교육심의회를 두고 한국 교육의 정초를 다지도록 하였는데, 이때 홍익인간의 교육이념을 채택하고, 6-3-3-4제의 단선제 학제와 1년 2학기제 등을 채택하였다. 주요 교육 시책으로는 교수 용어를 한국어로 하고 교과서를 편찬 보급하며 민주주의 교육의 이념의 보급과 교육 자치제, 문맹퇴치를 위한 성인교육 등을 추진하였다.

이는 서양의 현대적 교육사조에 따라 교육방법을 민주화하기 위한 노력이었다. 즉 전통적 교육의 권위적이고 주입적인 방법에서 벗어나 아동의 개성을 존중하고 자유롭고 창의적인 활동을 통해 학습하는 것이다. 이는 오천석에 의해 '새교육'이란 이름으로 소개되었는데, 민주주의 이념을 바탕으로 한, 미국의 진보주의 교육 방법을 채택한 것이었다.

1948년 8월 15일 대한민국이 수립되고, 대한민국 교육법이 제정되면서 한국교육은 본격적으로 전개된다. 교육법은 국민교육, 평등교육, 의무교육의 대원칙을 밝혔으며, 교육자체제에 관한 규범을 두고, 민주교육을 위한 법적 장치를 마련하였다. 이후 한국전쟁, 4·19혁명, 5·16쿠데타, 12·12쿠데타, 5·18광주민주화운동 등 정권의 교체와 시대 상황의 변화에 따라, 교육의 양적 팽창과 질적 전환이 이루어져 왔다.

현재 대한민국은 「헌법」 제31조에 '교육에 관한 조항'을 다음과 같이 규정하고 있다.

① 모든 국민은 능력에 따라 균등하게 교육을 받을 권리를 가진다.
② 모든 국민은 그 보호하는 자녀에게 적어도 초등교육과 법률이 정하는 교육을 받게 할 의무를 진다.
③ 의무교육은 무상으로 한다.
④ 교육의 자주성 · 전문성 · 정치적 중립성 및 대학의 자율성은 법률이 정하는 바에 의하여 보장된다.
⑤ 국가는 평생교육을 진흥하여야 한다.
⑥ 학교교육 및 평생교육을 포함한 교육제도와 그 운영, 교육재정 및 교원의 지위에 관한 기본적인 사항은 법률로 정한다.

이러한 「헌법」에 의거하여 만들어진 「교육기본법」 제1장 제2조에는 교육의 목적을 다음과 같이 기술하고 있다.

> 교육은 홍익인간의 이념 아래 모든 국민으로 하여금 인격을 도야하고 자주적 생활능력과 민주시민으로서 필요한 자질을 갖추게 하여 인간다운 삶을 영위하게 하고 민주국가의 발전과 인류공영의 이상을 실현하는 데 이바지하게 함을 목적으로 한다.

한편, 북한은 1946년 「교육결정 제133호」를 발표하면서 교육체제를 임시로 개정하였다. 이후, 1948년 9월 9일 조선민주주의 인민공화국이 수립되면서, 「사회주의헌법」 제43조에서 다음과 같이 교육목적을 규정하여 오늘에 이르고 있다.

> 국가는 사회주의 교육학의 원리를 구현하여 후대들을 사회와 인민을 위하여 투쟁하는 견결한 혁명가로 지덕체를 갖춘 공산주의적 새 인간으로 키운다.

현대한국교육사의 차원에서 볼 때, 남한인 대한민국과 북한인 조선민주주의 인민공화국 사이의 교육은 이질적인 측면이 많다. 민족통일을 전제로 한다면, 무엇보다도 시급한 작업이 남북 간의 분단 극복과 민족 동일성을 회복하는 통일교육이 중요하다.

제4부

중국의 역사와 교육

중국은 아주 오래된 역사와 전통을 지니고 있는 나라이다. 교육의 역사 또한 그만큼 유구하다. 중국 역사에 대한 이해는 학자들 간에 이견이 있기는 하나, 하(夏)나라를 비롯하여 상(商:殷)나라와 그 이전은 대개 씨족(氏族) 부락(部落) 사회로 이해한다. 당시의 사회생활은 비교적 간단했기 때문에, 발달한 문화나 문명은 제대로 형성되지 않았다. 교육 또한 인간들의 실제 생활 속에서 자연스럽게 이루어지던 생활 교육의 시대였다.[1)]

주(周)나라에 이르러, 사회를 지탱하는 핵심 제도로 봉건제(封建制)가 성립되고 사회생활이 진보되면서 현저한 문화의 발달이 이루어졌다. 『시경』이나 『서경』 『주역』으로 상징되는 경전들은 당시의 시대정신을 대표하는 문화로 인식되었다. 이런 사유를 기초로 교육도 화민성속(化民成俗)의 윤리도덕과 인륜을 밝히고 예의를 알도록 하는 예의교육이 핵심을 이루었다.

이후, 춘추전국(春秋戰國), 진(秦), 한(漢), 위진(魏晉) 남북조(南北朝), 육조(六朝), 수(隋), 당(唐), 송(宋), 원(元), 명(明), 청(淸)나라에 이르기까지, 중국 대륙은 한(漢)민족 중심으로 몽고족과 여진족 등 다양한 이민족이 번갈아가며 지배하였다. 중국의 교육은 왕조가 바뀔 때마다 제도상으로 상당한 변화를 겪었다. 그러나 교육 사상적 차원에서는, 도가(道家)나 법가(法家)와 같은 고유 사상, 불교(佛敎)와 같은 외래 사상 등 다양한 사상이 발전하였으나, 유교(儒敎)의 범위를 벗어나지 않았다. 다시 말하면 유교의 교육이 중국 역사 2천 여 년을 지배해 왔다고 해도 과언이 아니다.

그러나 1840년대 초반에 벌어진 아편전쟁(阿片戰爭) 이후,

---

1) 任時先(차석기 역), 『中國教育思想史』(서울: 교학연구사, 1989), 18-20쪽.

서양의 과학 문명이 본격적으로 중국에 유입되면서 사회생활 전반에 큰 변화가 생기기 시작했다. 특히, 서양의 '자연과학'과 '민주주의'는 유교 사상을 흔들리게 만들었다. 그것은 중국 전체 사회의 의식 형태를 변하게 만들었고, 서양의 과학을 주체로 하는 새로운 교육사상이 생겨나게 했다. 이후 중국은 태평천국(太平天國)과 의화단 운동(義和團 運動), 양무운동(洋務運動)과 변법자강운동(變法自疆運動), 신해혁명(辛亥革命)과 5·4운동 등을 거치면서 근대 중국으로서 기반을 닦게 된다.[2)]

특히, 현대 중국을 가능하게 만든 시발점은 1919년 5·4운동이 계기가 되었다. 중국의 민족해방 운동은 5·4운동을 계기로 새로운 차원으로 접어들게 되고, 이는 1949년 중화인민공화국(中華人民共和國)으로 완결된다. 중화인민공화국은 1949년 10월 1일에 성립하였다. 19세기 중반부터 20세기 중반에 이르기까지, 거의 1세기에 걸친 굴욕과 정체의 늪에 빠져있던 중국은 이제 사회주의 국가로 역사에 등장하였다.

중화인민공화국의 국가 건설 초기 단계인 1949년에서 1952년까지는 '국민경제부흥기'라고 부른다. 이후 1953년·1957년에 제1차 5개년계획을 필두로, 1958년·1962년까지의 2차 5개년계획을 거치면서, 1963년경부터 낙후되었던 중국 경제는 회복의 단계로 전환했다. 경제가 회복 단계에 접어들면서 196년, 중국은 농촌 사회주의 교육운동을 시작하였다. 이 운동은 이른바 네 가지 청렴함을 실천하자라는 '사청(四淸)'을 핵심으로 하였는데, 그것은 '노동 점수, 장부, 자재, 창고를 청렴하게 처리하자'라는 운동이었다. 이후 문화대혁명, 천안문 사태 등을 거치고, 4대 현대화를 지향하면서 중국은 세계적 강국으로 부상

---

2) 佐伯富 외(주진영 옮김), 『세미나 중국사』(서울: 지평, 1990) 참고.

하고 있다.

이 장에서는 중국의 교육 제도사를 중심으로 간략하게 정돈한다.

1. 중국 고대사회의 교육

1) 원시사회의 교육

인류 최초의 교육 활동은 매우 원시적이었다. 중국의 고대 원시사회의 교육도 마찬가지였다. 당시에는 문자나 학교가 없었기 때문에 구전(口傳)을 통해 교육이 이루어졌다. 한 집단에서 연장자들은 자신들의 축적된 생활과 노동의 경험을 다음 세대에 전수해 주었다. 생활에 필요한 생산 활동 양식은 물론 집단 내부의 도덕규범이나 풍속 및 관습 등을 준수하는 방법도 교육시켰다.

이외에도 원시교육의 활동으로 중요한 방식이 있다. 그것은 원시 종교 활동이다. 원시 종교는 인류의 사유를 일정한 단계로 발전시킨 산물로 특수한 의식 형태에 속한다. 원시시대에 성행한 자연숭배, 토템, 귀신이나 조상에 대한 숭배 등과 같은 행위는 생산력 수준이 극도로 낮은 상황에서 원시인들에게 어떤 신비감을 갖게 만들었다. 그것이 교육과 직결되었다. 예를 들면, 자연에 대한 숭배는 자연에 관한 상식을 알게 만들었다. 나아가 원시 종교 활동은 부족이나 부락의 응집력을 높여 사회성을 기르는 교육에도 기여하였다. 이러한 교육활동은 원시적이기는 하지만, 나름대로의 목적이나 의식을 갖춘 자치활동이었다.

이러한 중국 고대의 원시교육은, 전 세계 대부분의 고대 원시교육과 유사하게, 다음과 같은 특징을 지니고 있다.[3)]

---

3) 周德昌 外, 『中國教育史綱』(廣州: 廣東高等教育出版社, 1998), 3-4쪽.

첫째, 고대 원시교육은 계급성을 드러내지 않는다. 왜냐하면 고대 원시사회는 사유재산이 없고 계급사회가 아니기 때문이다. 이는 모든 사람이 평등하게 교육받을 수 있을 가능성을 내포한다. 이런 특징은 평등의 정신에 의거하여 그 사회 구성원을 교육할 수 있다는 의미인데, 교육의 내용 차원에서 상호 협력, 단결과 우애의 정신을 체현하게 만든다.

둘째, 고대 원시교육은 전문적 사회활동이 아니다. 교육은 일종의 사회 현상이다. 원시사회에서 교육은 생산 활동과 분리할 수 없고, 정치·종교·예술 등 생활상의 다양한 활동과 결합되어 있다. 물론, 교육을 실시할 대, 전문가나 별도의 전용 장소가 있는 것도 아니다. 교육을 책임지는 사람은 집단의 연장자나 어른이다. 그들은 생활 경험에서 경험이 풍부하기 때문이다. 씨족 공동체의 경우, 일종의 혈연관계를 구심으로 하는 사회이기 때문에, 씨족의 어른들은 자연스럽게 씨족공동사회의 핵심 인물이 된다.

셋째, 고대 원시교육은 구전(口傳)과 모방(模倣)을 주요 수단으로 한다. 당시에는 문자와 책이 없었다. 때문에 생활 경험의 전수, 단체 부락의 풍속과 관습의 전달, 윤리 도덕규범의 함양이 구전이나 관찰, 모방에 의해 이루어졌다. 예를 들면, 노래나 속담, 신화, 유희, 관례나 그림 등과 같은 것이 교육의 주요한 수단이었다.

2) 학교 출현과 선진 교육[4)]

동서고금을 막론하고, 학교의 출현은 교육의 발전에 결정적 역할을 하였다. 중국에서 학교는 기원 전 2000여년 경, 하나라 때 맹아가 싹트기 시작했다. 하·은·주 삼대를 거치면서 학교는 점차적으로 발달했고 제도로 자리 잡게 되었다. 그러나 주나라가 쇠퇴하고 춘추전국 시기에 들어서면서, 세상이 혼란해지자 나라에서 세운 학교인 관학(官學)은 쇠퇴하고 사학(私學)이 흥기하기도 하였다. 사학의 흥기는 학교가 관(官)에서 벗어나 개인 학자에 의존하는 독립적인 방향으로 나아가게 만들었고, 중국 전통의 교육이론이 만들어지는 계기가 되기도 하였다. 공자나 맹자, 순자 등의 여러 교육자들의 활동이나 저술, 「학기」와 같은 교육 논저가 만들어지기도 하였다. 학교의 출현 모습은 다음과 같은 언급에서 찾아 볼 수 있다.

> 등문공이 나라를 다스리는 데 대해 묻자 맹자가 말하였다. …… 예전부터 상(庠)·서(序)·학(學)·교(校)를 설립하여 백성들을 가르쳤습니다. 상은 '봉양한다'는 뜻이고, 교는 '가르친다'는 뜻이며, 서는 '활쏘기를 익힌다'는 뜻입니다. 하(夏)나라에서는 교(校)를 설치하였고, 은(殷)나라에서는 서(序)를 설치하였으며, 주(周)나라에서는 상(庠)을 설치하여 백성들을 교육하였습니다. 학(學)은 하은주 삼대의 모든 나라에서 설치하였던 최고교육기관인 국학(國學:太學)을 말합니다. 이런 학

4) '선진(先秦)'은 진시황제에 의해 최초로 중국을 통일한 진(秦)나라 이전 시대를 말하는 중국철학의 고유용어이다. 즉, 진(秦)나라 이전에 중국 문화를 이루었던 삼대(三代; 夏·殷·周), 춘추전국(春秋戰國) 시대를 통틀어 말하는데, 주로 춘추전국을 지칭하는 경우가 많다. 역사적으로 이해할 때는 '선진 시대'라는 용어를 쓰기도 하고, 철학 사상의 차원에서는 '선진 철학', '선진 사상'이라는 용어를 쓰기도 한다. 여기에서는 이를 차용하여, 진나라 이전의 교육을 '선진 교육(先秦 敎育)'으로 쓴다.

> 교를 설치한 목적은 모두 인륜(人倫)을 밝히는 것이었습니다. 위에 있는 상류층이 인륜이 밝으면 아래에 있는 백성들도 교육을 받아 이를 알게 되고, 위아래가 모두 친하게 되어 나라가 잘 다스려 질 것입니다.[5)]

『설문해자(說文解字)』에 의하면, '상(庠)'은 '엄(广)'과 '양(羊)' 두 부분으로 구성되어 있다. '엄(广)'은 가옥(집)을 뜻하며 '양(羊)'은 짐승 이름이다. 이것을 학교의 이름으로 삼은 것은 교육적으로 중요한 의미를 지닌다. 원시 공동체 사회 후기에 들어서면서 중국 고대인들은 수렵·채집을 주로 했던 유목생활에서로부터, 사육과 재배를 주로 하는 정착생활의 시기로 접어들었음을 일러준다. 즉 '상(庠)'은 소나 양과 같은 가축을 사육하던 장소였던 것이다. 사육은 대부분 집안의 어른들이 담당하였다. 그리고 어른들은 사육하는 일을 아이들에게 전수하는 책임도 지고 있었다. 세월이 흐르면서 단순한 사육의 장소를 의미했던 '상(庠)'은 아동교육의 장소를 의미하는 개념으로 바뀌었다. 다른 견해도 있다. '상(庠)'이 '양고기를 먹는 사람들이 거처하던 곳'이라는 의미이다. 원시사회에서 양고기는 좋은 음식이었다. 일반적으로 씨족의 어른들만이 먹을 자격이 있었다. 그래서 '상(庠)'을 경로(敬老) 혹은 양로(養老)의 장소라고 한 것이다. 원시사회에서는 다음 세대를 교육하는 임무는 통상적으로 어른들이 담당했기 때문에, '상(庠)'이 교육의 장소로 의미전이를 하게 된 것이다. 이런 두 견해는 최초의 학교가 순수한 교육 장소가 아니었음을 일러 준다.

'서(序)'는 중국 고대사회에서 말 부리기나 말 타기, 또는 활쏘기의 연습 장소였다. 동쪽과 서쪽에는 벽으로 둘러쳐 있고,

---

5) 『孟子』「滕文公」上.

가운데는 넓은 공터로 되어 있었다. 그래서 글자의 모양이 편방인 '엄(广)'으로 되어 있다. 원시사회는 부족이나 부락 사이에 정벌과 침탈이 빈번히 발생하였다. 부족이 발전하여 만들어진 나라의 경우에도 마찬가지였다. 따라서 나라를 지키기 위해서는 군사 훈련을 중시할 수밖에 없었다. 국가 수호를 위해 구성원들은 유능한 무사로 훈련시켜야 했다. 그래서 '서(序)'는 군사 훈련이나 체력 단련을 중심으로 하는 교육 기구로 발달하였다.

'교(校)'의 최초의 의미도 일종의 군사 훈련이나 체력 단련을 위한 교육 기구였다. 『설문해자』에 의하면, '교(校)'의 본래 의미는 '목수(木囚)'라고 했다. 목수는 나무나 대로 엮어 만들어 놓은 축사를 말한다. 이것이 나라를 유지하기 위한 군사 훈련의 필요성으로 인해, 점차 무예를 연습하고 겨루는 장소로 바뀌었다. 나라의 간성인 청소년들은 상당히 광범위한 군사 훈련을 받았을 뿐만 아니라, 각 항목에 걸쳐 매우 엄격한 심사도 받았다고 한다.

맹자에 의하면, '상・서・교'와 달리 '학(學)'은 하・은・주의 삼대에 걸쳐 모든 나라에서 설치한 것이라고 했다. 은나라의 유물인 갑골문을 통해 보다 자세한 모습을 유추할 수 있다. 갑골문에는 '상(庠)', '서(序)'는 물론 '학(學)'도 나타났다. '학(學)'이라는 글자의 출현은 당시 교육이 문화나 지식의 학습이 이루어졌을 뿐만 아니라 교육활동도 상당히 정비되었음을 의미한다. 갑골문 가운데는 손에 붓을 쥐고 있는 모양의 '필(筆)', 죽간(竹簡)이나 목간(木簡)을 묶어 놓은 모양의 '책(冊)', 그리고 가르치는 사람인 스승이나 가르침을 의미하는 '사(師)'나 '교(敎)' 등이 교육과 관련된 글자들이 많이 보인다. 이러한 글자들의 출현은 상(商)나라 때 이미 전문적으로 교육을 진행시키는 장소로서의 학교가 존재했다는 근거이다. 필기구인 붓[筆], 책(冊)등의 학습 도구가 있었고, 교사(教師)라는 교육전문 요원이 있었다는 사실이 학교의 존재를 뒷받침한다. 갑골문 중에는 언제 학교가 세워지고, 언제 입학하는가를 점친 내용과 활쏘기·셈하기·예절·음악 등을 익히는 내용이 표시되어 있으며, 교사가 학생에게 글자 새기는 연습을 지도하는 내용 등도 보인다고 한다.6)

이런 차원에서 보면, '상·서·교'는 학교로서의 면모를 갖추기는 했으나 미흡한 부분이 아주 많았다고 생각된다. 어떻게 보면, 원시적 학교의 모형을 제시한 것에 불과할 수도 있다. 엄격히 말해하면, '상(庠)', '서(序)', '교(校)' 등으로 불리던 교육 기구들은 단지 교육의 장소에 불과했다. 이는 현재의 학교라는 의미와는 엄청난 차이가 있다. 당시의 교육활동은 오늘날처럼 정치 및 종교와 분리된 차원이라기보다 정치활동이나 종교 활동과 밀접하게 연관되어 있었고, 다양한 영역에서 현재 교육과 비교하기 어렵다. 그러나 지속적인 발전 과정을 거치면서 전문 교육 기관으로 변하게 된다.

중국의 교육은 주(周)나라에 들어서면서, 획기적으로 발전을 거듭한다. 특히, 서주(西周)의 학교 교육은 상(商:殷)나라의 제도를 이어받아 집대성한 것이었다. 학교의 형태를 정돈하여 비교적 완비된 학교 교육 체계를 만들었다.

문헌 기록에 의하면, 서주의 학교는 '국학(國學)'과 '향교(鄉校)'로 양분된다. '국학(國學)'에는 '소학(小學)'과 '대학(大學)'의 두 단계가 있다. 소학의 경우, 두 종류가 있었다. 하나는 천자가 거주하는 왕궁 부근에 세운 것으로 왕실에 재직하는 귀

---

6) 周德昌 外, 앞의 책, 6-8쪽.

족 자제가 다니는 소학이며, 다른 하나는 교외에 세운 일반 귀족 자제가 다니는 소학이다. 대학에도 두 종류가 있었다. 하나는 천자가 있는 도성에 세워진 대학인데, '벽옹(辟雍)'이라고 했다. 다른 하나는 제후가 소재한 도성에 세워진 대학으로, '반궁(泮宮)'이라고 했다.

'향학(鄕學)'에는 '상(庠)', '서(序)', '교(校)', '숙(塾)'이 있었다. 향학의 설치는 당시 봉건제를 중심으로 하는 지방 행정구역의 편제에 따랐다고 한다. 『주례』에 의하면, "향(鄕)에는 상(庠)이 설치되었고, 주(州)에는 서(序), 당(黨)에는 교(校), 려(閭)에는 숙(塾)이 설치되어 있다"[7]라고 하였다. 『예기』「학기」에는 "가(家)에는 塾(숙)이 설치되어 있고, 당(黨)에는 상(庠), 술(術)에는 서(序), 국(國)에는 학(學)이 설치되어 있다"[8]라고 했다.

이러한 기록으로 미루어 볼 때, 서주의 학교 제도가 전대에 비해 확실히 발전했음을 알 수 있다. 그렇다고 서주의 학교 제도가 모든 사람들에게 열려 있는 교육의 보급을 의미하지는 않는다. 왜냐하면, 교육은 귀족 자제들을 중심으로 이루어졌기 때문이다.

서주 시대 이후, 천자의 권위와 윤리도덕이 무너진 패도의 시대가 도래 하였다. 그것은 약육강식이 횡행하는, 이른바 '춘

---

7) 『周禮』.; 향(鄕), 주(州), 당(黨)), 려(閭)는 주나라 때의 행정 단위를 말하는 데, 그 규모를 보면, 다음과 같다. 향(鄕)은 12,500가구 정도로 가장 큰 규모이고, 주(州)는 2,500가구 규모의 고을을 말한다. 당(黨)은 500가구 정도의 큰 지역 단위이고, 려(閭)는 25가구 작은 규모의 마을이다.

8) 『禮記』「學記」; 「학기」의 경우, 『주례』와 명칭에서 약간의 차이가 있는데, 마을이나 지역의 범위를 보면, 가(家)는 려(閭)와 유사한 25가구 규모이고, 당(黨)은 500가구 규모이며, 술(術)은 12,500가구 규모의 지역을 말한다. 국(國)은 나라를 말하는 데, 나라의 고등교육기관은 하나로 수도에 설치했다.

추전국' 시대이다. 춘추 시대가 되자, 주나라의 국가 기강이 무너지고 제후들이 제각기 나라를 건설하면서 천하국가(天下國家) 중심주의가 해체되었다. 그것은 학교 제도의 측면에서 볼 때, 국가가 주도하는 관학이 붕괴를 의미한다. 따라서 자연스럽게 개인을 중심으로 하는 사학(私學)이 발흥하는 계기로 작용했다. 대표적인 것이 공자의 행단강학(杏亶講學[9])이다.

이런 점에서 춘추전국 시대는 개인을 중심으로 하는 교육사상이 발달하였다. 이른바, 제자백가(諸子百家)의 시대라고 하듯이, 교육이론은 발달했지만, 관학 중심의 교육제도는 쇠퇴하거나 붕괴되는 시기였다. 특히, 춘추 시대 후기인 노(魯)나라 소공 이후부터는 천자나 제후가 학교를 설립하여 교육하였다는 기록이 전혀 보이지 않는다. 관학에 의한 교육이 실시되지 않았다는 의미이다. 대신, 이 무렵부터 사학이 크게 일어났다. 이 사학이 후대의 서원처럼 나름대로 완비된 제도를 가지고 있었는지에 대해서는 정확하게 알 수 없다.

중국 고대 사회에서 학교의 탄생은 경제 발전과 밀접하다. 생산력이 발전하면서 사회에 상당한 수량의 잉여생산물을 제공할 수 있게 되었고, 이러한 사회 여건은 일부분의 사람들이 생산 노동에서 벗어나 전문적으로 교육과 학습 활동에 종사할 수 있는 분위기를 만들었다. 즉, 계급 문화의 형성이 학교의 탄생을 촉진시켰다는 말이다. 지배 계급의 통치를 공고히 하기

9) 행단은 공자가 제자들에게 가르침을 베풀던 곳으로 현재 중국 산동성(山東省) 곡부현(曲阜縣)의 대성전(大成殿) 앞에 있다. 행단강학이라고 이름 붙여진 이유는 공자가 강학을 하던 곳 주변에 살구나무(은행나무)를 심어 놓았기 때문이라고 한다. 이런 영향 때문인지, 공자를 정점으로 하는 유교 교육 기관인 성균관이나 향교 주변에 은행나무가 심어져 있는 곳이 많다. 또한 도가(道家)의 수련 장소인 도관(道觀)을 의미하기도 한다.

위해 자신들의 계승자를 배양할 필요성이 절실해진 것이다.

아울러 문자의 탄생으로 인해, 문화 지식은 나날이 풍부해졌고, 이는 교육을 통해 편리한 학습 도구와 풍부한 학습 내용을 만들게 하였다. 이에 조직적이고 계획적으로 문화 지식을 전수해야 할 수 있게 되었고, 지식을 축적시킬 수 있었으며, 문화 교육의 발전 기반을 조성할 수 있었다.[10] 이러한 여건들이 교육과 학교의 발전을 추동하는 사회적 여건으로 작용했다.

3) 고대 사회의 교육 목적

중국 고대 사회에서 학교를 설치한 목적은 통치 인력을 배양하는데 있었다. 그러므로 학교 교육의 핵심은 국가를 지도할 수 있는 능력 배양이었다. 사회가 진보함에 따라, 하·상·주 삼대가 요구하는 인재의 자질에는 차이가 있었다. 교육 내용 또한 사회 발전의 과정 속에서 적합한 필요에 따라 끊임없이 변화했다. 하나라에서는 대외 정벌과 대내 반란 진압을 위하여 활쏘기 연습을 중시하며 무사 양성에 무게중심을 두었다. 상나라 때는 사(祀)와 융(戎)을 중시했는데, 이에 따라 학교는 제사(祭祀)·군사(軍事)·악무(樂舞)와 문자(文字)의 지식 기능을 전수했다.

중국 고대 사회의 제도를 가장 완벽하게 갖추었다고 평가받는 주나라의 경우, 예악(禮樂)이 교육에서 차지하는 비중이 상당히 높아졌다. 따라서 학교의 기본교육 내용도 예(禮)·악(樂)·사(射)·어(御)·서(書)·수(數)가 중심이 되었다.

---

10) 周德昌 外, 앞의 책, 5쪽

<그림4-1> 죽간

예악사어서수는 '육예(六藝)'라고 한다. '예법(禮)'은 법도를 익혀 예의범절에 맞게끔 가르치는 것이고, '음악(樂)'은 소리의 높고 낮음을 잘 이해하여 조화調和의 의미를 깨닫도록 가르치는 것이다. 또 '활 쏘는 법(射)'은 하나의 활에 네 개의 화살을 끼워 그것의 맞고 맞지 않음, 즉 마음을 바로 잡고 있느냐의 여부로 덕행(德行)을 살펴보는 것이고, '말 모는 법(禦)'은 한 수레에 네 마리의 말을 끌게 하고 말 모는 사람이 고삐를 잡고 수레 위에 서서 제대로 몰아서 바른 길을 잃지 않도록 연습시키는 것이다. 그리고 '글하기(書)'는 글을 쓰는 서체를 통하여 사람 마음의 바르고 비뚤어진 정도, 즉 마음의 획을 볼 수 있고, '셈하기(數)'는 수를 계산하여 물건의 변화를 알 수 있게 함으로써 인간의 생활을 조절할 수 있는 것이다.[11)]

여기에는 정치, 종교, 군사, 체육, 정서, 지식 등 문화 교육의 제반 사항이 포함된다. 예(禮)는 인간의 명분 제도를 구체화한다. 그것은 종법 혈연 사회를 기초로 종법제(宗法制)와 등급제(等級制)가 결합되었다. 주나라 사회의 다양한 예의 명분(禮儀 名分)에 따라 존비 상하(尊卑 上下)의 등급에 구별을 두었다. 이런 예의 교육을 통해, 가각의 계급 계층은 그에 맞는 분

11) 『小學』

수를 알고 자기의 본분을 지킬 수 있도록 했다. 악(樂)은 오늘날의 예술 교육과 통하기도 하는데, 음악이나 무용, 시가를 포함한다. 그러나 이는 순수한 예술 교육이라기보다는 조화 의식을 강조하는 정치와 밀접한 연관이 있다. 사(射)는 활쏘기를 통한 군사 훈련을 말한다. 어(御)는 병거(兵車)를 부리는 훈련이다. 서(書)는 글자를 배우는 일이며, 수(數)는 수학이나 천문, 역법(曆法) 등의 지식을 익히는 작업이다. 이러한 지식은 문무(文武) 겸비 혹은 지식과 실천을 통일하는 특색이 있다. 그러나 전반적으로 볼 때, 인간이 지속해야할 사회적 삶의 기술이나 기능을 익히는 것에 집중되어 있다.[12)]

이상에서 살펴본 하은주 삼대의 학교 교육은 대부분 사상교육을 중시하였다. 맹자에 의하면, 사상교육의 핵심은 명인륜(明人倫)이다. 즉 인륜의 핵심인 오륜을 밝히는 일이었다. 그것은 『서경』에서 말하는 오교(五敎)인데, 부의(父義)·모자(母慈)·형우(兄友)·제공(弟恭)·자효(子孝) 등 부모형제자매의 상하 수직적 쌍무질서 윤리를 명확히 알고 실천하는 것이었다. 이러한 내용은 유교의 발달로 이어지고, '수기치인(修己治人)'으로 요약되어, 유교적 삶의 질서 구축을 염원하는 방향으로 나아가게 되었다.

12) 周德昌 外, 앞의 책, 8-9쪽.

2. 진한 시대의 교육제도

진나라는 전국시대로 분열되어 있던 중국을 최초로 통일한 국가이다. 그러나 왕조의 지속 기간은 매우 짧았다. 진나라는 이전의 주나라와 달리 강력한 중앙집권제를 실시하였다. 그것을 뒷받침하는 것은 법가(法家)였다. 정치적 차원에서도 이전의 유교식의 교육은 정교를 담보하기에 불충분했다.[13] 이에 당시 실세였던 이사(李斯)의 건의에 의해, 이사제도(吏師制度)와 박사제도(博士制度)를 실시하였다. 이사제도는 관리(官吏)를 스승(師)으로 임명하여 교육하는 제도로, 박사 관직을 만드는 것으로 이어졌다. 이런 국가 차원의 교육제도 정비는 통치사상을 한층 강화하는 데 기여할 뿐만 아니라, 춘추 전국 시대에 유행했던 일반 사학(私學)을 금지하고 관학을 부흥하려는 의지로 밝힌 것이기도 하다.[14]

국가의 공식 관직으로 설치된 박사는 고금의 사실을 두루 통관하고 있는 학자 관료였다. 이들은 국가의 지도급 인재를 양성하는 스승으로서 법령을 비롯하여, 국가 관료로서의 자질을 함양할 수 있는 다양한 과목을 가르쳤던 것 같다. 이외에도 박사들은 때로는 서적을 정리하기도 하고, 정치를 논의하기도 하며, 황제의 자문 요청에 응하는 등 다양한 역할을 담당하였다.[15]

한(漢)나라는 중국 문명을 완결판이라고 해도 과언이 아닐

13) 진시황은 유명한 국가 통치에 무익하다고 판단되는 유교의 여러 책을 불사르고 유학자들을 생매장하는 '분서갱유(焚書坑儒)'를 통해 유학을 탄압하기도 하였다.

14) 毛禮鋭·沈灌群 主編, 『中國教育通史』(第二卷)(濟南: 山東教育出版社, 1986), 1-15쪽.

15) 한기언, 앞의 책, 『교육철학 및 교육사』 참고.

정도의 문화를 꽃피웠다. 한나라는 전한과 후한을 통틀어 약 420여 년 간 지속하며, 유학을 부흥시키고 불교를 보급하였다. 특히, 한자(漢字)가 발달하면서 교육의 발달도 현격하게 이루어졌다.16)

한나라 때의 학교 설립은 동중서(董仲舒)의 정책 입안에 의해, 무제 때부터 본격적으로 시작되었다. 동중서는 학교의 설립 목적을 "대학을 일으키고 훌륭한 스승을 두어, 국가에 필요한 인재를 양성하여 왕도(王道)가 황폐하지 않도록 하는 일"에 두었다. 즉 백성을 도덕적으로 교화하여 치세(治世)를 바르게 하는 것이 목적이었다. 이에 경학(經學)을 존중하고, 오경박사(五經博士)를 두었다.

한나라 때 대학의 경우, 주나라 때 일반에게 개방하지 않은 것에 비해, 널리 세상에 개방을 하였는데, 이때부터 실제로 중국이 국가적 차원에서 정식으로 학교를 경영하는 계기가 되었다. 대학은 중앙정부 직할로 운영하는 것과 지방정부에서 운영하는 것으로 나누어진다. 전자를 '태학(太學)'이라 하고, 후자를 '군현의 학(學)'이라고 하였다. 대학 이외의 교육 기관으로는 지방의 현(縣)·도(道)·읍(邑)에 '교(校)'를 설치하여 경전을 가르치는 교사(經師) 1명을 두었다. 취(聚)에는 '서(序)'를 세워, 『효경』을 가르치는 교사(孝經師) 1명 두었다. 이러한 한나라 때의 학교 가운데, 당시의 정치와 후세의 학제에 가장 큰 영향을 끼친 것은 '태학'이었다. 군현에 설치된 학의 경우, 각 지방별로 한민족의 문화를 유포하는 데 기여했다.

---

16) 차석기, 『東洋敎育史新論』(서울: 박영사, 1987), 21-31쪽.

3. 육조 및 수당 시기의 교육

중국 역사는 통일과 분열의 연속이다. 후한의 멸망 이후, 오(吳)·위(魏)·촉(蜀)의 삼국(三國)으로 분립되고 많은 나라들이 중원을 할거하였다. 육조(六朝)시대는 수나라가 통일하기까지, 약 400여 년의 시기를 말한다. 이 시기는 크게, 삼국정립의 시기, 서진(西晉) 및 동진(東晉), 남북조시기로 나눌 수 있는데, 육조는 오(吳)·진(晉)·송(宋)·제(齊)·양(梁)·진(陳)의 여섯 나라이다.

육조시대의 문화 중 대표적인 것은 불교의 보급이다. 한나라 때 도입된 불교는 후한 말기부터 성행하여 남북조시대에 이르러 크게 유행하였다. 송나라와 양나라의 경우, 구마라집(鳩摩羅什), 법현(法顯), 달마(達磨) 등을 훌륭한 승려들을 배출하였다. 달마의 경우, 본래 인도의 승려였는데, 중국에 와서 포교에 종사하다가 선종(禪宗)의 교의를 전하였다. 불교가 유행하자 사원의 건축 및 불교 미술, 조각, 음악 등이 현저하게 발달하였다. 유명한 운강(雲岡)이나 용문(龍門)의 석불은 모두 당시의 불교 예술의 잘 보여주는 대표적 작품이다.

불교의 유행함에 따라 중국 전통 사상인 유교와 도교는 상대적으로 침체되어 있었다. 하지만 유학은 한나라 때보다는 못했으나, 여전히 세상을 다스리는 정학(正學)으로 인정되었다. 북방에서는 마융(馬融)이나 정현(鄭玄)이 크게 활약하였고, 남방에서는 하안(何晏), 왕필(王弼)이 제각기 자신의 학설을 주장하였다.

노장사상의 경우에도 불교의 교의와 유사한 차원이 있어, 때로는 충돌하기도 하고 때로는 조화하기도 하면서 나름대로 발전을 이루었다. 그것은 위진 시대 현학(玄學)으로 표출되기도 했다. 그러나 육조 시대의 도가, 노장학(老莊學)은 이전의 철학적 사유를 통한 연구와는 달리, 미신적 종교성을 띠는 경향으로 나아갔다. 그것은 중국의 민간에 전해오는 신앙과 불교의 교의가 합쳐지면서 도교(道敎)라는 종교의 형태를 띠기 시작했던 것이다.

육조시대는 혼란한 만큼 교육을 제도적으로 정착하기 어려웠다. 이전의 나라였던, 주나라, 한나라 등의 교육제도를 본받아 각국의 상황에 맞게 원용하려는 성격이 짙었다. 대개, 대학(大學)이나 국학(國學)을 설치하고 오경박사(五經博士)를 비롯한 박사나 국자좨주(國子祭酒) 등 다양한 교육담당 관리를 두었다. 시대가 혼란한 만큼, 이 시기에는 사학이 발달하였다. 특히, 대가족 단위의 가족교육이 흥기하였고, 그것은 다양한 방향으로 발전하였다.[17] 위진남북조시대의 관리 선발 제도로 특기할 만한 사항은 구품중정제(九品中正制)이다. 구품중정제는 각 주군에 중정관(中正官)을 설치하고, 그 지역의 선비들을 품격과 재덕에 따라 구품(九品)으로 평가하여 추천, 선발하는 제도이다.

수나라의 경우, 육조시대의 혼란함을 극복하고 통일국가를 이루었으나, 30여년의 짧은 기간 동안 국가가 운영되었다. 짧은 기간임에도 불구하고, 수나라는 초기에 북제(北齊)의 제도에 의거하여 국자사(國子寺)라는 전문적인 교육관리 기구를 설치하여 국가발전을 도모하였다. 전문 관리교육을 위하여 좨주(祭酒)를 설치하고, 나중에 국자감(國子監)으로 명칭을 바꾸었

17) 周德昌 外, 앞의 책, 77쪽.

다. 국자사 내에는 국자학(國子學), 태학(太學), 사문학(四門學), 서학(書學), 산학(算學) 등을 두었고, 인재 선발 제도로 과거제를 확립하였다.[18]

수나라를 이은 당나라는 중국역사에서 한나라와 함께 오래 동안 왕조를 지속한 대제국이었다. 특히, 당나라 태종은 문무를 겸비한 왕으로 치적이 매우 뛰어났다. 당나라 시기의 관제 및 학제는 상당히 체계적이었다. 당나라의 학교제도는 이전의 어떤 시대보다도 복잡하면서도 완비된 것이었다.

중앙의 경우, 학교는 정계와 방계의 두 종류로 나누어졌다. 정계의 학교는 '육학(六學)' 또는 '육관(六館)'이라고 하는 데, 국학(國學)·태학(太學)·사문학(四門學)·서학(書學)·산학(算學)·율학(律學)의 학교로 구성되어있었다. 이들 학교는 국자감(國子監)이 통할하였다. 국자감의 장관은 국자좨주(國子祭酒)로 불렸는데, 지금의 교육부 장관에 해당하였다. 앞의 세 가지(국학·태학·사문학)는 대학이 성격을 지녔고, 뒤의 세 가지(서학·산학·율학)는 전문학교와 같은 특성을 지니고 있었다.

방계의 학교는 관청 자체에서 교육하는 것을 말하는데, 다섯 가지가 있었다. 동관(東宮)에서 직할하는 숭문관(崇文館)과 문하성(門下省) 직할의 강문관(講問館), 이 둘은 모두 대학과 같은 특성을 지니고 있었다. 이외에도 다음으로 태의서 직할의 의학, 사부 직할의 숭현학이 있었는데, 전자는 의과를 담당하고 후자는 철학에 상당하는 것으로 모두 전문학교의 성격을 지니고 있었다. 소학은 비서외성(秘書外省)에 직할되었는데 초등학교와 같은 것으로, 강문관과 종문관 등 여러 관청의 예비학교와 같은 격이었다.

---

18) 周德昌 外, 앞의 책, 86-87쪽.

지방의 경우에도 정계와 방계로 나눌 수 있다. 정계의 학교로 부(府)에는 부학(府學)이 있었고, 주(州)에는 주학(州學)이 있었으며, 부와 주 아래의 현(縣)에는 현학(縣學)이 있었다. 방계의 학교로는 각 부와 주에 설립한 의학과 숭현학의 두 종류가 있었다. 지방의 학교는 중앙에 있는 학교에 비해 수준이 낮은, 초등학교와 중등학교의 중간 정도였다.

당나라 때는 관리등용법으로 과거제도를 시행하였다. 과거의 응시자는 생도(生徒)와 향공(鄕貢)으로 분류되었다.[19] 생도는 중앙이나 지방의 학교를 졸업한 사람을 말하고, 향공은 학교를 졸업하거나 입학하지 않고 과거시험을 보는 사람이다.

---

19) 차석기, 앞의 책, 『東洋教育史新論』, 55쪽.

4. 송 · 원 · 명 시기의 교육

당나라가 망하고, 중국은 또다시 오대(五大)라는 환란의 시기를 겪는다. 그것을 다시 통일한 것이 송나라이다. 그러나 송나라는 이민족인 거란족이 세운 요나라, 여진족이 세운 금나라의 침공을 받고, 현재 중국의 항주로 후퇴하여 남송(南宋)으로 불리게 되었다. 이후 금나라를 멸망시킨 원나라가 등장하여 남송을 멸망시킨다. 몽고족으로 이루어진 원나라는 약 100여 년 간 한족을 지배했으나, 다시 한족이 주축이 된 명나라가 건국되어 중국 역사가 새롭게 시작된다.

송나라의 경우, 오대의 뒤를 이어 중국을 통일하고, 약 300여 년에 걸쳐 왕조를 유지하였다. 송나라는 이전의 당나라에 비해 학제의 개편을 비롯하여 다양한 차원에서 교육제도상의 발전을 보였다.[20]

송나라 때의 특기할만한 학교제도상의 변화는 대학을 확장하여 삼사법(三舍法)을 설치한 것이다. 왕안석(王安石)은 국고수입의 증가를 꾀하고 교육재정 확충과 교육대개혁을 위한 신법(新法)을 주장하였다. 삼사(三舍)는 '외사(外舍), 내사(內舍), 상사(上舍)'를 말한다. 대학에 처음 입사하는 생도를 외사생(外舍生)이라 하는데, 정원을 700명으로 했다. 그러나 이후에는 2,000명으로 확대했다. 이 외사생 중에서 학업을 시험하여 내사생(內舍生)을 선발하고 내사생 중에서 같은 방법으로 상사생(上舍生)을 선발하였다. 내사생의 정원은 300명이고, 상사생의 정원은 100명으로 정하여, 대학에 2,400명의 학생을 수용하였

20) 한기언, 앞의 책, 『교육철학 및 교육사』 참고.

다. 당시로 볼 때는 엄청난 규모였다. 이들 학생은 80개의 기숙사, 이른바 재(齋)로 나누어 1개 재(齋)에 30명씩 수용하였다. 왕안석은 이런 방식의 대학교육을 통해 관리를 선발하려고 했기 때문에, 당나라 대부터 시행하던 과거제도를 폐지하였다.21)

이런 교육의 확장은 교육재정의 확충에서 비롯된다. 당나라 때는 교육을 위한 재정이 제대로 확충되지 않았다. 말기에 이르러서는 재정이 결핍되어 교육 재정에 손쓸 틈이 없었다. 이에 반해, 송나라 때는 국학에 상당한 액수의 경비를 지급했고, 학전(學田)도 지급하여 국학의 유지에 만전을 기했다. 국학 이외의 주현(州縣)의 각급 학교나 사립학교인 서원에 대해서도 학전이 지급되었다.

교과목 또한 증설되었다. 경서를 비롯하여 율학·의학·서학·산학은 물론, 화학(畵學)과 무학(武學)도 설치되었다. 뿐만 아니라, 주자에 의해 완성된 성리학, 즉 유학의 새로운 발달에 힘입어 사학이 발흥하였다. 서원이라는 명칭은 당나라 때 처음으로 생겼으나, 실제제도로 등장한 것은 오대였고, 송나라에 이르러 융성하였다. 이 제도는 불교의 선림(禪林) 제도에서 착상하여 생긴 것인데, 이전의 사학에 비해 탁월한 점은, 지식 전수를 넘어 인격적 감화 작용을 겸비하고 있었다.

몽고족이 지배한 원나라 때는 몽고족이 문화적 수준이 낮았기 때문에, 교육이나 사상적 측면에서, 송나라의 제도를 그대로 따랐다. 원나라는 이민족의 국가였기 때문에, 문화를 창달하기 위해서는 다양한 차원의 지원이 요청되었다. 이에 원나라

21) 사마광을 비롯한 왕안석의 반대파가 득세하면서, 신법에서 추구하던 개혁은 전복되고 과거제는 다시 부활한다. 이후에도 신구파가 교대로 득세하여 삼사법은 지속적으로 시행되었다. 당나라 휘종(徽宗) 대에 가서는 외사생 3,000명, 내사생 600명, 상사생 200명 등, 약 3,800명의 학생을 수용할 수 있게 했다.

세조인 쿠빌라이는 국적과 인종의 구별 없이 유능한 인물을 발탁하여 관직에 채용하도록 하였다. 한민족은 물론, 아라비아를 비롯한 여러 서방의 기술자들까지도 원나라에 봉사하게 만들었다.

원나라 학제의 특징은 몽고민족 고유의 문화를 고려한 것에 있다. 초기에는 국자학(國子學)을 설치하고 국자학 총교(總敎) 및 제학관(提學官)을 두었다. 그리고 나중에는 몽고(蒙古) 국자학을 비롯하여 몽고 문화를 학제에 반영하였다. 서원의 경우, 원나라 때는 관학화하여 이름만이 있고 서원 본래의 기능은 상실되었다.

명나라 때의 교육은 제도적 차원에서나 방법론에서나 당나라와 송나라의 것을 더욱 발전시켜 정비하였다. 국학의 교육과정은 『대학』『중용』『논어』『맹자』의 사서(四書)를 필수과목으로 하였고, 『역경』『서경』『시경』『춘추』『예기』이 오경은 선택 필수였다. 그 밖에도 율령(律令)이나 서수(書數) 등, 다양한 과목을 함께 익혀야 했고, 습자의 경우, 매일 200여자를 연습하도록 되어 있었다. 또한 교재로서는 『사서오경대전』이나 『성리대전』 같은 것이 출판되었다.

국학의 성격도 이전과 상당히 다른 면모를 보이고 있는데, 당나라 때의 국학이 귀족적이었다면, 명나라 때의 국학은 상당히 개방적이었다. 따라서 국학의 학생은 상당한 우대를 받았고, 지방의 교육도 많이 보급되었다. 한편으로 학교제도의 정비나 국학생의 우대정책은 정부의 강력한 교육 통제를 허용하는 수단으로 작용하기도 했다.

명나라의 과거제도는 큰 특색 없이 실시되었는데, 과거에 응시하는 문장을 사서오경으로 하고, 송나라의 경전의 뜻을 따르는 팔고문(八股文)[22]을 채택한 결과, 명대의 지식인은 실생활에서 유리된 학문을 하는 한계에 부딪치고 말았다. 명나라 때의 학교 및 과거에 대한 이와 같은 국가 통제는 마침내 당시의 서원에도 파급되어, 사상의 통제 내지 탄압으로 이어졌다.

22) 팔고문은 명나라 때의 과거시험 답안 작성 요령으로 다음과 같은 내용을 포함한다. 전적으로 사서(四書) 및 『역경』『서경』『시경』『춘추』『예기』에서 선택하여 시험 문제를 내려서 선비들을 시험을 보게 한다. 이는 태조(太祖)와 유기(劉基)가 정한 것이다. 그 문체는 대개 송나라의 경의(經義)를 따랐다. 이는 배우법(排偶法)에 의한 결구인데, 이것을 이를 팔고문이라 한다.

5. 청나라 시기의 교육

청나라는 만주족이 건설한 이민족 국가였다. 청나라 때는 영국인이나 포르투갈인을 비롯한 서구인들과의 접촉이 잦았다. 이러한 서양 문물과의 접촉은 사상의 해방과 종교로부터 독립, 학문에서 자유로운 연구의 풍조를 증대하였으며 과학적 경향을 띠게 하였다. 문학 또한 귀족문학이나 사대부문학에 그치지 않고, 평민문학이 융성하였다. 미술이나 공예에도 이런 경향이 엿보였다. 종교도 과거의 독선적이며 교조적인 가르침으로부터, 이해와 실천 도덕을 주로 하는 것으로 옮겨졌다.

청나라의 국자감, 즉 대학은 명나라의 대학을 답습하였다. 그러나 교육의 방침은 만주인에 의한 한인 지배를 기조로 하였다. 따라서 청대의 국자감은 한족을 속박하는 도구였고 과거제도의 보조기관에 불과하였다. 서원의 경우, 명나라 이전의 서원은 대개 사립이 원칙이었다. 그러나 청나라에 이르러 그것은 관립이 되기 일 수였다. 때로는 개인이 설립하거나 개인의 찬조에 의한 것도 있으나, 조정에서 편액이나 서적을 내리고, 재정을 지원하는 작업을 통해 점차 관학화해 나갔다. 따라서 서원을 통해 반정부적인 사상을 제시하는 일은 엄중하게 다루었다. 건륭제의 경우, 금주령을 내려 만주족의 조정에 불리하다고 판단되는 문헌이나 서적을 모조리 불살라 버리게 하였다. 따라서 한족 출신의 학자들은 학문의 자유를 심하게 구속당하고 있었다.

나아가 청나라 조정은 이러한 대책에도 마음이 놓이지 않아, 보다 적극적으로 학문 통제를 하였다. 그것은 세상의 학자를 조정에 불러놓고 다른 쪽으로 눈을 돌릴 수 없도록 방대한 문화 사업을 실시하였다. 그것이 『사고전서』 자전(字典) 편찬과 같은 대사업이었던 것이다.

청나라 때의 학교는 청나라의 사회정치적 상황과 연관되어 있다. 청나라는 청을 건설한 만주족에게만 정권을 독점시키지 않고 만주족 이외의 사람도 관리로 채용하여 이민족을 포용하는 정책을 썼다. 행적 측면에서는 한족을 기용하였고, 군사적 차원에서는 만주족을 기용하였다. 이런 차원의 정책은 교육제도에도 영향을 미쳐 교육 제도를 이원화하는 계기가 되었다.[23]

청나라 때의 학교는 관학(官學), 공학(公學) 및 사학(私學)으로 나눌 수 있다. 관학은 일반학과 특수학이 있었다. 일반학에는 국학인 국자감(國子監)을 비롯하여, 각 지방 단위의 부학(府學), 주학(州學), 현학(縣學), 위학(衛學) 등이 있었다. 특수학에는 종학(宗學), 각라학(覺羅學), 기학(旗學) 등이 있었다. 공학에 속하는 일반학에는 그 지방의 공공 재정으로 설립된 사학(社學)과 유지들의 기부에 의해 설립된 성의학(省義學)이 있었다. 공학에 속하는 특수학은 팔기의학(八旗義學)이 했다.

국자감에서는 일정한 시기에 시험을 보았는데, 과시(課試)라고 하였다. 재학기간은 제생의 종류에 따라서 달랐고, 3년에 한 번씩 순천부에서 시험을 하고 뽑힌 자를 예부에 올렸다. 이것을 회시(會試)라고 하였다. 회시에서 선발된 자는 황제가 친히 대화전에서 다시 시험하게 되어 있었는데, 이를 전시(殿試)라고 한다. 전시에 의하여 성적이 우수하다고 인정된 자에게는 진사 급제 또는 진사 출신을 주었고, 이부에 통하여 관리로 임명하였다.

---

23) 차석기, 앞의 책, 『東洋教育史新論』, 95쪽.

부 · 주 · 현학에는 교수 · 학정 · 교유 · 훈도 등의 교관을 두었다. 입학자격은 사민평등을 원칙으로 하였으나, 노복이나 천민은 절대 입학을 허용하지 않았다. 입학지원자를 동생(童生)이라 하고, 입학시험을 동시(童試)라고 하였다. 동시는 주현시, 부시, 원시의 세 종류가 있었다. 이 세 단계의 시험에 합격한 동생을 소속에 따라 부 · 주 · 현학의 생원으로 하였다. 부 · 주 · 현학에는 일정한 교정이나 일정한 수업기간도 없었다. 다만, 정시에 시험을 보고 생원의 우열을 가르거나 공거(貢擧)의 자격을 부여했다. 시험으로는 월과이고, 세고, 과고의 세 종류가 있었다.

종학 및 각라학은 청나라를 건설한 만주족을 위해 마련한 특수 교육기관이었다. 기학은 기인을 교육하는 특수기관이었다. 기학은 기인의 본업인 기사(騎射)를 배우게 하는 동시에, 한문학과 만몽(滿蒙) 언어를 습득시키는 일을 목적으로 삼았다. 관에서 세운 기학에는 국자감관학, 성안궁관학, 경산관학, 세직관학, 제영관학, 재외궁학이라는 여섯 가지 종류가 있었다.

'공학'은 크게 사학(社學)과 의학으로 구분된다. 이와 별도로 특별 공학인 팔기의학(八旗義學)이 있었다. 사학과 의학은 모두 지방의 서민 자제에게 교육의 혜택을 주기 위해 마련한 시설이었다. 정부는 각 부 · 주 · 현에 관립의 부 · 주 · 현학을 설립하였는데, 이런 공립학교는 대개 지방의 중심부에 설치되었으므로, 시골 변방에 거주하는 자제에게까지 교육의 혜택을 줄 수가 없었다. 따라서 각 지방에서는 다양한 방법으로 공립학교를 마련하여 교육을 보급하였다. 이것이 다름 아닌 사학과 의학이다. 그러므로 정부는 이 공립학교를 적극 보호하는 방침을 취하였고, 교사의 건축 및 교사 봉급 등을 보조해 주었으며, 엄중하게 감독하며 발달을 도모하였다.

한편, 팔기의학은 기인의 자제를 교육하는 공립학교였다. 이 학교는 기인들이 공동으로 운영하였다. 그 형식은 관에서 세운 기학과 동일하였다. 여기에는 만주몽고의학, 한군청문의학, 예부의학, 봉천한군의학 등 네 종류가 있었다.

청나라 때에도 사학인 서원이 있었다. 그러나 청대의 서원은 굴곡이 많았고, 대체로 끊임없이 관의 압력을 받아 사학으로서 제 구실을 하지 못하였다.

6. 중국의 근대화와 교육

과학과 민주주의를 앞세운 서구 세력의 동점은 1840년 아편전쟁을 통해, 청나라를 굴복시켰다. 이후, 제2차 아편전쟁으로 불리는 애로호사건(1858년~1860년), 천진기독교도의 난(1870), 이리사건(1871), 대만사건(1874), 청일전쟁(1894) 등을 통해 청나라는 국내오적으로 혼란에 빠지게 만들었다. 1911년 신해혁명(辛亥革命)이 일어나면서 중국은 민주주의 국가로서 새로운 길을 걷게 된다. 서구 문명의 영향을 받은 청나라는 사회정세의 변화에 따라, 신교육을 행하게 되었다. 신교육의 초점은 '어학교육'과 '군사교육' 두 가지 측면에서 이루어졌다. 천문학과 수학은 어떤 면에서건 중시되었다.

어학교육의 경우, 그 목적은 크게 세 가지로 나눌 수 있다. 첫째, 어학에 능통한 인재를 양성하여 외국과의 외교 사무에 응하는 것이고, 둘째, 어학교육을 받으면 서구 여러 나라의 사정을 알 수 있으며, 셋째, 서양서적을 되도록 많이 독파하여 서양의 과학지식 및 전투기술을 완전히 터득해야 할 필요가 있었다. 군사교육의 경우, 서양이라는 강적을 방위하는 것이 목적이었다. 따라서 해상과 육상 양면으로 육군과 해군이 조선술이나 병술을 익히는 훈련에 힘썼다. 이런 군사 훈련을 위해 자연스럽게 두 가지 종류의 신무학당이 생겼고, 필요에 따라서는 외국유학을 시키기도 하였다.

당시 사상계를 대표하는 지식인인 양계초(梁啓超)에 의하면, 교육의 핵심은 세 가지 정도로 제시할 수 있다. 이는 서구의 아테네와 스파르타 교육의 장점을 딴 영국교육을 모델로 하였

<그림4-2> 양계초

다. '국민교육', '아동교육', '여성교육'이 그것이다.

국민교육은 민주적 학교교육과 연관되는데, 하나는 전 국민에게 교육을 받게 하는 일이었고, 다른 하나는 전 국민을 훈련하여 그들에게 국가사상을 함양시키는 일이었다. 아동교육의 경우, 과거 중국이 아동교육에 소홀히 한 점을 비판하고 서양의 아동교육이 탁월하다는 점을 높이 들었다. 특히, 아동 교육에서 체벌에 대해서 통렬하게 비난하였다. 여성교육에서는 네 가지 관점에서 그 필요성을 역설하였다. 인구의 절반을 차지하는 여성이 지식을 가지고 있지 않기 때문에 자활할 수 없고 남성에 의지하여 생활할 수밖에 없다. 반대로 남성의 경우에도 일생동안 노동에 쫓기면서도 처자를 먹여 살리기에 충분치 않아 결국 남녀가 모두가 쓰러지고 마는 결과가 된다. 즉 처자로 인해서 궁하게 살 수밖에 없는데, 이는 바꾸어 말하면 여성에게 교육이 필요하다는 것이다. 여성이 가정에만 틀어박혀 있는 것은 그들의 천성이 저열해서가 아니라 교육을 받지 않고 사회와 접촉하지 못한 데서 오는 것이다. 그러므로 가정을 개량하기 위해서 여성은 교육을 받아야 한다. 여성의 성정은 온화하며 아동에게 가깝고 또 아동을 잘 이해하고 있다. 서양의 소학교육은 여교사가 담당하고 있는 이유가 바로 그런 것 때문이다. 따라서 가정교육과 아동교육을 위해 여성교육이 반드시 필요하다. 여성이 교육을 받기만 한다면 단순히 그들이 아동을 잘 가르칠 수 있다는 것뿐만 아니라 아동을 올바르게 키울 수가 있다. 아동을 강건하게 양육할 수가 있다. 이런 점에서 여성도 교육이 필요하다.

이후 중국은 1919년 5·4운동을 거치면서, 구미열강의 침략과 봉건세력들로부터 해방하기 위한 다양한 교육운동을 벌였다. 교권회복운동, 교육독립운동을 비롯하여 여성교육운동, 평민교육운동 등을 다각도로 전개하였다.[24] 특히, 1922년에 마련된 신학제(壬戌學制)는 소학교 6년과 중학교 6년(초급3년, 고급3년)으로 구성된 미국식 학제에 기초하였다. 이 학제는 사회진보의 수요에 적응하고, 평민교육의 정신을 발휘하며, 개성의 발전을 도모하고, 국민의 경제력에 주의하며, 생활교육을 중시하고 교육의 보급을 쉽게 하며, 각 지방의 특수성을 고려하여 융통성을 주도록 한 것이 특징이다. 그리고 국민당 정부와 중일전쟁, 중국공산당의 민족해방투쟁을 거치면서 다양한 양식으로 전개되었다.

24) 차석기, 앞의 책, 『東洋教育史新論』, 142쪽.

7. 중국의 현대 교육

1949년 중화인민공화국의 탄생과 더불어 중국의 교육은 혁명적 변혁을 맞이한다. 중국 교육은 공산주의 이념에 따라 진행되었다. 그것은 마르크스 레닌주의를 계승한 마오쩌둥의 사상으로 대변된다. 따라서 중국 교육은 '변증법적 세계관'과 '실습의 강조' '프롤레타리아 문화의 발전'이라는 세 가지 기본사상 아래, 세 가지 기본 원칙을 도출하는 것으로 시작한다. 세 가지 기본 원칙은 '민족주의' '과학주의' '대중노선'이다.

첫째, 교육에서 '민족주의'는 중국의 강력한 민족주의를 최대한 이용하면서 중국의 위대한 문화적 전통과 업적을 강조하고, 최근세사에 발생한 중국 인민의 수난에 대한 기억을 일깨우는 작업이다. 둘째, 교육에서 '과학주의'는 산업화와 국가발전을 촉진할 수 있는 현대 과학 기술의 보급과 개발을 말한다. 셋째, 교육에서 대중노선은 서구식 교육을 통한 대중화로 노동계급의 교육을 양적·질적으로 높이는 한편, 중국의 전통 교육 혹은 서구식으로 교육받은 사람들에게는 공산주의 이념을 재교육시킨다는 것이다.[25] 이런 원칙 아래, 중국은 1960년 초반까지 반농반독(半農半讀)의 학교교육을 강화하였고, 1960년대 후반의 문화혁명(文化革命)을 거치면서 지속적인 교육개혁을 단행하였다.

1980년대에 들어서면서, 개혁개방을 표방한 이후, 여러 차례 교육개혁을 시행하였다. 1985년에 「교육체제개혁에 관한 결정」을 발표하였고, 1986년 전국인민대회 4차 회의에서 「중화인민

---

25) 차석기, 앞의 책, 『東洋教育史新論』, 186쪽.

공화국 의무교육법」을 통해 9년의 의무교육을 실천할 것을 주장했다. 1993년에는 「중국교육개혁과 발전강요」를 발표하여 교육체제개혁과 전인교육을 심화시켜 왔다. 2000년 이후, 중국의 교육개혁은 2007년 중국 공산당 제17대 전국대표대회에서 「2010~2020 국가중장기교육개혁 및 발전 전략」을 발표함으로써 새로운 전기를 마련하였다. 이것은 2020년까지 인구의 절반이 교육을 받게 하여 중국을 인적 자원 강국으로 변모시키겠다는 중국 정부의 강력한 의지를 담고 있다.

현재, 중국은 다양한 문제를 안고 있다. 교육의 차원에서는 먼저, 베이징이나 상하이 등 대도시는 물론이고 중소도시, 나아가 농촌에까지 만연한 사교육 열풍을 들 수 있다. 한 자녀를 가진 학부모들은 자녀교육에 온힘을 쏟음으로써 경제적으로 큰 부담을 안고 있고, 이것은 심각한 사회문제가 되기도 하였다. 둘째, 도시와 농촌 간의 교육 불균형 현상이다. 정부의 교육투자는 인구가 많은 농촌보다 인구가 적은 대도시를 중심으로 이루어진다. 농촌 학생들은 그만큼 도시 학생들에 비해 차별대우를 받고 있다. 이러한 문제점을 해결하기 위해, 중장기 발전 전략에서는 공평한 교육 기회의 부여, 질적 제고를 통한 지역 간 교육격차 완화, 혁신적 인재 양성을 주요 의제로 삼고 있다. 이를 위해, 중국 정부는 국내총생산(GDP)의 4퍼센트를 교육에 투입하여 교육 우선 발전 전략을 추진할 계획을 세우고 있다.

현재 중국의 교육은 취학전 교육, 초등교육, 중등교육, 고등교육의 4단계로 나뉜다. 학제는 초등교육 6년, 중등교육(중학교 3년 고등학교 3년) 6년, 고등교육 4년으로 운영하고 있다. 중학교까지 9년제 의무교육은 만 6세가 된 아동이 성별, 민족에 구애받지 않고 실시되었는데, 그 결과 2000년대에 들어서 전체

인구의 90퍼센트를 넘어섰다. 「2010~2020 국가중장기 교육개혁 및 발전전략」에서는 고등학교 진학률을 90%까지 대학 진학률을 2010년의 26.5%에서 궁극적으로 40%까지 올리는 것을 목표로 하고 있다.[26)]

26) 김경식 외, 『중국교육의 굴기』(서울: 교육과학사, 2010) 참고.

제5부

동양교육의 본질에 관한 성찰

1. '교육'이 의미하는 것

최근 학교교육(schooling)에 대한 반성이 다각도로 진행 중이다. 이는 사회의 급격한 변화와 이에 따른 학교교육의 한계, 평생교육(lifelong education)의 등장 등 '교육'에 대한 새로운 개념 정립을 요청하는 목소리이기도 하다. 즉 근대 공교육이 지닌 긍정적 요소에도 불구하고 부정적 요인들에 대한 교육적 회의이다. 그렇다면 지식 정보화로 통칭되는 현대 사회에서 교육을 어떻게 이해해야 하는가? 교육 자체가 하나의 목적이자 본질인가? 아니면 삶의 수단에 불과한가? 인간의 일상생활 가운데 교육을 매우 중시하는 유학의 교육관을 통해, 교육의 본질 문제를 인식해 봄으로써 문제 해결의 역설적 단서를 찾아보고자 한다.

유학은 교육을 삶과 일치시키는 동시에 좀더 포괄적인 의미로 인식한다. 그러기에 교육이라는 말보다는 교(敎; 가르침), 학(學; 배움), 회(誨; 인도함), 훈(訓; 계도함), 예(禮; 질서화), 교학(敎學; 가르치고 배움), 교화(敎化; 가르쳐 인간됨), 학문(學問; 배우고 물음), 강습(講習; 읽고 익힘), 학습(學習; 배우고 익힘), 수신(修身; 몸을 닦음), 격몽(擊蒙; 어리석음을 깨우침) 등의 용어를 많이 쓴다. 이는 상황에 따라 교육의 의미를 열어놓고 있음을 감지케 한다. 특히 삶의 여러 모습에서 인간 행위가 어떠한 지 보여주는 것이다.

앞에서도 보았듯이 교육(敎育)이라는 말이 구체적으로 등장하는 문헌은 『맹자』이다. 맹자는 군자의 세 가지 즐거움을 논의하면서, 세상에서 왕 노릇함(정치를 하는 것)은 여기에 들어 있지 않다고 한다. 그리고 부모가 모두 살아 계시고 형제가 특별한 사고 없이 지내는 것이 첫 번째 즐거움이요, 위로는 하늘에 부끄럽지 않으며 아래로는 세상 사람에게 부끄럽지 않게 사는 것이 두 번째 즐거움이며, 천하의 영재를 얻어 '교육'하는 것이 세 번째 즐거움이라고 했다. 즉 인생에서 주요한 의미를 지닌 즐거움을 논의하면서 그 가운데 하나로 '교육'의 문제를 언급했다. 이때 교육이 무슨 내용을 담고 있는 지 어떤 의미인지 명확하지 않다. 의미를 유추해 보면, 부모형제에 관한 일은 하늘의 운명에 달린 일이고, 부끄럽지 않게 사는 일은 자기 자신의 수양과 노력에 관한 일이며, 천하의 영재를 얻어서 교육하는 일은 다른 사람에게 베푸는 일이다. 이런 측면에서 맹자가 말한 교육은 '선각자가 수양으로 터득한 건전한 인간의 길을 사회로 환원하여 후각자에게 베푸는 행위'를 의미한다. 즉 시혜 행위, 사회에 기여하는 봉사로서의 교육이다. 그 내용의 핵심은 도덕적 자각을 일깨워 주는 도(道)의 전수로 계몽적 측면이 강했다. 다시 말해 삶의 즐거움이 무엇인지, 어떻게 살아야 하는 지에 대해 가르치고 기르는 '교양'을 의미했던 것이다. 이외에 교육이라는 말이 유학에서 일반적으로 쓰이지는 않았던 것 같다.

그렇다면 문자적 의미의 교(敎)와 육(育)은 어떤 의미일까? 『설문해자』에는 "교는 위에서 베푸는 것인 동시에 아래에서 본받는 것이다."라고 했다. 즉 교육은 베푸는 자(교사)와 받는 자(학생) 사이에 이루어지는 행위이다. '베푼다'는 의미는 일상의 바람직한 도리를 전하며, 인간 삶의 과업을 깨우쳐 주며, 의혹을 풀어주는 일이다. 그리고 학생이 '받는다'는 의미는 베푸는 일을 받아들이는 것이다. 즉 법을 본받고, 모방하며, 학습하는 일이다. 이렇게 볼 때, 교의 의미는 시교자와 수교자 사이의 상호 작용의 과정이고, 먼저 깨달은 사람이 나중에 깨달을 사람을 깨우치는 작업이며, 선을 권장하여 그것의 회복을 꾀하는 작업이다. 그리고 "육은 어린 아이를 길러 착하게 만드는 일이다."라고 했다. 여기서 '어린 아이'는 자식이나 아동·학생을 의미하고, '기르다'는 의미는 배양, 수양, 도야를 말한다. 또한 '착하게 만드는 일'은 착하게 유도하여 기질을 변화시키고 아름다운 인간으로 나아가게 하는 것이다. 이렇게 볼 때, 교육은 교사의 학생에 대한 시혜, 착함으로의 인도, 본받음과 깨달음이다. 즉 정신적 감화 작용, 악한 기질의 교정, 건전한 인격의 배양으로 정리할 수 있다.

그것의 핵심은 자기 충실과 타인에 대한 배려인 충서이다.

2. 더불어 살기; 자기충실과 타자배려

공부란 무엇일까? 왜 공부를 해야 하는가? 어떻게 해야 바람직한가? 이런 물음은 교육에서 늘 근본적인 사안이다. 우리는 흔히 국·영·수를 비롯한 지식의 습득과 그 응용을 공부의 전부로 이해하는 오류를 범하고 있다. 인간은 일차적으로 생존이라는 삶의 근간을 고수해야 한다. 그것은 건강한 육체와 정신을 지속하는 일이다.

「유네스코 21세기 세계교육위원회 종합보고서」는 21세기를 준비하는 교육의 원리로서 다음과 같은 네 개의 기둥을 제시하였다. 첫째, 알기 위한 교육(learning to know), 둘째, 행동하기 위한 교육(learning to do), 셋째, 존재하기 위한 교육(learning to be), 넷째, 함께 살기 위한 교육(learning to live together). 이중에서도 함께 살기 위한, 더불어 살아가기 위한 교육을 매우 중시하고 있다. 그렇다면 함께 산다는 것, 더불어 산다는 것은 어떤 의미일까? 그것을 우리 전통 철학의 주류인 유학에서 찾아본다면 어떻게 이해할 수 있을까?

유학의 창시자인 공자는 때와 상황에 알맞은 논리인 시중(時中), 즉 중용(中庸)을 교육의 핵심 내용으로 삼았다. 그리고 그것을 바탕으로 하는 구체적 인간관계를 인(仁)으로 설명하였다. 인은 한 마디로 말하면 '사람을 사랑하는 일', 곧 '애인(愛人)'이다. 사람을 사랑하자면 어떻게 해야 하는가? 우리는 사랑의 의미를 곰곰이 따져볼 필요가 있다. 왜냐하면 교육에서 스승과 제자는 사랑으로 맺어져야 하고, 사랑으로 결실되어야 하기 때문이다.

공자는 지속적인 사랑을 실천하고 있다는 사명감으로 자신의 길을 일관되게 걸어갔다. 그것이 이른바 '나의 도는 하나로 꿰뚫어져 있다'는 일이관지(一以貫之)의 정신이다. 그 일이관지의 내용이 바로 '충서(忠恕)'이다.

우리는 흔히 '충효(忠孝)'라는 말이 많이 쓴다. 국가에 충성하고 부모에게 효도하는 논리. 다시 말하면 충(忠)을 가정 윤리인 효(孝)와 대비시켜 국가에 충성하는 논리로 이해한다. 하지만 충은 원래 '자기 충실'을 의미했다. 즉 인간을 비롯한 세상 만물과 더불어 살아가는 자기 자신이 자기에 대한 최선을 다하는 마음을 말한다. 이는 자기 중심을 잡고 있는 사람의 이미지를 보여준다. 그리고 서(恕)는 자기 충실을 바탕으로 타인에게 성실히 대하는 일이다. 다른 사람에 대해서도 자기를 대하듯 충실히 대하는 '타자 배려'로 이해할 수 있다. 그러므로 공자는 자기와 타인과의 관계망인 '인'을 통해 인간 사이의 중용을 실현하려고 했다. 유학은 바로 이러한 충서의 실천을 체득하는 교육철학이다.

자기 충실과 타자에 대한 배려는 유학에서 전통적으로 추구하던 삶의 방식이다. 이를 『중용』에서는 다음과 같이 표현한다.

> 도(道)가 사람에게서 멀리 있지 않으니, 사람이 도를 행하려고 하면서 사람을 멀리한다면 도라 할 수 없다. 「시경(詩經)」에 "도끼 자루를 잡고 도끼 자루를 벰이여! 그 법이 멀리 있지 않다."라고 하였다. 도끼 자루를 잡고 도끼 자루를 베면서도 곁 눈길로 흘겨 보고 오히려 멀다고 여긴다. 그러므로 군자는 사람의 도리로써 사람을 다스리다가 잘못을 고치면 교육을 그치는 것이다. 충서(忠恕)는 도와 거리가 멀지 않으니, 자기 몸에 베풀어 보아 원하지 않는 것을 또한 남에게 베풀지 않는 것이다.

이는 인간의 올바른 길을 아주 가까운 곳, 즉 자기 자신과 삶의 현장인 생활 속에게 구한다는 말이다. 도(道), 즉 인간의 길은 사람이 일상에서 행하는 질서 체계이다. 이것은 모든 인간에게 보편적으로 적용되며 늘 우리 곁에 있다. 마치 도끼 자루를 잡고, 새로 만들 도끼의 자루를 베듯이, 가까운 삶의 현장에 있다. 그런데 인간들은 엉뚱한 곳에 눈을 돌리고, 그 길을 멀다고 한다. 얼마나 어리석은가! 공부는 늘 나에게, 나의 주변에, 나의 삶에 달려 있다.

앞에서 간략하게 언급했듯이, 일상생활에서 자기 충실과 타인에 대한 배려를 통해 균형과 조화를 이루는 삶이 '충서'이다. 삶과 교육의 원리 상, '충'과 '서'는 나와 타인의 관계망을 구체적으로 보여주는 인간관계의 철학이다. 학교에서 모범이자 스승인 교사와 학생인 제자의 관계도 이를 벗어날 수 없다. 교사는 자신의 가르침에 충실해야 할 것이고, 제자는 자신의 배움에 충실해야 한다. 이것이 '충'이다. 동시에 교사는 제자를 배려해야 하고 제자는 교사의 마음을 헤아려야 한다. 이것이 '서'이다.

이를 불교에서는 병아리가 계란에서 부화할 때에 비유하여, '줄탁동시(啐啄同時)'라고 한다. 즉 병아리는 계란 속에서 알을 깨고 밖으로 나오려고 하고, 어미 닭은 그 사실을 직감으로 알아차리고 병아리가 쉽게 나올 수 있도록 밖에서 쪼아준다. 다시 말하면, 병아리의 요구와 어미 닭의 요구가 동시에 충족될 때 계란은 깨지고 생명은 탄생하는 것이다. 이는 교육에서 교사과 학생의 관계에서도 적용할 수 있다. 병아리는 학생이요, 어미닭은 교사이다. 병아리라는 생명의 탄생처럼, 학생과 교사의 공동 노력으로 올바른 교육 정신이 탄생할 수 있다.

충과 서의 내용과 방법을 우리나라 조선조 유학에 엄청난 영향을 미친 주자(朱子)의 말을 통해 확인해 보자.

> 자기의 마음을 다하는 것을 충(忠)이라 한다. 자기 마음을 미루어 남에게 미침을 서(恕)라 한다. …… 자기 몸에 베풀어 보아 원하지 않는 것을 나 또한 남에게 베풀지 않음은 충서(忠恕)의 일이다. 자기의 마음으로써 남의 마음을 헤아려 봄에 일찍이 똑같지 않음이 없으니, 도(道)가 사람에게서 멀지 않음을 알 수 있다.

인간의 보편적인 감정에 미루어 볼 때, 내가 싫어하는 것은 타인도 싫어하며 내가 좋아하는 것은 타인도 좋아할 가능성이 높다. 그런데 내가 원하지 않는 일을 타인인들 원하겠는가? 배려는 자기 충실과 타인에의 성실 가운데 싹트는 사랑의 윤리이다. 이렇게 볼 때, 스승은 자기 자신의 삶에 대한 충실은 물론 제자에 대한 성실한 배움에의 배려 또한 매우 중요시해야 한다. 운동 공부는 단순히 일방적인 가르침으로 끝나는 것이 아니다. 늘 관계의 중요성을 고려해야 한다. 그러므로 인간에게서 가장 중요한 일은 어쩌면 인간관계를 어떻게 하느냐의 문제로 귀결될 수도 있다.

인간의 일상적인 삶 가운데 가장 중요한 것은 자기 충실이다. 그리고 그것을 바탕으로 개인은 타자에게 영향을 미친다. 왜냐하면 인간은 사회적 관계 속에서 살아가기 때문이다. 이런 사회적 관계 속에서 공자가 일관되게 주장한 것이 바로 '충서'였다. 그러기에 앞에서도 언급했지만, 공자는 「나의 길은 한 가지로 꿰뚫고 있다」라고 하였는데, 그것이 충과 서일뿐이었다. 다시 말하면, 공자의 삶, 일상생활의 일이관지(一以貫之)한 방식이 바로 '충서'였다. 공자는 일상의 모든 행위의 규범이 자기 충실과 그것을 바탕으로 한 타인과의 관계망에 있다고 판단하고 그렇게 실천했던 것이다. 공자의 삶의 지침이자 철학이었던 '충'과 '서'를 다시 해석하면, '충'은 진실하고 속임이 없는 자기 충실이고, '서'는 이런 충을 실천하는 일이다. 따라서 다른 사람에 대한 배려인 '서'는 인간이 이기심을 절제하고 타인과 더불어 살아가기 위한 중요한 행동 철학이 된다.

그렇다면 충과 서는 어떻게 함양할 수 있는가? 인간의 자기 충실인 충은 수양에 기초한다. 그리고 타인에 대한 배려 정신은 다른 사람을 어떻게 만나고 교육하느냐와 관계된다. 자기 수양을 수기(修己)라고 하며, 다른 사람을 다른 배려를 치인(治人)이라고 한다. 유학에서는 이를 합쳐 '수기치인(修己治人)'이라고 한다. 자기 충실(忠)은 인간의 필연적 의무이며 타인에의 배려(恕)는 당위적 임무이다. 중요한 것은 인간의 노력이 더욱 요구되는 타인에의 배려이다.

사회적 질서 가운데, '배려'는 구체적으로 부모와 자식, 형과 아우, 친구 사이, 사회 성원으로서 다양한 관계를 유지할 때 요구된다. 특히 그것은 스승과 제자 사이의 교육에서 익혀져야 할 주요한 교육의 내용이다. 이런 배려 정신을 함양하고 구현하기 위해서는 말과 행동을 조심해야 한다. 일상 속에서 누구에게나 인정되는 보편적인 덕을 행하고, 일상에서 좋지 않은 말을 삼가 하며, 부족한 것이 있으면 반드시 힘써 행하고, 풍족하게 남은 것이 있으면 다른 사람들을 돌아보아야 한다. 이때 말은 행실을 돌아보고, 행실은 말을 돌아보아서 말과 행동이 일치되어야 한다. 즉 언행일치(言行一致)의 삶을 추구해야 하는 것이다.

인간은 평상시에 해야 할 도리를 실천에 옮겨서 조금이라도 부족한 부분이 있으면 힘써서 이를 보충해나가야 한다. 그리고 일상 언어생활에서 하고 싶은 말을 다하지 않는 것은 실수를 줄이기 위함이다. 그러므로 말과 행동을 번갈아 돌아보며 반성적 생활을 습관화해야 한다. 이런 삶의 실천이 바로 자기 충실이요, 타인에 대한 배려로 나아가는 길이다. 이러한 유학의 충서의 길은 자신(개인)과 타인(사회)에 대한 바람직한 관계의 형성이다. 그것은 때와 상황에 맞게 형평성의 논리로 드러나야 하고, 나와 타자의 균형과 조화로 표출되어야 한다.

3. 교사의 역할

이러한 교육을 체계적으로 담당하는 것이 바로 교사이다. 교육에서 교사가 차지하는 비중은 매우 크다. 절대적이라 해도 과언이 아니다. 왜냐하면 교사의 역할 여하에 따라 교육의 질이 달라질 수 있기 때문이다. 우리나라를 비롯한 동양에서는 전통적으로 스승, 즉 교사에 대해 높은 예우를 해왔다. 그런데 최근에 와서 교육의 환경 여건이 변화하고 다양한 교육 주체들이 제 역할을 분담하면서 교사의 역할과 기능이 바뀌고 교사에 대한 존경심마저 실추된 느낌을 준다. 이에 대한 원인은 여러 가지가 있을 수 있다. 교육의 개념과 내용의 변화, 교사-학생-학부모의 관계 문제, 학교의 역할 문제 등 고민할 문제가 많이 있다. 그렇다하더라도 동서고금(東西古今)을 통해 볼 때, 보편적인 교사의 역할은 있다고 판단된다.

유학에서 위대한 교사로는 단연히 공자(孔子)와 맹자(孟子)를 꼽는다. 공자와 맹자는 제자들에게 인간이 올바르게 살아가는 도리를 전하거나 깨우쳐주었다. 그것은 지금도 중국의 교육자들에게 전통으로 전해지고 있다. 교사에 대한 구체적인 언급은 유학의 전통적 계보에서는 상대적으로 소외되었던 순자(荀子)에게서 찾아볼 수 있다. 순자는 "교사의 자격 기준에는 네 가지가 있다. 많은 지식 내용을 가르치는 것은 거기에 들지 않는다. 첫째, 존엄하여 공경을 받으면 교사가 될 수 있다. 둘째, 어른으로서 믿음이 있으면 교사가 될 수 있다. 셋째, 옛날 경전을 암송하여 강의하되 그 뜻을 능멸하거나 제멋대로 본뜻을 해치지 아니하면 교사가 될 수 있다. 넷째, 숨겨진 의미를 알아서 그 핵심을 논의할 수 있다면 교사가 될 수 있다."라고 하였다.

다시 말하면, 유학에서 교사의 자질은 '타인에게서 공경 받는 사람, 믿음이 있는 사람, 경전을 충실히 이해하고 본지를 강의할 줄 아는 사람, 숨겨진 의미 맥락을 명확히 밝혀주는 사람'으로 요약된다. 중요한 것은 '많은 지식 내용을 일러주는 사람'은 교사의 자격에서 제외되고 있다는 점이다. 교사는 단순히 지식을 전달하는 사람이 아니다. 교사는 인간 삶의 기본적 예의를 전수하는 선각자이다.

한유(韓愈)도 「사설(師說)」에서 이러한 교사의 의미를 확고하게 밝혀 주었는데, "옛날에 배우는 사람들은 반드시 스승이 있었다. 스승이란 인간의 도리를 전하고, 학업과 생업에 종사하는 법을 가르쳐주며, 의심나는 문제를 풀어주는 사람이다. 태어나면서부터 모든 것을 아는 사람이 있겠는가? 인간은 그렇지 못하니 누가 의혹이 없겠는가! 의혹이 있으면서도 스승을 따라 배우지 않는다면, 그 의혹은 끝내 풀리지 않을 것이다. 나보다 나이가 많고 나보다 먼저 도를 들었다면, 나는 그를 스승으로 삼을 것이다. 또한 나보다 나이가 적더라도 나보다 먼저 도를 들었다면 나는 그를 스승으로 삼을 것이다. 오직 도를 스승으로 삼을 뿐, 나이가 많고 적음이 무슨 그리 중요한가. 이렇기 때문에 신분의 귀천도 없고, 나이의 많고 적음도 없다. 도가 있는 곳이 스승이 있는 곳이다."라고 하였다.

이와 같이 교사의 가장 중요한 임무는 '일상의 인간 올바른 도리를 전하는 일'이었다. 즉 '인간은 어떻게 살아야 하는가?'라는 '삶의 기준'을 제시하는 일이었다. 다음으로 인간이 해야 할 일, 생업과 학업 등 일에 대한 올바른 관점을 주는 일이었다. 다시 말하면, 인간은 무엇을 하고 어떻게 살아야 하는 문제와 관련된다. 이는 '삶의 방법'에 관한 것이었다. 그리고 세 번째가 전체적 생활에서 의심나는 문제들을 풀어 가는 데 도움을 주는 일이었다. 즉 합리적 삶을 살아가기 위한 '문제해결의 방식'을 제공해 주었던 것이다.

인간은 누구나 부족하다. 늘 이 세상과 인간 자신에 대한 의혹으로 가득 차 있다. 이 의혹들을 어떻게 풀어갈 것인가? 그것은 혼자 고민하는 것보다 타인과의 대화를 통해 쉽게 해결할 수 있다. 교사는 그런 역할을 적극적으로 자임해야 한다. 그런데 우리가 눈여겨볼 대목은 단순히 나이가 많다고 교사가 되는 것은 아니라는 점이다. 교사가 될 자격의 중심은 도의 체현이다. 즉 삶 속에서 인륜을 어떻게 구현하느냐에 있다. 나이와 신분에 관계없이 교사 자질의 중심은 도이다. 그러기에 한유는 도가 있는 곳이 바로 스승, 교사가 있는 곳이라고 보았던 것이다.

유학에서 스승은 지식을 주로 전수하는 전문가가 아니었다. 인간 전체 삶의 문제를 고민한 카운슬러이자, 전인적 교사였다. 그러므로 교사는 늘 거시적 관점과 전체적이고 유기체적 연관, 조화 의식 가운데 교육을 실천하였다.

이런 관점에서 교사는 어떤 자세를 지녀야 하는가?

첫째, 시간적으로 과거와 현재를 연속선상에서 바라볼 수 있는 세계관이 있어야 한다. 이는 '온고이지신(溫故而知新)'이라는 숙어에 잘 담겨 있다. 즉 옛것과 새것의 계승과 창조의 측면을 적절히 조화시켜 가르침의 기준으로 삼는 일이다. 왜냐하면 교육은 인습과 창조의 과정을 거치기 때문이다. 인간의 인식은 늘 현재의 순간에서 과거를 다시 당기고 미래를 미리 당기는 작업이다. 교육은 이를 잣대로 현재 속에서 실천하고 미래를 구상한다. 예전에 들은 것을 때때로 익히고 항상 새롭게 터득함이 있으면, 배운 것이 나에게 있어서 그 응용에 끝이 없다. 단순히 암기나 하고 묻기나 하는 학문이라면 마음에 터득함이 없어서 아는 것이 한계가 있는 것이다. '온고지신'은 달리 말하면, 전통의 지속을 의미한다. 전통은 인습과 창조의 변증적 조화이다. 그것은 일상생활에서 실천된다.

둘째, 끊임없이 배우며 가르침에 최선을 다하는 태도를 갖추어야 한다. 동양 최고의 스승으로 꼽히는 공자는 "묵묵히 기억하고 배우기를 싫어하지 않으며 가르치기를 게을리 하지 않는다."고 했다. 기억하고 배우고 가르침, 이 세 가지는 자기 수양과 타인에 대한 배려를 동시에 보여준다. 기억한다는 것은 마음에서 얻는 것이고, 배움은 더욱 강구하여 꿰뚫는 일이며, 가르침은 다른 사람에게 베푸는 행위이다. 배움을 귀하게 여겨 스스로 얻어야 하기 때문에 묵묵히 기억해야 하고, 얻기가 어려우므로 배우기를 싫어하지 않으며, 반드시 다른 사람과 함께 얻으려고 하기 때문에 가르치기를 게을리 하지 않는다. 이처럼 교사가 지식을 확장하고 고상한 품격을 지니기 위해서는 자기 수양에 힘을 다해야 한다. 왜냐하면 지식과 인품은 사람을 가르치는 기본 전제이기 때문이다. 그러기에 공자도 '학문에 진전이 없는 것'을 최대의 걱정거리로 꼽았다. 동시에 제자에게 가르침을 게을리 하지 않는 태도는 교사로서의 사명과 책임을 다하려는 적극적인 정신 경지를 보여준다. 이는 교사로서 자기를 이루는 동시에 제자의 '인간됨'을 향해 가는 끊임없는 과정이다.

셋째, 교사는 몸으로서 모범을 보여주어야 한다. 교육에는 말로 하는 언교(言敎) 뿐만 아니라 몸으로 직접 보여주는 신교(身敎)도 있다. 어떤 측면에서는 신교가 훨씬 감동적이다. 교사가 실제로 모범을 보일 때, 제자들에게 미치는 감화는 이루 헤아릴 수가 없다. 이는 교사 스스로 몸가짐을 바르게 하는 데서 시작된다. 교사가 몸가짐과 행위가 바르면 억지로 가르치지 않아도 학생들은 올바른 길로 가게 된다. 반면 몸가짐과 행위가 바르지 못하면 비록 명령하고 가르친다하더라도 학생들이 쉽게 따르지 않는다.

교육은 이론보다는 실천이 앞서야 한다. 그러므로 행위의 문제, 모범으로서의 가르침은 교육 방법의 핵심일 수 있다. 때문에 교사에게는 고상한 품격과 덕성을 몸에 체득하여 우러나게 하는 고귀한 인품의 소유가 요구된다. 이러한 유학의 교사관은 도덕 윤리적 측면을 지나치게 강조하고 있다고 비난받을지도 모른다. 복잡한 현대 교육에서 다양한 교사의 역할을 이해하지 못한 의견으로 볼 수도 있다. 그러나 인간의 삶에서 교육은 무엇인가? 특히 교육 그 자체가 목적이라는 측면에서, 교사의 자질과 역할이 어떠해야 하는가? 유학이 바라보는 교육은 삶의 건전함과 일상에서 선한 가치를 지속하는 일이었다. 유치한 의미로 인간의 관계 질서를 바람직하게 이어가려는 삶의 자기 구제 장치였다. 그것은 교사라는 구심체를 통해 구현되는 가치였다. 그러기에 교사는 군사부(君師父) 일체, 즉 임금과 부모와 동격으로 비유되었다. 이는 세상을 경영하는 임금, 사회의 기초를 이루는 가정의 기본인 부모, 인간 사회의 삶을 운용하는 원리를 일러주는 교육의 삼위일체를 의미하는 것이다. 이런 측면에서 유학의 교육과 교사관을 온고지신의 눈으로 비판할 필요가 있다고 본다.

참고문헌

● 原典類

『論語』『孟子』『大學』『中庸』『周易』『禮記』『荀子』『老子』『莊子』『管子』『呂氏春秋』『說文解字』『釋名』『廣韻』『廣雅』『字典彙編』『師說』『史記』『周書』『隋書』『三國志』『漢書』『舊唐書』『新唐書』『冊府元龜』『性理大全』『朱子語類』『近思錄』『碧巖錄』『華嚴經』『金剛經』『日本書紀』『三國史記』『三國遺事』『高麗史』『高麗圖經』『經國大典』『增補文獻備考』『朝鮮王朝實錄』『三峰集』『陽村集』『靜菴集』『晦齋集』『花潭集』『南冥集』『退溪全書』『栗谷全書』『磻溪隨錄』『星湖全書』『士小節』『胎教新記』『北學議』『阮堂先生全書』『與猶堂全書』『島山全書』『素昂先生文集』

● 論著類

강무학. 『홍익인간론』. 서울: 명문당, 1983.
강선보 · 신창호. 『배려, 교육을 향한 열정』. 서울: 원미사, 2009.
강창동. 『한국의 교육문화사』. 서울: 문음사, 2002.
경기대 소성학술연구원. 『전통사상과 생명』. 수원: 경기대 소성학술연구원, 2003.
고려대 교육사철학연구회 편. 『민족교육의 사상사적 조망』. 서울: 집문당, 1994.
高樹藩. 『正中形音義綜合大字典』. 臺北: 正中書局, 1974.
국어국문학회. 『국어대사전』. 서울: 민중서관, 1999.
권성아. 『홍익인간사상과 통일교육』. 서울: 집문당, 1999.
금장태. 『韓國實學思想研究』. 서울: 집문당, 1987.
금장태. 『한국유학사의 이해』. 서울: 민족문화사, 1994.
길희성. 「지눌 선 사상의 구조」. 김형효 외. 『知訥의 사상과 그 현대적 의미』. 성남: 한국정신문화연구원.
김경식 외. 『중국교육의 굴기』. 서울: 교육과학사, 2010.
김경용. 『과거제도와 한국 근대교육의 재인식』. 서울: 교육과학사, 2003.
김경태. 「茶山 人性論의 教育的 意味」. 한양대 박사논문, 1996.

김기석. 『남강 이승훈』. 서울: 현대교육총서출판사, 1964.
김기태. 「홍익인간의 교육이념에 관한 연구」. 『인천교대논문집』. 제18집, 1984.
김기현. 「이언적의 성리철학」. 윤사순 · 고익진 편. 『한국의 사상』. 서울: 열음사, 1992.
김기현. 「조광조의 지치주의」. 윤사순 · 고익진 편. 『한국의 사상』. 서울: 열음사, 1992.
김동화. 「唯識哲學」. 서울 : 보련각, 1988.
김득황. 『한국사상사』. 서울: 남산당, 1958.
김병구. 『회헌 안향 선생의 생애와 사적』. 부산: 경성대출판부, 1993.
김승동 편저. 『불교 · 인도사상사전』. 부산: 부산대출판부, 2001.
김용옥. 『삼봉 정도전의 건국철학』. 서울: 통나무, 2004.
김재만. 『교육사조사』. 서울: 교육과학사, 1983.
김재만. 『教育哲學·史』. 서울: 형설출판사, 1984.
김정환 · 강선보. 『교육철학』. 서울: 박영사, 1998.
김정환 · 강선보. 『교육학개론』. 서울: 박영사, 1997.
김철준 · 최병헌. 『한국문화사-고대편』. 서울: 일지사, 1986.
김충렬. 『고려유학사』. 서울: 고대출판부, 1987.
김충렬. 『노자강의』. 서울: 예문서원, 2004.
김충렬. 『조식의 선비사상』. 윤사순 · 고익진 편. 서울: 열음사, 1992.
김학주. 「老子와 道家思想」. 명문당, 1988.
김학주. 『孔子의 生涯와 思想』. 서울: 명문당, 1988.
김형효. 『회재 이언적의 형이상학』. 서울: 고려원, 1985.
大漢韓辭典編纂室. 『大漢韓辭典』. 서울: 교학사, 1998.
류승국. 『한국의 유교』. 서울: 세종대왕기념회, 1980.
毛禮銳·沈灌群 主編. 『中國教育通史』(第二卷). 濟南: 山東教育出版社, 1986.
문태순. 『원형이정의 세계와 교육-주역의 교육관 연구』. 서울: 문음사, 2003.
박덕원. 『교육학 강의』. 부산: 부산외대출판부, 2002.
박선영. 『佛教의 教育思想』. 서울 : 동화출판공사, 1989.
박의수 · 강승규 · 정영수 · 강선보. 『교육의 역사와 철학』. 서울: 동문사, 2009.

박이문. 『통합의 인문학』. 서울: 지와사랑, 2009.
박재문. 『한국교육사』. 서울: 학지사, 2003.
方立天(유영희 옮김). 『佛教哲學概論』. 서울: 민족사, 1989.
백낙준. 『한국교육과 민족정신』. 서울: 문교사, 1953.
변태섭. 『한국사통론』. 서울: 삼영사, 1986.
서울대학교 교육연구소. 『교육학대백과사전』3. 서울: 하우동설, 1998.
서울대학교 교육연구소. 『한국교육사』. 서울: 교육과학사, 2000.
성기산. 『교육철학의 이해』. 서울: 문음사, 1999.
손인수. 『교육사 교육철학 연구』. 서울: 문음사, 1987.
손인수. 『율곡의 교육사상』. 서울: 박영사, 1987.
손인수. 『한국개화교육연구』. 서울: 일지사, 1981.
손인수. 『한국교육사상사 Ⅲ』. 서울: 문음사, 1991.
손인수. 『한국인의 가치관』. 서울: 문음사, 1973.
송도선. 「동양사상에 담긴 영재의 개념」. 고대 교육문제연구소, 『교육문제연구』 제22집(2005. 3).
송석구. 「普照의 인간관」. 『한국의 유불사상』. 서울: 사사연, 1985.
송재국. 『주역풀이』. 서울: 예문서원, 2000.
쉬캉성. 『노자평전』. 유희재・신창호 옮김. 서울 : 미다스북스, 2002.
신창호. 『공부 그 삶의 여정』. 고양: 서현사, 2004.
신창호 외. 『길위의 인문학』. 서울: 경향미디어, 2011.
신창호. 「서당의 교학방법론과 현대적 가치」. 『처음처럼』. 통권 제13호. 서울: 내일을 여는 책, 1999.
신창호. 『수기, 유가 교육철학의 핵심』. 서울: 원미사, 2004.
신창호. 『유교 사서의 배움론』. 고양: 온고지신, 2011.
신창호. 『유학자 추사, 실학교육을 탐구하다』. 고양: 서현사, 2006.
신창호. 『인간 왜 가르치고 배우는가』. 고양: 서현사, 2003.
신창호. 『『대학』, 유교의 지도자 교육철학』. 서울: 교육과학사, 2010.
신창호. 『교육과 학습』. 고양: 온고지신, 2012.
신창호. 『교육철학 및 교육사』. 고양: 서현사, 2012.
신창호. 『유교의 교육학 체계』. 서울: 고려대출판부, 2012.
신창호・서은숙. 『한국사상과 교육윤리』. 고양: 서현사, 2003.
안동림 역주. 『莊子』. 서울 : 현암사, 2000.

안호상. 「과거와 미래의 한국 교육의 이념과 정책」. 『새교육』, 1964.
야마다 케이지. 『주자의 자연학』, 김석근 옮김. 서울: 통나무, 1991.
엄연석. 「개인 및 공동체적 가치의 양립가능성과 유가철학의 황금률」. 성곡학술문화재단. 『성곡논총』. 제35집, 2004.
오인탁. 『파이데이아-고대 그리스의 교육사상』. 서울: 학지사, 2001.
吳俊升. 『教育哲學大綱』. 臺北: 臺灣商務印書館, 1998.
오천석. 『教育哲學新講』. 서울: 교학연구사, 1972.
오천석. 『발전한국의 교육이념 탐구』. 서울: 배영사, 1973.
王家通. 『教育導論』. 高雄: 麗文文化出版, 1999.
유명종. 『남명조식의 학문과 사상』. 부산: 동아대 석당전통문화연구원, 2001.
유초하. 「정도전의 사회 윤리사상」. 한국공자학회 편. 『정도전 사상연구』. 서울: 유림문화사, 1993.
윤사순 외. 『공자사상의 발견』. 서울: 민음사, 1992.
윤사순. 「이퇴계의 심성론」. 윤사순 · 고익진 편. 『한국의 사상』. 서울: 열음사, 1990.
윤사순. 『동양사상과 한국사상』. 서울: 을유문화사, 1984.
윤사순. 『한국의 성리학과 실학』. 서울: 열음사, 1990.
윤사순·고익진 편. 『한국의 사상』. 서울: 열음사, 1990.
윤원현. 「회헌 안향의 행적과 사상에 대한 비판적 검토」. 한국동서철학회. 『동서철학연구』. 제35호, 2005.
이기백. 『한국사신론』. 서울: 일조각, 1999.
李樂毅. 『漢子正解』. 朴琪鳳 譯. 서울: 비봉출판사, 1996.
이만규. 『조선교육사』 상 · 하. 서울: 을유문화사, 1947.
이만규. 『조선교육사』. 서울: 살림터, 2010.
이문원. 『한국의 교육사상가』. 서울: 문음사, 2002.
李炳官. 『常用 2000漢子 形音義 源流 字典』. 서울: 미술문화원, 1999.
이선경. 「阮堂 金正喜의 實事求是 研究」. 성남: 한국학대학원 석사논문, 1991.
이성무. 『한국의 과거제도』. 서울: 집문당, 1994.
이승원. 『한국교육사상의 전개와 발전』. 서울: 보고사, 2002.
이은봉 엮음. 『단군신화연구』. 청주: 온누리, 1986.

이을호. 『다산학총론』. 서울: 예문서원, 2000.

이을호. 『한사상의 묘맥』. 서울: 사사연, 1986.

이진수. 『신라화랑의 체육사상 연구』. 서울: 보경문호사, 1987.

李忠九. 『漢子部首 解說』. 서울 : 전통문화연구회, 1998.

이홍우. 『대승기신론 통석』. 서울: 김영사, 2006.

任時先(차석기 역). 『中國教育思想史』. 서울: 교학연구사, 1989.

장영기 외. 『중국고전의 이해』. 서울: 원미사, 2001.

장지원 · 강선보. 「공자와 플라톤의 교육목적론 비교연구」. 동양고전학회. 『동양고전연구』 26집, 2007.

장지원 · 심승환. 「『논어』와 『국가』에 나타난 반교육적 인간상 비교 연구」. 안암교육학회. 『한국교육학연구』 13-2, 2007.

張振東. 『教育哲學的基本概念』. 臺北: 問學出版社, 1982.

정 종. 『孔子의 教育思想』. 서울: 집문당, 1980.

정순목. 「한국 유학과 인간교육의 문제」. 윤사순 외. 『孔子사상의 발견』. 서울: 민음사, 1992.

정순목. 『퇴계의 교육철학』. 서울: 지식산업사, 1986.

정순우. 「茶山 『兒學編』 硏究」. 윤사순 편. 『정약용』. 서울: 고려대출판부, 1990.

정영훈 외. 『홍익인간의 이념 탐구』. 성남: 한국정신문화연구원, 1999.

諸橋轍次. 『大漢和辭典』(東京: 大修館書店, 1986년)

조동일. 『한국문학통사 1』. 서울: 지식산업사, 2005.

佐伯富 외(주진영 옮김). 『세미나 중국사』. 서울: 지평, 1990.

周德昌 外. 『中國教育史綱』. 廣州: 廣東高等教育出版社, 1998.

中文大辭典編纂委員會. 『中文大辭典』. 臺北: 中國文化大學出版部, 1973.

차석기. 『東洋教育史新論』. 서울: 박영사, 1987.

찰스 프레비쉬 외(박용길 옮김). 『불교-그 현대적 조명』. 서울: 고려원, 1989.

천 징. 『진시황평전』. 김대환 · 신창호 옮김. 서울: 미다스북스, 2001.

천 웨이핑. 『공자평전』. 신창호 옮김. 서울 : 미다스북스, 2002.

村田昇. 『教育哲學』. 송승석 · 박창호 역. 서울: 교육출판사, 1997.

최영성. 『한국유학통사(상)』. 서울: 심산, 2006.

최완기. 『한국 성리학의 이해』. 서울: 느티나무, 1991.

최진석. 『노자의 목소리로 듣는 도덕경』. 서울 : 소나무, 2002.
최해갑. 『남명철학과 교학사상』. 서울: 교육출판사, 1995.
태경 · 조기영. 『알기쉬운 불교용어 산책』. 서울: 양사재, 2011.
太田久紀(鄭柄朝 譯). 『불교의 심층심리』. 서울 : 현음사, 1987.
플라톤. 『국가·政體』. 박종현 역주. 서울: 서광사, 1997.
한국공자학회 편. 『정도전 사상연구』. 서울: 유림문화사, 1993.
한국교육연구소 편. 『한국교육사－근 · 현대편』. 서울: 풀빛, 1993.
한국교육학회 편. 『교육의 철학적 이해』. 서울: 배영사, 1971.
한국사상연구회. 『도설로 보는 한국 유학』. 서울: 예문서원, 2000.
한국철학사연구회. 『한국철학사상사』. 서울: 한울, 1997.
한국철학회. 『한국철학사(상권)』. 서울: 동명사, 1987.
한기언. 『교육사학－교육정신사서설』. 서울: 한국학술정보, 2004.
한기언. 『教育哲學 및 教育史』. 서울: 양서원, 1985.
한기언. 『한국교육사』. 서울: 박영사, 1983.
한기언. 『한국교육의 이념』. 서울: 서울대출판부, 1991.
한기언. 『한국사상과 교육』. 서울: 일조각, 1973.
한영우. 『다시 찾는 우리 역사』. 서울: 경세원, 2008.
한영우. 『정도전사상의 연구』. 서울: 서울대출판부, 1997.
홍희유·채태형. 『조선교육사』 Ⅰ·Ⅱ. 평양: 사회과학출판사, 1995.
황의동. 『한국의 유학사상』. 서울: 서광사, 1992.

Brubacher. J. S. A History of the Problems of Education. N.Y: McGraw-Hill Book Company, 1966.
Lafargue, M. “Nature as Part of Human Culture in Daoism.” Daoism and Ecology. Harvard Univ. Press, 2001.
Monroe, P. 『교육사 개설』. 조종인 역. 서울: 교육과학사, 1999.
Porkert, M. The Theoretical Foundations of Chinese Medicine(陰陽개념의 분석). 김영식 역. 『中國傳統文化와 科學』. 서울: 창작과 비평사, 1986.

찾아보기

저자소개

신창호

고려대학교 문학사(교육학 · 철학)

한국학중앙연구원 문학석사(철학)

고려대학교 교육학 박사(Ph.D 한국교육철학)

사단법인 유도회 (유도회) 한문연수원 수료

현 고려대 교수

[주요저서]

유교사서의 배움론 (2011, 온고지신. 2012 문화관광부추천우수도서선정)

교육과 학습 (2012, 서현사)

예비교사를 위한 교육철학 및 교육사 (2012, 서현사) 외 다수

이메일은 sudang@korea.ac.kr

장지원

고려대학교 교육학과 졸업

고려대학교 교육학 박사

(교육철학 및 교육사학 전공)

경희대학교, 강릉원주대학교 강사

현 고려대학교 교육문제연구소 연구교수

[주요저서]

교육사상의 역사(공저)(집문당, 2009)

현대교육철학의 다양한 흐름2(공역)(학지사, 2009)

논문으로는 공자와 플라톤의 교육목적론 비교연구(공동연구)(동양고전학회, 2007)외 다수

이메일은 batboy78@korea.ac.kr

동양교육사상사

2012년 7월 1일 1판1쇄 인쇄
2012년 7월 5일 1판1쇄 발행

지은이 | 신창호 · 장지원
펴낸이 | 조재성
펴낸곳 | 서현사
(410-817) 경기도 고양시 일산동구 중앙로 1055번지 레이크하임 206호
(경기도 고양시 일산동구 백석 2동 1332-1 레이크하임 206호)
전화 031-919-6643 팩스 031-912-6643
등 록 | 2002년 8월 14일 제03-01392호
ISBN | 978-89-94044-43-9 93370
정 가 | 14,000원